动态环境下
在线顾客忠诚动因
及其作用机理研究

王金丽 著

天津社会科学院出版社

图书在版编目(CIP)数据

动态环境下在线顾客忠诚动因及其作用机理研究 /
王金丽著. -- 天津：天津社会科学院出版社，2024.3
ISBN 978-7-5563-0963-4

Ⅰ．①动… Ⅱ．①王… Ⅲ．①电子商务-消费者行为
论-研究 Ⅳ．①F713.55

中国版本图书馆 CIP 数据核字(2024)第 061180 号

动态环境下在线顾客忠诚动因及其作用机理研究
DONGTAIHUANJINGXIA ZAIXIAN GUKE ZHONGCHENG
DONGYIN JIQI ZUOYONG JILI YANJIU
选题策划：沈　楠
责任编辑：柳　晔
责任校对：王　丽
装帧设计：天津点晶图文设计有限公司
出版发行：天津社会科学院出版社
地　　址：天津市南开区迎水道 7 号
邮　　编：300191
电　　话：(022)23360165
印　　刷：高教社（天津）印务有限公司
开　　本：787×1092 毫米　　1/16
印　　张：20
字　　数：365 千字
版　　次：2024 年 3 月第 1 版　　2024 年 3 月第 1 次印刷
定　　价：89.00 元

序　言

　　我怀着极大的荣幸和激动,为您引荐这本卓越的著作——《动态环境下在线顾客忠诚动因及其作用机理研究》。这本书是一位长期专注于市场营销领域的杰出学者的心血之作,而这位杰出学者正是我多年的同窗,我们在求学时代共同走过风风雨雨,见证了彼此的学术成长与理论探索。

　　现代商业世界正经历着前所未有的转变和不断涌现的机遇与挑战。随着科技的不断进步、互联网的普及,以及全球化的发展,企业面临着日益复杂的动态环境。在这个变革不息的时代,了解和洞察在线顾客的行为和决策过程变得至关重要。这本书聚焦于在线顾客忠诚,深入研究了动因与作用机理之间的复杂关系,为我们带来了深刻的见解和宝贵的知识。

　　这本书涵盖了市场营销领域的多个重要方面,其中包括:

　　动态环境下的企业应对策略

　　在不断变化的市场中,企业必须灵活应对。作者深入研究了动态环境对企业经营的影响,探讨了各种应对策略,从市场定位到产品创新,从品牌建设到客户关系管理。这些策略不仅基于深入的研究,还融入了实际案例,为业界提供了宝贵的指导。

　　顾客忠诚的理论基础

　　顾客忠诚一直是市场营销领域的核心关注点。这本书不仅深入探讨了忠诚的概念和重要性,还介绍了不同的忠诚理论和模型。作者通过文献综述和实证研究,为我们呈现了顾客忠诚的多个层面,使我们更好地理解了忠诚的本质。

　　在线顾客惰性、在线转换成本和在线顾客忠诚之间的关系

　　在数字时代,顾客的选择众多,他们的行为受到多种因素的影响。这本书深入剖析了在线顾客的惰性,即他们倾向于继续使用已知的品牌或平台,以及在线转换成本,即切换到竞争对手所需的成本。作者研究了这些因素与在线顾客忠诚之间的复杂关系,为我们提供了重要的洞见,有助于企业制定更具吸引力的战略。

　　在这本书中,作者不仅深入研究了这些关键领域,还通过大量的实证研究和案例分

析,将理论与实践相结合。这使得这本书不仅适用于学术界,还对市场营销从业者和企业领导者具有实际应用价值。

本书的独特之处在于它的全面性和深度。它不仅探讨了理论框架,还提供了实用的工具和策略,帮助企业在动态环境中取得竞争优势。同时,它也为学者提供了丰富的研究素材,鼓励进一步探索这一激动人心的领域。

作为这本书的序言作者,我深知作者的热情和才华。她多年来一直致力于市场营销领域的学术研究,为我们带来了这本珍贵的著作。我相信,这本书将对市场营销领域的未来产生深远的影响,并且将成为学术界和商业界的重要参考资料。

在您阅读这本书的过程中,我希望您能深刻领悟其中的见解,将其应用到您的工作和研究中。这是一本关于市场营销、顾客忠诚和动态环境的杰出之作,它将为您打开新的思维路径,激发您的创新力,并帮助您更好地应对不断变化的商业世界。

最后,我要感谢作者的辛勤工作和奉献精神,以及您作为读者的兴趣和支持。祝愿您在阅读这本书的过程中收获丰富,探索未知领域,并为未来的市场营销发展贡献您自己的智慧和洞察。

祝阅读愉快!

前　言

随着网络经济的迅猛发展,引领我们进入数字经济、智能经济时代,组织动态性逐步提升,表现出极大的变化性与不确定性,由此引发组织脆性与组织运营网络化。动态环境下,越来越多的企业组织通过供应链经营、虚拟与网络化、战略联盟等追求生存与发展。越来越多的组织,尤其是企业组织不得不关注危机管理,涉足电子商务与互联网经营领域是动态环境下企业经营的趋势之一。

网络商店作为电子商务的最初形式,曾经以其多样化选择,迅速引领消费者响应,掀起消费领域新浪潮,萌生更多商业模式创新并由此引发商业模式迭代,电视购物、社区团购、快递驿站、邻里商业模式等应运而生,无一例外助推了消费者选择多样化,企业经营环境动态性进一步增强。面对日益无与伦比的消费新选择,消费突破空间、时间限制,去中心化趋势愈演愈烈,愈加进入消费者引领这一新时代,促使"顾客第一"达到极致与巅峰,这一切似乎都弱化了顾客忠诚这一商家必争之地。然而,作者自身购物体验、网络评论、消费者访谈都揭示了一种消费新倾向,越来越多的消费者对某家网络商店表现出重复购买、正向口碑甚至推荐意向与行为,本著作将其界定为对特定网络商店在线顾客忠诚(简称在线顾客忠诚)。这一现象与多样化选择形成强烈背反,引起作者极大的关注与研究兴致。自 2015 年开始,作者集中关注这一经济现象,进行了较为深入而长期的探索,取得了系列研究成果。

从在线顾客忠诚动因来看,顾客满意是传统顾客忠诚的准驱动因素,对于在线顾客忠诚而言,也不例外。有研究揭示,在线顾客忠诚基于顾客满意之上,本研究认同这一观点,在线研究情境下,简称为在线顾客满意(意指在线顾客在网络商店购物过程中或者持续购物过程中所获得的总体满足感)。随着研究的不断深入,作者发现,从在线顾客忠诚出发,消费者个性特征(如在线卷入度),一些消费者客观因素(如在线转换成本),一些相对消极的客观因素(如感知信息过载)等都促使消费者越来越倾向于通过对有过购物体验的网络商店在线忠诚以降低购物风险,进而成就在线顾客忠诚。然而,这些因素对在线顾客忠诚的作用并非直接效应那么简单,亦并非直接促进了在线顾客满意。对这一现象与问题深入挖掘,作者发现了在线顾客忠诚的新的驱动因素,即在线顾客惰性(在线顾客的一种懒惰的、不积极的、偏好现状的态度倾向),由此发掘了在线顾客满意之外新的研究视角,即在线顾客惰性。

从在线顾客惰性视角出发,依据计划行为理论,作者发现在线顾客卷入度、在线转换成本以及感知信息过载(信念)都可能通过在线顾客惰性(意愿)作用于在线顾客忠诚的内在机理,从而成就了《消费者缘何忠实于特定网络商店? ——在线顾客惰性的视角》研究。

在线顾客满意与在线顾客惰性都驱动在线顾客忠诚,作者考虑二者可能存在交互与叠加效应,在如此强势的叠加效应下,在线顾客忠诚现象是普遍存在的。然而,并不是所有消费者都会选择在线顾客忠诚,其驱动因素与其内在机制又如何? 对这一问题的深入思考,最终成就了《在线顾客满意、顾客惰性与顾客忠诚的一种动态权变作用机制》研究。

作者整理了十年间对这一现象的深入跟踪调查与研究,成就了今天这本专著的出版。此专著受到了省教育厅青年创新人才项目《在线顾客忠诚动因及其作用机理研究》(项目编号:135509236)的资助。与此同时,结合作者十余年的教学实践,本研究也吸纳了校教研项目《创新创业视域下新商业企业经营与国际化课程体系优化》(项目编号:GJQTZX202245)中对于国际化与全球化的思考,关注环境动态性,关注商业企业运营,进而引发对于商业企业经营实践的思考,关注到在线顾客忠诚这一商业现象,希望能够助推在线顾客忠诚,尤其是中国情境下在线顾客忠诚研究新的思路,亦可以一定程度上实现教学相长。

面对这本即将出版的专著,作者仔细推敲,依然觉得有很多可改进、可优化之处,甚至可能存在一些谬误,希望各位专家与学者提出宝贵的意见与建议,作者深表感谢。

目　　录

第一篇

动态环境研究

第一章　动态环境特征——变化与不确定性

第一节　组织环境概述

一、组织环境的内涵

关于组织环境概念的界定,众多学者对此进行了广泛的研究,形成了许多经典概念界定,如汤普森、卡斯特和罗森茨韦克、罗宾斯、明茨伯格、达夫特等,当然也并不缺乏国内学者对这一问题的研究,虽然语言具体表达不同,但概念基本一致,即以组织自身为界限,凡是处在组织之外的能够对组织产生直接或间接影响的所有的要素集合。这种概念按照目前的发展而言,可以归之为狭义的环境概念。而广义的组织环境概念,也就是目前我们绝大多数学者所接受的更偏重广义的概念,即凡是组织在其适应环境过程中,能够为组织所用的或能够直接或间接影响组织的所有要素的集合,显然在这一概念中,环境要素囊括企业内部与外部的所有要素。笔者在研究组织环境问题时,采用的是这一广义概念。

二、组织环境的分类

自 20 世纪六七十年代以来,随着组织环境的不确定性日益加剧及复杂化,对于组织环境的研究逐步进入人们的视线,无论是实业界还是理论界都开始重视这一话题,组织环境的概念、类型、组织环境分析与应对等都成为研究的重点问题,也迎来了战略管理研究的机遇期。Duncan(1972)、Teine(1984)、沃辛顿和布里顿,包括国内的一些学者,如刘延平(1995)、席酉民(2001)、李汉东和彭新武(2006)、赵锡斌教授(2007)等都对上述问题进行了比较深入的研究。目前,成型的逐步被大家普遍接受的一种观点,就是将组织环境分为外部环境与内部环境。所谓的外部环境与狭义的组织环境同义,而内部环境即指企业内部各种要素所组成的内部系统。

我们又可以进一步将外部环境分为宏观环境与产业环境。宏观环境,指的是政治(POLITICS)、经济(ECONOMY)、社会文化(SOCIACULTURE)、技术(TECHNOLOGY)与自然环境(NATURE),简称 PESTN。产业环境即企业经营所在行业的特征(产业特征),同时强调与企业有直接或间接业务关系的主体,如供应商、购买商、替代者、股东、公众(也称任务环境)等。

除此之外,按照环境动荡程度的不同又可以将环境细分为稳定环境与动荡环境,这种分类方式将不确定性引入环境研究中,衡量环境不确定性的因素主要有,外部环境影响因素的多寡与各因素之间的相关性,以及环境的可预测性。稳定环境即外部环境影响因素不多,且相互关联性不强,根据以往经验未来环境可预测或有预测指向性。而动荡环境则指企业环境影响因素较多,各因素之间相互交叠,根据以往经验可预测性不强,或环境会突然发生变化,令组织始料不及。当然,根据上述两种要素对环境的不同影响及影响程度,可将环境按照复杂性和动荡程度不同,在稳定与动荡环境之间进一步细分。按此维度,随着经济全球化、网络化以及各国间国际联系的增强,未来的环境动荡程度呈现出进一步复杂化、动荡程度越来越高的趋向。

第二节 不确定性界定

关于不确定性这一概念,可谓众说纷纭,事实上在不同的研究范围、研究视角下,其界定就会因所处状态不同表现出各异的特征。所谓不确定性,是指当引入时间因素之后,事物的特征和状态不可充分地、准确地加以观察、测定和预见。为了更明确这一概念,我们来探讨与之相关的另一概念——确定性,从而进一步深入理解不确定性。我们通常所说的确定性,不仅是指事物或过程本身具备客观性,比如成本、收益、状态、过程等,而且更意味着主体对客体的认识、了解和理解程度与认知过程具有确定的那样一种性质。进而,不确定性,就是指事物或过程不具备确定的那样一种性质。在现实世界中,人们的研究及决策过程中涉及的系统、系统要素、系统关系不断延伸、相互交叉,日渐复杂,因而不确定性问题也随之成为一种常态,且日益呈现更为纷繁复杂的特征。不确定性主要表现为随机性和模糊性,其中随机性是指事件发生与否的不确定性,模糊性是指事件过程本身状态的不确定性。

第三节 组织环境不确定性分类及来源

一、组织环境不确定性的分类

关于组织环境不确定性的内涵与分类,早已经不是新鲜的话题,关于这一话题这里仅采用武汉大学博士唐国华(不确定环境下企业开放式技术创新战略研究)的论述。对环境的研究主要有两种分析思路,即内容视角的环境研究与特征视角的环境研究。内容视角的环境研究是根据环境的具体内容与主体进行研究,如研究具体的经济环境、竞争环境、技术环境、政治环境、文化环境等。环境内容具有太多的个体异同性,内容视角的环境研究能帮助企业更好地了解其面临的具体环境,更适用于企业经营与管理咨询实践。特征视角的环境研究是根据环境的特征,即环境的确定性程度进行研究,如环境的复杂程度、动荡程度、竞争程度等。环境特征具有一定的共同性,因而特征视角的环境研究能实现研究的可比性与传承性,更适于学术研究拓展。

不确定性是环境最主要的特征(Duncan,1972)。因而不确定性是许多组织理论的中心概念(Priemetal,2002)。战略研究中分析外部环境时,一般指其总体或任务环境的不确定性水平(Harrington 和 Kendall,2007)。

管理学中不确定性的概念来源于经济学。按照奈特(1921)的定义,不确定性是指由于人们缺乏对事件基本性质的知识和经验,对事件可能出现的结果知之甚少,难以通过现有理论或经验对结果进行预测和定量分析。当不确定性的概念用来描述企业环境时,就产生了环境不确定性的概念。Duncan(1972)认为,环境不确定性是指:一是在决策时缺乏相关环境因素信息,二是无法得知决策结果,三是无法预知环境对决策的影响。他同时指出环境不确定性由两个维度构成,即复杂性与动态性。Miles 和 Snow(1978)认为,不确定性是影响企业绩效的环境的不可预测性。Milliken(1987)认为,环境不确定性是指组织的核心管理者不能正确感知或评估组织外部环境的状态或发展趋势。

在组织理论中,外部环境一直被认为是大多数组织必须面对的不确定性的来源。对于组织而言,环境不确定性意味着组织外部环境的变化及这些变化对组织绩效的影响具有不可预测性(徐健,2008)。在管理学的文献中,组织的外部环境被看作是突发事件和变动趋势的源泉,环境给企业创造机会的同时也带来威胁。对外部环境的看法在文献中有两种截然不同的观点:信息基础理论与资源依赖理论(Kreiser 和 Marino,2002;Tan,1993)。相应地对环境不确定性来源的看法也有两种观点:资源依赖理论认为环境的不确定性源于资源的缺乏,信息基础理论认为环境的不确定性源于信息的复杂(Lawrence 和 Dyer,1953)。

在对组织环境的研究中,对环境不确定性的理解也有两种不同的视角,即环境特征的客观测量视角与环境特征的主观测量视角(Sharfinan 和 Dean,1991;Soren 和 Ann,1999;斯格特,1997)。环境特征的客观测量视角认为组织环境是独立于组织之外的客观存在。环境是组织必须适应、匹配、控制或被控制的事物或力量,因而产业内的所有企业、企业内的所有个人,他们所面临的环境都是相同的。环境特征的主观测量视角则认为知识来自思维建构,环境是被感知的存在,而人的内心世界并不是外部现实的翻版。不确定性是针对具体的企业而言的,而不是一个完全客观的存在,因而不确定的程度对每个企业而言都是不相同的。一些学者甚至认为管理者感知环境的方式比环境本身更重要(Milier,1988)。既然只有那些参与者认识到的因素可以进入他们的决策行为,那么,根据他们的感知来测量环境就是有意义的(Lawrence 和 Lorsch,1967;Duncan,1972)。Weick(1979)则认为参与者不仅感知环境并作出反应,更应当建构或“设定”环境。

一般而言,在环境变化相对缓慢、环境构成较为简单的情况下,环境特征的客观测量视角具有明显的优势。几乎所有战略研究都假定组织、环境是真实的、物质的、分离的。然而,没有对组织及其领域的认识,将无法“客观地”描述该组织的环境(斯格特,1997)。环境特征的主观测量视角能更为快速地把握当前环境机会与威胁,从而做出恰当的决策与响应。Lawrence 和 Lorsch(1967)及 Weick(1979)认为,环境特征的主观测量视角是理解环境的最好方式之一。也有不少学者试图从主观和客观二者综合的视角来把握环境本质(Boydetal,1993;王兰云和张金成,2003)。

环境不确定性的分类,安索夫通过引入环境动荡的概念来描述环境不确定性的程度。他把企业所身处的不同环境分为五个不同的动荡等级(Hussey,1999)。第一等级是可重复的环境(稳定且可预测)。这是一个没有任何变革的稳定环境。在自由的市场经济体制下,除了非盈利性组织以外,很少有组织是处在这种环境中的。第二等级是递增的环境(缓慢并逐步增强)。在这种环境中,需求往往大于供给,同时顾客的要求是相对初级的且无异同性的。价格是顾客购物时的主要决定因素,从而生产效能成为企业主要的成功因素。这类环境通常体现在经济体中某一快速增长的部分。第三等级是变化的环境(快速但仍是逐步递增)。在这种环境中,顾客的需求被不同的购买力和产品喜好的不同区分开来。主要的成功因素由生产效能转化为营销效果。第四等级是不连续的环境(有些方面不连续,其他方面可预测)。在这种环境中,变革所发生时的速度要远超过企业自身反应能力的速度,而且未来也变得不易预测。第五等级是突变的环境(不连续且不可预测)。在这种环境中,技术的领军能力是主要成功因素。高新技术和新兴产业在得以迅速发展的同时,消费者们也正在准备为最先进的技术而买单。米利肯(Miliken,1987)认为环境的不确定性可以归结为以下三类:第一,状态不确定性:在环境瞬息万变的情况下,由于无法认知环境要素的变动状态,使决策与环境变动状态之间出现时间落差,或无法预测,导致原决策无法达到预定效果所产生的不确定性。第二,效果不确定性:由于缺乏环境变化原因与结果的相关知识,以致无法事先预测环境变化对决策或组织可能产生的影响,由此产生的不确定性。第三,回应不确定性:指组织采取某项战略或行为后,无法确知该方案对组织的最终效果,由此所产生的不确定性。按照米利肯的观点,环境的不确定性是指由于环境信息的缺乏或者对其因果关系信息的缺乏,从而导致管理者无法预测环境变化及其影响的状态。

二、组织环境不确定性来源

组织环境不确定性来源目前主要有四种观点:第一种理论是资源依赖理论,认为组织环境不确定性主要来源于资源的匮乏。第二种理论是信息基础理论,即认为环境的不确定性源于信息的复杂。第三种理论则可称为不可抗力理论,认为环境的不确定性指地震、火灾、洪水、泥石流等自然灾害和交通堵塞等偶然发生的事件(如集会、游行、示威、恐怖主义等),这类事件难以预测,给企业组织带来了很大的不稳定性。第四种理论则认为组织所处的环境不确定性来源是包括供应商、客户、竞争者、社会公众等可能给组织绩效带来影响的机构和力量。对于供应链企业来说,供应商、制造商、分销商、零售商和客户属于影响供应链法人内部的环境力量。缺乏与决策有关的环境信息,决策结果的无法预知性,环境对决策结果影响的无法预知性。因此研究组织环境各种不确定性的形式与表现,对于当下企业经营与管理有着极为重要的价值。

本小节从不确定性的定义说起,首先阐明目前人们对于不确定性的理解,进而对组织环境进行了界定和分类,最后研究了组织环境的不确定性分类及其来源,指出环境的不确定性存在主观感知和客观存在等二种观点,而环境不确定性的来源则存在四种观点,即:资源观、信息观、不可抗力观和利益相关者变化观。

第二章　动态环境表现

第一节　动态环境表现一——组织脆性

一、脆性问题的提出

(一)企业的生命性

企业的演化和成长与生物体一样,都会经历一个从无到有,到成长、成熟、直至衰老与死亡的生命过程,都有影响和决定其演化的遗传因素,各自的结构和功能都随着组织规模的壮大而发展。Baskin 指出,企业要最大限度地利用市场生态提供的机会,就必须保证这些组织的运营更像一个生物体,这说明企业要不断搜寻成长所必需的"空气""水""养料"和适宜生存的环境。尽管演化过程中企业与生物体都依赖于环境的作用,不同的是企业较生物体更具主动性。在演化过程中,企业通过不断的搜寻、学习和创造,使自身的遗传物质得到优化,企业及群体才能不断进化和发展,而生物体则是被动的去适应环境,自身遗传物质往往取决于环境的影响和选择,这些都源于企业与生物体生存机制的不同。

此外,无论企业组织还是生物体组织的演化都包括个体演化、群体演化和共同演化三种范式。Morre(1996/1999)强调:"共同进化是一个比竞争和合作更为重要的概念,说明企业类似生物体的进化。企业进化不单单是个体行为,而是行业水平的共同提高。其实企业个体进化水平的提高也往往会带来同行业的效仿。"

企业作为一个类生命体,也有一定的寿命,许多学者都对那些长寿企业做出了深入的研究,并分析了影响企业寿命的主要因素。德赫斯从财富 500 强的企业中挑出 40 家,并对其中 27 家进行了详细的研究,提出了公司长寿应具备的关键因素,他认为长寿的公司都对周围环境特别敏感,能及时根据环境变化做出反应。此外,长寿的公司一般具有凝聚力,员工有较强的认同感和归属感。而综合关于影响企业寿命的研究成果中,管理水平这一要素得到普遍认可。相反,那些短命的企业,往往由于忽视企业内部潜在的脆性风险而毁于一旦。脆性度高的企业就像个人缺乏抵抗力,必然不能长寿。

(二)企业的生命周期

关于企业的寿命研究,国内外许多学者都从不同的视角进行了考察,并希望从中找出企业持久健康发展的规律。比较典型的是美国学者爱迪思(Adizes,1989/1997)对企业生命周期进行了深入的研究。他认为,无论是植物还是动物,只要是生物就遵从着"生命周期"的现象,他将企业生命周期划分为三个阶段,分别为"成长阶段""再生与成熟阶段"以及"老化阶段",并且分析了每个阶段的特征及产生的问题。具体又细分为孕育期、婴儿期、学步期、青春期、盛年期、稳定期、贵族期、官僚化早期、官僚期和死亡十个时段。

企业处于生命周期的各个阶段激发出的脆性风险都会制约企业的演化,缩短企业寿命,然而并不是所有的企业都会经历一个完整的生命周期,企业处于每一生命周期各阶段的时间长短也不同。这就是为什么有的企业在初创期就夭折,在成熟期最辉煌的时候却每况愈下丧失活力,也有的企业在老化期却克服重重困难起死回生,延长其生命周期。因此,企业的演化可以理解为一个循环往复的动态过程,探寻在企业演化的各个生命周期所能激发脆性风险的原因及防范措施是推动企业演化的关键所在。

(三)企业的脆弱性

企业的脆弱性是指,企业在演化过程中由于自身发展与环境不平衡,从而在遭受外界打击时表现出的一种容易崩溃的性质。企业作为一个类生命体,在面临复杂的环境和自身成长所带来的机遇和挑战时,难免抵御不住外界各种因素的强势侵袭,就会呈现病态,表现的十分脆弱。脆性作为企业的一个根本属性,无时无刻不伴随企业的进化与发展,存在于企业演化的全过程,它不会随着演化过程中企业的进步或环境的变化而消失,相反,随着企业演化的深入,组织脆性的作用和特征不断被强化,表现形式也越来越明显。由于企业脆性具有隐蔽性、突发性、连锁性、延时性特征,因此它不易被察觉,因此需要我们在企业演化过程中,不断地评价和分析演化过程中易出现的脆性风险,以免造成不必要的损失。

企业在演化过程中自身也会存在很多缺陷,这些因素大多是不可见的,有些则是不可预测,这样在企业进化过程中,一个微小的因素都可能导致企业的病变,引发连锁反应,导致企业的崩溃。企业的脆弱性在一定条件下达到某一个濒临崩溃的临界点时,企业进化的路径会严重受阻,打破常规进而影响企业的可持续发展乃至寿命。另一方面,妥善解决脆性可以峰回路转,转化进化的动力。辩证地看待并妥善解决企业演化过程中的脆弱性问题,有助于深入对企业演化理论的研究和理解,丰富企业理论,把握企业长寿命脉。

二、企业脆性的界定

(一)复杂系统脆性

"脆性"最早来自材料力学,指"物体在受到拉力或冲击时容易破碎的性质"以及"材料在断裂前未被觉察的塑性变形的性质",引申到复杂系统则用于表征系统的一个新的属性。复杂系统具有非线性、开放性、层次性等特点,但在外界某种条件作用下系统会突然发生崩溃,随着系统规模越来越大,子系统之间关系越来越复杂,这种性质就越来越突出。为界定复杂系统的这一属性,引入材料力学里面脆性这一概念,复杂系统脆性是指,复杂系统由于受到内、外部干扰因素的作用时,原本的有序状态会被破坏,使得某一部分(子系统)崩溃而形成一种相对有序的新的状态,这种崩溃会影响到其他子系统,并通过子系统之间的物质和能量的交换进而扩散传播,使崩溃的子系统数目增多、层次扩大,从而引发连锁崩溃,最终导致整个复杂系统的崩溃,这种属性称之为复杂系统脆性。复杂系统在运行过程中由于遭受外力打击而突然崩溃的风险,称为脆性风险。脆性风险被激发使复杂系统出现熵增,其根源在于子系统之间的非合作博弈。当系统正常运行时,脆性是潜藏和隐性的,一旦条件变化受到激发便呈显性,脆性风险被激活。子系统之间为获得有限的负熵流来降低自身熵值,它们之间便出现非合作博弈。

哈尔滨工程大学李琦等(2005)通过对复杂系统的内部结构及环境的分析,建立了由外部环境和系统内部结构组成的复杂系统脆性结构模型;复杂系统脆性由脆性因素、脆性事件、脆性结果三要素组成。复杂系统脆性结构模型是建立在以可变性和不确定性为主要特性基础上的,其脆性结构是由脆性风险(系统崩溃)、系统结构、脆性事件、脆性因子组成的四层结构。复杂系统中的脆性事件是可能导致系统崩溃的、由脆性因子构成的事件,以一定的概率反作用于系统,构成某一时刻系统的外部环境。脆性因子是根据系统内外条件而辨析出来的导致系统脆性的根本因素,因子与因子之间可能具有相互关联性。如图2-1所示,上层结构是内因,下层结构是外因,内因通过外因起作用,并通过内部传导机制,进而导致整个系统的脆性风险。

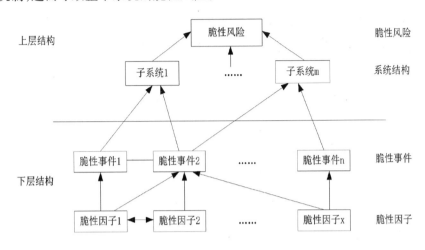

图2-1 复杂系统的脆性模型

(二)企业脆性的概念及特征

复杂系统脆性理论衍生出企业脆性的研究,企业面临不确定的环境,企业在演化过程中自身存在很多缺陷,这些因素都是不可见的,有些则是不可预测,这样在企业进化过程中,一个微小的因素都可能导致企业的病变,引发连锁反应,导致企业的崩溃。因此,企业脆性是指企业在遭受外界打击时容易崩溃的性质,脆性问题的研究要解决的是:企业在演化和发展过程中如何克服由于自身发展不协调而引发的脆性风险。因此,它描述的是企业面临挑战的机体抵抗力,抵抗力强则脆性度较低,抵抗力弱则脆性度较高。面对危机时的反应能力则在一定程度上弥补弱抵抗力的不足。脆性的研究可以形成竞争优势,增强企业生命力,实现可持续发展。

脆性作为企业的一个根本属性,无时无刻不伴随企业的进化与发展,存在于演化的全过程。它不会随着演化过程中企业的进步或环境的变化而消失,同时,企业脆性具有以下特征:第一,隐藏性。企业正常运营时脆性表征不明显,呈隐性特征,但是在遭受外部经营环境恶化以及内部抵抗不足时就会凸显出来,而且由于不确定性的存在企业脆性随时都有可能被激发。第二,伴随性。无论企业脆性是否被激发,它都作为企业的属性一直伴随企业的成长,只是程度会因为企业自身演化程度而不停变化;延时性,由于企业组织具有开放性和自组织性,当突然受到外力的干扰时,系统内部会自觉地进行调整,从而使脆性风险的产生到系统崩溃有一个过程。第三,表现形式多样性。在复杂多变的外界环境中,脆性影响因素以及激发方式多种多样,所以企业受损的程度和产生的后果也不尽相同。第四,作用结果的危害性。企业组织的崩溃是从有序到无序以及由内向外再由外向内的演化过程,使子系统功能失效并扩散到其他子系统从而使整个系统崩溃。脆性是复杂系统的本质属性,伴随着复杂系统的演化而发生变化,不会因外界环境的改变或者系统的进化而消失。但是企业脆性的发生并不是一蹴而就,它是由脆性源引发的脆性事件破坏企业的有序结构导致企业崩溃这样一个脆性的结果。

三、组织脆性的两面性

(一)组织脆性制约企业成长

企业演化为组织脆性提供了生存土壤和演变条件,企业演化促生组织脆性,同时组织脆性又反作用于企业演化。企业的组成要素通过企业活动和经营策略促使组织脆性发生变化,有限理性意味着企业往往不会一开始就能找到最优策略,而是在市场竞争中通过学习和试错来寻找较好的策略。在企业演化的各个阶段都会面临组织脆性所带来的威胁,然而组织脆性的发生其实并不是一蹴而就,有些是潜在影响的,脆性风险不会立即爆发,有些是危险因素长期集聚得不到解决从而激发脆性风险的突然爆发。企业在演化过程中自身也会存在很多缺陷,这些因素大多是不可见的,有些则是不可预测的,这样在企业演化过程中,一个微小的因素都可能导致企业的病变,引发连锁反应,打破企业的常规和惯例,从而阻碍企业演化的路径,影响企业的可持续发展乃至寿命。

(二)组织脆性是企业演化的内在驱动力

环境对企业的自然选择使适应性企业在有限资源的竞争中得以生存和繁衍,那些对环境不敏感的企业暴露出的脆性风险使企业逐渐被淘汰,演化的动力产生于风险压力,机体的抵抗力则是企业演化的根本保障。脆性风险的存在,一方面使企业防范生存危机和成长陷阱;另一方面会刺激并迫使企业采取变革措施推动企业进化。脆性对企业演化的推动性作用还体现在内部系统的调节能力,当企业内部某一子系统受到外部的打击而引发其他子系统的连锁反应使整个系统趋向于崩溃时,企业内部系统会对受到干扰的系统进行约束和调节。所以,我们可以认为该系统对这类的打击具有一定的抵抗力和约束调节,从这个角度可以认为脆性风险推动了企业演化。

四、企业脆性与相关概念关系辨析

(一)企业脆性、企业危机、企业风险的概念辨析

企业脆性和企业危机是一对因果关系的客观事物,由于企业脆性的客观存在促使企业危机发生在一定的概率范围。企业危机引发结果的传导过程多数是由外部引发导致内部系统崩溃,当然有个别情况也存在内部不和谐导致的企业危机,而脆性是迫使企业从内部着手来防范外部危机的过程。危机可以清除而脆性则是在企业演化过程中一种客观存在,不会消失的。危机是企业组织脆弱性集聚到一定程度所产生的后果,当企业没有识别自身脆弱性而进行战略决策时,脆弱性的结果就是企业出现危机,一般而言危机事件的发生将直接给企业带来严重影响和不良后果,当然存在一些具有良好文化内涵和危机应对能力的企业以危机的有效化解为契机而大力擢升企业的演化和进步。因此,企业脆性程度越高,企业抵御危机侵袭的能力就越低,相反危机事件的爆发同时促使企业脆性水平的增高,体现着两者之间的一种关联。但是企业脆性并不是企业危机事件的诱发因素,他们是危机爆发过程链条上的两个节点,互相存在影响。

企业风险是指当事件、活动或项目有损失或收益与之相联系,涉及某种偶然性或不确定性和涉及某种选择时,由于环境的不确定性,客体的复杂性,主体的能力与实力的有限性,而导致某一事项或活动偏离预期目标的可能性威胁。企业风险与企业脆性的本质区别在于,风险可能引发企业的危机事件,是一种不确定性,可能导致严重后果也可能不会;而脆性则是可能使企业风险发生概率提高的一种属性。风险来自企业经营时面临外界环境的不确定性,并在一定条件下转化为危机事件;企业脆性来自企业组织自身的不协调、不和谐。脆性和风险都对企业有负面影响,但企业风险常常与收益同向变化,风险越大,其风险规避成功后获得的收益也就越大。同样,当风险发生后,风险越大,其可能遭受的损失也就越大,而企业脆性却是引起收益减小的原因。此外,企业风险可以根据自身状况和环境的变化来预测,由于企业资源的稀缺和决策的有限理性,企业风险和企业脆性又是客观的和普遍存在的。

(二)企业脆性与企业健康

企业脆性和企业健康的研究内容是相辅相成的。本质区别在于企业脆性描述的是企业负面的一种属性或缺陷,而企业健康指的是企业正面的一种属性或状态。企业脆性

的研究是为了使企业健康,或者说将企业脆性度控制在一定范围内,企业是健康的。企业健康是保证企业正常运作、长久不衰的前提条件,它是更倾向于描述企业成长状态的一种属性,囊括内容广泛,包括健康的企业文化、合理的组织结构、富有竞争力的核心技术以及适合的领导者。然而企业健康的分析角度都是从如何增加企业健康角度来探讨的。企业健康程度越高,企业就能够获得可持续发展的积极条件。而脆性作为企业的一个基本属性是从负面的角度来描述企业的发展状况。企业脆性程度越高,企业发生损失的可能性就越大,企业脆性的研究角度主要关注如何降低企业的脆弱性。因此,企业健康提升了企业成长的稳定性,而脆性增加了企业危机发生的可能性。

综上所述,通过脆性问题的提出,研究了脆性的界定,分析了复杂系统的脆性,企业的脆性问题,指出脆性是组织本身固有的一种基本属性,其伴随组织成长的所有生命阶段,在脆性基本特征研究的基础上,提出企业脆性是一把双刃剑,即制约企业成长,又是企业演化的内在驱动力,本章最后对企业脆性、企业危机、企业风险和企业健康等概念进行了辨析,指出企业危机是一种表象,一种结果,企业脆性是一种内因,一种企业成长负面状态的表述,企业风险是一种与收益高度相关的概念,而企业健康则是企业成长正面状态的一种表述。

第二节　动态环境表现二——网络化

一、网络化的内涵及发展历程

(一)网络化的内涵

网络化是指利用通信技术和计算机技术,把分布在不同地点的计算机及各类电子终端设备互联起来,按照一定的网络协议相互通信,以达到所有用户都可以共享软件、硬件和数据资源的目的。现在,计算机网络在交通、金融、企业管理、教育、邮电、商业等行业中,甚至是我们的家庭生活中都得到广泛的应用。目前各国都在致力于三网合一的开发与建设,即将计算机网、通信网、有线电视网合为一体。将来通过网络能更好传送数据、文本资料、声音、图形和图像,用户可随时随地在全世界范围拨打可视电话或收看任意国家的电视和电影。近几年计算机联网形成了巨大的浪潮,它使计算机的实际效用得到大大的提高。

(二)网络化发展历程

电脑起源于二战,而网络则不折不扣的起源于冷战。1957年苏联第一颗人造地球卫星上天,这个消息把因成功销售宝洁(P&G)公司的肥皂而刚刚当选美国国防部长的内尔·麦克尔罗伊吓了一大跳,连忙招集人马成立了一个直接由国防部长领导的战略研究机构——高级研究计划署(Advanced Research Project Agency),简称阿帕(ARPA)。1966年,ARPA信息技术处处长(IPTO)鲍勃·泰勒申请到100万美元经费实施联网计划,特地上门邀请麻省理工林肯实验室的拉里·罗伯茨当技术负责人,而罗伯茨对五角大楼没有好感,不愿"高就"。泰勒在恼怒之下,表示要削减林肯实验室的经费。拉里·罗伯茨无奈之下,只好走马上任,他果然不负重望,1967年提出联网的构想,并正确选择"分组交换"通讯方式;1968年在美国西海岸选择四个节点进行试验,它们是:加州大学洛杉矶分校的网络测试中心(UCLA)、斯坦福研究院(SRI)、加州大学桑塔芭芭拉分校(UCSB)和犹它大学(UTAH)。罗伯茨领导诸多大学和研究机构协同攻关,1969年,这四个节点首先联网成功,这个网就称为阿帕网。阿帕网的成功,标志着人类社会正式进入了网络时代。罗伯茨本人也成了无可争议的"阿帕网"之父。

1972年10月,首届国际电脑通讯大会(ICCC)成立国际网络工作组,计划以阿帕网为基础连接全球大大小小的网络,天生听力不好的文顿·瑟夫当选工作组主席。他与ARPA的鲍伯·卡恩不约而同地想出一个"协议"(Protocol)。这个由瑟夫和卡恩首先提出并逐渐完善的网络规则就是TCP/IP协议。

1982年美国国防部把TCP/IP协议作为网络标准。出于安全性的考虑,1983年阿帕网被分成两部分,一部分专用于国防的Milnet,余下的仍以阿帕网相称。以这个阿帕网为主体与其他的网络互联而成的新网络称为互联网(Internet,又称为因特网)。由此,Internet正式诞生。从1969年阿帕网诞生到1983年Internet形成是Internet发展的第一阶段,也是研究试验阶段,当时接在Internet的计算机约235台。

从1983年到1994年是Internet发展的第二阶段,这是Internet开始在教育和科研领域广泛使用的实用阶段。1986年美国国家科学基金委员会NSF制订了一个使用超级计算机的计划,在全美设置若干个超级计算机中心,并建设一个高速主干网,把这些中心的计算机连接起来,形成NSFNET,并成为Internet的主体部分。

天下英雄大抵所见略同,其它国家也恰恰在此时相继建立本国的主干网,并接入了Internet,成为Internet的组成部分,如加拿大的Canet、欧洲的EBONE和NORDUNET、英国的 PIPEX 和 JANET 以及日本的 WIDE 等;1994 年 4 月 20 日,中国 NCFC 网络工程也在经过多方努力和争取下正式接入 Internet。此时 Internet 用户数达到 2000 万以上,覆盖范围遍及全球主要的经济发达和相对发达的国家和地区。

1995 年之后,NSF 不再向 Internet 提供资金,为了解决网络维持费用问题,Internet 的经营全面商业化,同时向社会开放商业应用。这样,Internet 进入了第三个发展阶段,商业应用阶段。商业用户的介入,为网络的发展带来了巨大的机遇。

1993 年,23 岁超级"网虫"安德李森深感网络上信息量浩如烟海,资料查找非常麻烦,于是开发了"马赛克"Mosaic,又称为"万花筒"的软件,通过它可以作定向导航。这就是早期的网络浏览器。1994 年 4 月风险投资家克拉克与安德李森一起创办网景公司,把"马赛克"改名为"网景航海家"(NetScape Navigator)。1995 年网景公司股票在华尔街上市,一夜之间,总资产不足 1700 万美元的小公司变为 20 亿美元的电脑业"巨人"。微软的比尔·盖茨赶紧推出了微软自己的"导航员"——"因特网探险家"(Internet Exploer),这就是大家熟悉的"IE"。而这个"IE"在后来还引发了美国司法部与微软之间的一场惊天动地的大官司,不过,这是后话。由于有了"NetScape"和"IE",网络的使用变得非常简单,网络从此成了普通百姓家的工具。从 1995 年至今,Internet 进入了全速发展时期,它已经成为我们生活中不可缺少的重要一环了。

二、网络时代外部环境的变化

(一)网络改变着人们的工作方式和消费需求

1.人们的生活和消费与网络息息相关

随着网路时代的到来,人们的消费习惯、工作方式也发生了剧烈的变化,这进而改变了人们的生活方式,人们的生活与网络息息相关。目前,越来越多的人们偏好于网络购物。人们总是在寻找各种可用网络,便利自我消费。人们的购物习惯是首先通过网络搜寻各种商品的信息,进而对于每家网络商店所提供的物品、质地、价格、服务等进行对比,在此基础上结合信用评价来做出消费决策。除此之外,精明的商家也越来越偏好于通过网络实现销售也就是网络营销,这也使得以网络交易为特征的电子商务迅速发展。不仅局限于此,一些疾病的网上咨询和救助、网上预约等方便了普通民众就医,让更多的生命得以延续。同时,越来越多的网络休闲娱乐方式也日益走进了人们的生活。总之,网络时代人们的生活和消费与网络密不可分。

2. 网络改变了传统的合作方式,改变着人们的工作方式

现如今,所有的企业都能够做到将分布在各处的部门、分支机构通过网络连结在一起,同时也连通着企业各部门、分支机构的成员,使他们能够通过网络实现资源共享,在共同的远景引导下朝着企业共同的目标前进。甚至更多的企业将遍布全球的分支机构通过网络紧密地联合在一起,实现集中采购、集中配送、集中定价以及管理模式的规范化。更有甚者,站在网络时代的前沿,通过网络实现企业分项职能,将不同企业的不同职能有效结合,实现不同企业间的良好运作,以此来适应市场需求的变化,导致越来越多的虚拟企业出现。同时,网络时代也改变着人们的工作方式,远程办公就是一个很好的例证。人们通过线上线下的资源共享,通过网络下达指令并沟通,甚至对于员工的监督和管理也可以依靠网络来实现,这一切都需要借助良好的网络软硬件设施,同时也颠覆了传统的工作模式。

(二)网络促进了经济全球化的发展

网络以及信息技术的推广,使存在于不同国家、不同地区的人、财、物以及资本、技术等生产要素信息在全球实现自由流动,也使得生产实现了全球化。企业不再依赖于传统资源即可获得发展,只要资源的比较优势存在,资本的国际流动性就存在,而这一切都需要网路技术以及信息技术的推广和应用。反之,网络技术以及信息技术在近几十年间的高速发展也为这种全球化提供了技术支持。

(三)经济发展动力转向依赖知识与技术资源

传统经济时代,一个国家或一个企业只要占据了物质资源优势,就能够依靠这种物质资源优势获得发展,传统经济比较发达的国家,尤其是以石油资源为代表的欧佩克的发展就能证明这一点。但是,由于网络时代到来,物质资源在全球实现高速流动,仅仅依赖传统物质资源求得发展已经不再适应经济发展需求,这样的企业也失去了发展优势。另外,即使依赖于信息技术发展的企业也发现,只要技术研发获得成功,就会迅速被其他企业模仿,因而,企业只有不断创新,走在信息技术发展的前沿才能获得长远发展优势。总之,企业必须将信息及技术资源作为企业发展的动力,将自己拥有的信息与技术资源迅速转化为生产力,不断推陈出新,才能在竞争中立于不败之地。

（四）竞争范围扩大化

传统经济形势下，企业主要参与国内竞争，但是随着网络技术的发展，竞争早已突破国家甚至地区的限制，逐步实现竞争一体化。随着网络经济时代的到来，越来越多的行业和企业走向成熟，为了延长整个行业以及企业的生命周期，越来越多的企业走向了国际化经营，也有更多的经营良好的企业转向了国际竞争，这也使得国际竞争日益激烈化，竞争范围日益扩大化。对于我们国家的企业尤其如此，我国在加入 WTO 后，国家经济日益开放，使得我们国家的企业不得不面临与跨国企业进行竞争。因此，我国企业要做好进入国际市场进行竞争的准备，也就是要意识到，竞争已经突破了国界，要实现跨地区、甚至是全球竞争。

（五）竞争要素多样化

传统条件下企业的竞争主要体现在价格和质量两个方面，但是当企业组织进入网络时代后，这些传统的要素虽然依旧重要，但是仅有这两个要素是远远不够的，竞争取胜关键可能千差万别，从款式、样式、售后服务、良好的口碑宣传、环境保护主义、良好公众形象到产品性能卓著，到网上销售怪招等都可能是赢得受众偏好的关键所在。所以企业面对这样的形势就不得不思考企业竞争取胜的新思路，从以上各种各样的新要素出发赢得竞争，同时也要求企业不断创造和变更产品及服务吸引力，不断推陈出新，并不断变化价值关注点，标新立异不失为一种竞争新举措。

（六）竞争区间的持续性

传统的企业竞争由于工作日与工作时间的限制，使得竞争呈现出时间上的间断性，企业应对之策也受上述限制。但是到了网络时代，人们的工作与消费都呈现出工作日与工作时间的模糊性，这就使得竞争无时无刻不在，呈现出时间上的连续性，也呈现出显性工作时间与隐性工作时间，显性工作日与隐性工作日的区别。人们已经下班回家了，但是仍然可以通过网络发布某些指令，甚至在工作时间之外安排加班，可以说企业之间的竞争从来没有间断过。

（七）竞争取胜因素转向了——速度

传统企业的竞争主要依靠物美价廉这四个字，所谓物美也就是质量，所谓价廉也就是价格，所以传统的竞争取胜因素是产品或价格，更可能是在产品和价格之间的某种平衡。但是到了网络时代,传统的产品与价格优势越来越弱,甚至消失。与之相对应的产品的生命周期越来越短,传统情况下企业研发了某款技术领先的产品,就可能会在某一地域获得长达几年、十几年甚至是几十年的竞争优势。但是网络时代,这种竞争优势的时间区间很不确定,企业产品的生命周期从几十年、十几年、几年已经缩短至年际,甚至是月,企业欲想在这样的竞争中取胜,唯有一条路可走,那就是不断发掘新的创意、将创意迅速转变为设计、将设计迅速投产,以最快的速度满足顾客需求。因而速度成为决定企业成败的关键,哪个企业能在速度竞争上取胜,哪个企业才能获得长远的竞争优势。在这种创意萌发与速度决定的时代,企业只有不断创新才能立于不败之地。

(八)既竞争又合作取代了纯粹对抗

传统时代,企业的竞争是纯粹的,竞争是第一位的,这就导致企业之间往往通过你死我活的价格战、研发战、商业机密的保护战取胜,企业的经营思路亦是不战即亡,所有的企业竞争都是纯对抗性的。但是到了网络时代,企业的竞争对手不计其数,竞争对手亦呈现出前所未有的数量相乘与模糊性,企业欲想在竞争中取胜唯一可做的就是增强企业自身实力。而增强企业自身实力如果完全依赖企业本身就可能是不自量力的,因而企业都在寻找新的竞争思路,出现了供应商与购买商、上下游企业甚至是传统竞争环境下纯对抗的竞争对手间也出现了合作,这就使得传统意义上的企业竞争向联合对抗,甚至是进一步转化为供应链条之间的竞争,这就使得传统的纯对抗关系转向了即竞争又合作。在合作中竞争,在竞争中合作,竞争与合作融为一体,即竞合取代了纯粹对抗。综上所述,网路时代企业要想在竞争中取胜,必须学会和其他竞争主体合作,才能在激烈竞争的市场中通过与他人的合作取得一席之地。

综上所述,我们首先界定了网络化,回顾了网络时代的发展历程,在此基础上指出网络时代的到来使我们所处的环境发生了翻天覆地的巨大变化,增加了太多的不确定性。例如,我们的生活方式、消费方式和工作方式发生了深刻的变化,企业的发展已经从传统的主要依赖物质资源,逐渐向主要依赖知识和技术资源转变,企业竞争范围越来越大,竞争要素越来越多样化,竞争区间体现持续性,竞争取胜要素不再是产品和价格而是速度,企业从纯粹对抗的竞争转向合作竞争,从一地区、一国家、一地域的竞争转向全球化竞争。这些变化都对企业经营与管理提出了新的挑战和课题,要求企业必须以变应变,才能基业常青,持续健康发展。

三、"互联网+"的经济学解释

(一)引言

互联网将整个世界连结为一个全球大市场,各种参与主体,如供应商、各级中间商、终端零售商、顾客以及其他为各个主体服务的参与者参与其中,从某种程度上说,整个世界都是相互影响、相互渗透、相互依赖的。

2015年3月5日,我国政府首次提出"互联网+"行动计划,将"互联网+"上升为国家战略。"互联网+"是一种新经济发展方式,主旨是发挥互联网在经济发展中对资源的优化配置作用,将互联网技术与相关成果与特定行业、特定要素、特定资源进行高度融合,使其深入经济与社会发展各个领域,提升生产力、创造力与创新力(苏郁锋等,2015)。

"互联网+"的内涵涵盖两个层面,战略层面的"互联网+",即"互联网+行业",以互联网为中介而与特定行业融合。如传统商业通过互联网中介成就了淘宝,银行业通过互联网成就了支付宝,交通运输业通过互联网中介成就了滴滴打车等一系列互联网行业。值得注意的是,"互联网+"绝非是与特定行业的简单叠加,更是一种融合,甚至诞生出很多新的盈利模式与商业模式。

战术层面的"互联网+"即匹配。BAT即是人与互联网匹配的典范,腾讯是人与人之间的匹配,阿里巴巴是消费者与卖方的匹配而百度则是信息与需求的匹配。现今的成功企业无一例外做的就是匹配。B2B、B2C、C2C、O2O、P2P这些商业模式无疑都是在供方与需方之间通过互联网实现资源匹配,正逐步由产品转向服务业。战略层面的"互联网+"考虑行业与互联网融合,以期实现战略发展。战术层面的"互联网+"则是执行层面,战略层与执行层的融合才是"互联网+"真正的意义所在。

(二)"互联网+"实质是要发挥互联网在资源配置中的主导作用

中国的市场经济经过数十年的发展,虽然也取得了举世瞩目的成绩,但是随着全球竞争的加剧,投资增长乏力等问题逐渐凸显出来,稳增长及速率也难以为继。中国政府逐渐意识到仅仅依靠传统产业的加速与改善已无力支撑国家高速度发展,亟待需要为经济注入新的动力。至此,"互联网+"不仅仅是一种提法,更上升为国家战略。如果说传统的互联网是"消费互联",那么新型的互联则是"产业互联",其实质是要发挥"互联网"

在传统产业整合与资源配置中的主导作用(徐赟,2015)。

"互联网+"配置资源与政府配置和市场配置机制都不同。传统的政府配置资源机制,从方向上而言多注重垂直化、集权式,但依据互联网进行的资源配置则多以扁平化为主,与传统的市场机制以利益来配置资源也有很大不同。除此之外,市场机制以价格为手段进行资源配置,但是网络机制则以信息为资源配置手段。在网络时代,拥有信息、占有信息、创造信息、利用信息等将决定竞争优势,即网络成为新兴的竞争优势来源。

(三)"互联网+"的经济学解释

1."互联网+"反映了资源基础观

在经济交换中,交换价值之所以存在的根本原因在于不同的市场主体拥有的资源禀赋与分工是不一样的。"互联网+"经济之所以存在,也是这样。互联网使得市场的交易费用大大降低,惠于各行各业,因此各行各业都有利用互联网获得经济优势的潜质。但是各行各业对于互联网优势的利用是不同的。因此,各行各业都需要找到应用互联网的诀窍。

"互联网+"经济以互联网用户为基础,这是中国的"互联网+"经济的先决条件。中国有14亿人口,互联网用户也随着网络的普及尤其是移动互联的覆盖与日俱增,这就为中国发展"互联网+"经济创造了良好的资源基础。41.43%的网民比例是促进经济发展以及发挥网络效应的临界值(郭家堂和骆品亮,2016),而我国的网民比例为50.3%(李海舰等,2014),达到并超过临界值,对于发挥"互联网+"效用极为有利。随着互联网的日益普及,尤其是移动互联经济的发展,以移动互联为媒介的经济形式蓬勃发展(李俊生和姚东旻,2016)。各行各业都需要考虑如何利用移动互联时代扩大自己的竞争优势。而中国所提出的"互联网+"经济就是利用中国庞大的互联网群这样的资源基础的典型。

2."互联网+"长尾效应颠覆传统二八原则

经济中的二八定律已广为人知,大致的涵义是80%的财富由20%的人创造,而仅占20%的人口却享有80%的财富。应用于行业或企业,即对于某个行业、某个企业而言80%的收益是由20%的大客户创造的,而构成"长尾"的小客户却只创造20%的收益(郝身永,2015)。由于经济领域的二八原则,企业在其商业活动中将主要精力专注于20%的大客户成了商业准则。企业忽略80%的小客户的原因在于获得这些小客户的成本比较高,而且维护成本可能更为高昂,而其对利润的贡献度却很低,这就使得管理大客户比管理小客户要经济得多。

随着互联网的出现,越来越多的企业发现互联网显著地降低了管理这80%小客户的成本,使得挖掘并利用这些小客户成了新的利润源泉。在消费领域,已广为人知的对于小客户的服务和管理创造了互联网消费经济,成就了大大小小的工业和商业企业,同时使传统上备受忽略与冷淡的小客户乃至个体消费者终于找到了作为上帝的感觉,同时也获得了大大的实惠。在金融领域,传统小微企业融资难、贷款难、农户农贷难的问题(杜松华等,2017),基于互联网大数据,不再高度依赖于家庭资产,而是基于还贷的信用数据,不用资产抵押即可获得贷款,大大地繁荣了市场经济。很显然,在这种互联网经济下,80%的长尾小客户颠覆了传统的二八原则。

(四)"互联网+"的外部经济性

1."互联网+"是中国产业升级耗散结构的动力与引擎

普里戈金于1969年提出耗散结构理论:一个处于非平衡状态的开放系统,无论是物理的、生物的、化学的还是社会、经济等大系统,当经过与外界的持续的物质与能量交换,其系统内某个参量达到特定阈值时,系统发生突变,可能会由无序突然转向有序状态。而为了维持这种新的、有序的相对稳定状态,该系统还需要不断地维持与外界的物质和能量交换,也因此被称为"耗散结构"。

中国的"互联网+"实质是产业升级与经济转型,其以"互联网+"作为外推力。中国的经济一直保持着高速增长,但是如何维持这一高速增长才是中国经济发展的关键。依据耗散理论,欲维持高速增长必须持续与外界进行物质与能量的交换。"互联网+"提供了中国经济高速发展这一耗散结构必要的能量与引擎。

以"互联网+"为经济发展的引擎,颠覆了许多传统行业,例如,"互联网+媒体"诞生了网络媒体,"互联网+广告"催生了网络广告,"互联网+零售"繁荣了电子商务,"互联网+电信"成就了即时通信等(徐赟,2015)。除此之外,与消费者距离愈近的行业,与互联网融合的程度愈高,其被重构和颠覆的速度和程度也愈高。总而言之,"互联网+"是中国产业升级的动力与引擎。

2."互联网+"的主旨是促成了交易费用的显著降低

第一,从"信息不对称"到"信息趋于对称"。一切经济问题,包括存在于买卖双方的信用问题,各个行业交易中合同契约的形成等问题都可以归咎于信息不对称。信息不对称问题是遍布于各行各业、各个领域的一大顽疾。众所周知,以消费领域为例,自从互联网诞生及其在消费领域的广泛应用,使得买方有了更多的选择,消费者在面对卖方的过程中从"几近完全的信息不对称"到"信息趋于对称",着实让消费者获得了实实在在的好处(戴德宝等,2015)。互联网带给消费领域的根本变革是改变了买卖双方的地位,同时更颠覆了厂商之间的关系,促进了商业领域的全新变革,传统高高在上的实体商业,不得不在面对网络商店、电子商务的竞争中不断地调整自己的定位。

第二,去中介化。众所周知,我们刚刚经历并且也还在一定程度上经历着充满中介的时代,在消费领域中,商品的流通路径大致是制造商、批发商、中间商(各个级别的)、零售商以及消费者,在这一商品传播路径中,商品到最终消费者手中经历了太多的中间环节而使购买成本高度攀升。由于互联网的出现,我们切实感受到了去中介化的强大力量。除了购物环节领域,其他各领域的变化也都令我们印象深刻。如互联网 + 旅游业,使得基于途牛网、携程网等为旅游服务以及提供咨询的网站迅速兴起与发展,也颠覆了传统的旅游业发展模式。互联网 + 医疗业,医院开通了网络预约、网络挂号甚至是网络问诊等新型医疗服务模式,大大节省了患者的就医等候时间,也提升了医疗服务的效率。

第三,其最终实质就是解决了交易费用问题。1937 年科斯提出了关于企业在市场进行交易中存在的交易费用问题,并进行了清晰的界定。交易成本界定为在经济交换过程中所产生的成本,具体包括:信息搜寻的成本、议价和决策成本以及执行成本,而后拓展到了协调成本、监督成本以及机会成本。

探究交易费用产生的根源在于交易过程中的信息是有成本的,并且主要源于其在交易双方中的分布不均衡以及非对称性(道格拉斯,2014)。还有一些其他因素可能产生交易成本,也可以说是强化了交易成本,比如不确定性、机会主义,更加源于我们的有限理性,市场之所以能够存在和发展,主要源于可以大大降低交易成本。在某些情况下,可以通过社会关系弱化这种交易成本,比如社会信用、信誉与信任,而小团体之所以存在,就是因为在某些情况下,他们提供了最低的交易成本。"互联网 +"从本质而言大大的降低了交易成本,包括消费者的转换成本,促使企业组织朝着更加多样化灵活化转变,比如组织扁平化、从线上走向线下到从线下走到线上,以及线上与线下企业的融合。

3."互联网 +"促成了商业世界变革

首先,促成了买卖双方的互动。互联网为消费者和商家搭建了一个快捷、实用的互动平台,物品从买方向卖方传递的过程中,许多中介环节被跳过,供方与需方直接构成了流通环节,甚至成就了"私人订制"(姜奇平,2015)。

其次,消费范围无边界性。第一,互联网的出现尤其是"互联网 +"时代的到来,无论企业、个人、学者还是各种经营形态都日渐倾向于互联网思维,进而推动了商业模式、经营形态等的推陈出新。第二,消费者的消费日益呈现非本国化,竞争和消费要素在全世界范围内互动和分配,这一切打破了原有的资源配置,驱动着全球资源竞争,也推动了优势资源的全球扩张。第三,"互联网+"时代就是效率时代。消费者从产生消费意愿到搜集信息、完成支付和物流投递过程越来越高效,这既得益于物联网的发展同时也促动物联网的扩张。

最后,促成了消费者间的互动。"互联网+"的时代,消费者间有了更多的交流平台,如网络评价,这甚至成为消费者网购选择的第一把标尺。同时,消费者也乐于向其他的消费者推荐自己最为满意的商品和购物体验,这就驱使着信息逐渐趋向完全对称,甚至最后发展成了有着共同消费倾向与偏好的虚拟社区,这是传统购物所无法匹敌的优势。

4. 蓬勃了物流业、互联网金融以及创业

近年来随着互联网技术的发展,网络购物更加盛行,与此同时加剧了物流业的竞争,物流业的蓬勃发展让许多创业者看好这一行业,除了传统的四通一达(申通、圆通、中通、汇通、韵达)和顺风外,物流业悄然兴起了许多行业新秀。"互联网+"时代另一个引领时代发展的行业就是互联网金融业。近年来实体金融随着"互联网+"的发展,网络银行逐渐兴起,且伴随着各种网络支付形态的出现,互联网金融蓬勃发展,大有超越实体银行业的趋势,可以预见的是这一趋势必将持续下去。另一个伴随着"互联网+"出现的新趋势就是互联网创业(辜胜阻,2016)。随着就业压力越来越大,越来越多的劳动力倾向于自我创业,而互联网为这些创业企业提供了新的平台,包括信息交流平台、技术支持平台以及将创业与"互联网+"结合的创业新渠道。

(五)"互联网+"的外部非经济性

1. 网络安全问题

目前网络安全问题主要体现在以下几个方面:第一,信息泄露。随着网络的软硬件设施的完善和发展以及信息公开化和人际交互,使得信息泄露问题逐渐凸显。第二,隐私泄露。网络购物物流环节泄露了消费者联系方式、家庭住址,不仅如此,消费者在线购物网络痕迹被传入消费数据库,其中不乏违法乱用风险。第三,网络安全陷阱。合法用户却可能被引导进入不法网络,带来安全威胁。第四,网络黑客的针对性攻击更成为"互联网+"时代企业经营新的威胁。

2. 政府经济监管难度加大

随着"互联网+"的兴起,尤其是互联网金融的出现使得网络交易逐渐盛行,然而对

互联网交易进行监管的难度可想而知,这就为互联网交易的政府监管提出了更新的要求和更大的挑战。

(六)"互联网+"非经济性规避探析

1.完善和细化互联网法律法规

传统法律都是在传统情境下的法律体系,随着"互联网+"时代的到来,急需出台有关互联网法律法规。与此同时,对待新鲜事物也必须保持一种宽容的态度,因而有关法律法规也要把握好尺度。

2.加强信息基础设施建设

"互联网+"时代,要推动"互联网+"的运营,基础设施是必备的。这些基础设施包括如公路、铁路、航空、金融、能源等交通运输便利性设施。随着互联网的进一步发展,对这些交通运输设施也提出了更高的要求。与此同时,与网络相关的设施如信息与通讯技术、宽带、云计算等网络软硬件设施亟待配套发展。

3.培养"互联网+"时代信息与技术人才

"互联网+"战略的提出无疑对人才也提出了更高的要求。互联网技术的发展,首先,需要的就是懂得信息技术的高端人才,而短期内的培养似乎也不现实,因而也需要经过长远考虑充实技术人才。其次,创新是动力之源,因而新一代的互联网人才也需要具备创新能力,既包括业务创新,当然更重要的是战略创新。最后,随着就业压力的增大,创业将成为解决劳动力的另一大出口,即需要大量创业创新人才。

4.完善"互联网+"信息安全保障

"互联网+"时代,网络安全首要任务是制度性构建,主要涉及互联网法律法规、网络技术手段应用以及对信息的适度监管,需要政府与企业集团合作开发,让"互联网+"发挥其应有的优势,使我国成为真正的网络强国。防火墙、数据加密、防病毒包括访问控制等是目前较为成熟和适用的网络安全技术。

5.提升网络参与者的安全意识

"互联网+"时代网络参与者可谓多元化。无论是以卖方还是买方身份、无论是企业还是个人,无论是政府机构还是其他组织都是"互联网+"时代参与者。要想保障网络参与者的信息安全,单靠政府的法律法规和监管恐怕是不够的,要想方设法提升参与者对网络安全的防范意识。

第三章　动态环境下企业应对策略研究

第一节　动态环境下企业应对策略一
——电子商务

一、网络化、信息经济和电子商务的关系

（一）网络经济、信息经济与电子商务的内涵

1.信息经济的涵义

经济的发展在经历了农业、工业经济以后，已经顺利地进入了以网络、信息为特征的经济时代，且日益成为经济增长、经济发展的一部分。自然地，信息经济这个概念也就为更多的人听闻、熟悉、接受并了解和体会。信息经济的大发展是于20世纪40年代开始70年代加速的信息革命的产物。

信息经济的内涵大致可以从宏观和微观两个层面来理解。宏观层面的含义指的是信息社会的经济，这需要从社会经济的宏观层次上去理解，我们也可以理解为是信息产业之间的联系和协调，即信息经济的广义概念。另一层需从部门经济的中观层次上去理解，也就是信息部门经济本身，而不涉及同时存在的农业、非信息制造业和服务业等其他经济部门，是信息部门的经济，也即是狭义的概念。

2.网络经济的涵义

网络经济在微观经济学角度来看是属于部门经济的范畴。狭义上的网络经济是指现代通信网络、电子计算机网络等各种网络部门以及部门内的一切经济活动。网络经济具体包括网络建设费用及收益、网络商品的生产、交换与消费、网络资源的供给与需求、

网络资源的合理开发与利用五个方面的内容。

广义上的网络经济则不仅仅包括物质方面,还包括非物质方面。广义上的网络经济主要是建立在现代通讯网络、电子计算机网络以及各种资源配置网络所形成的综合性全球信息网络基础之上的一国乃至世界范围内的一切经济活动。在这个意义上的网络经济表现在以下几个方面:银行的网络化、国际商务的网络化、国际金融活动的网络化、国际生产的网络化以及资源配置的网络化,其根本就是经济活动的网络化。

3.电子商务的涵义

电子商务的概念有广义和狭义之分。电子商务缘起于因特网的发展,就电子商务自身的发展而言,其"初级阶段"在概念上对应于一种狭义的电子商务(Electronic Commerce),它是指通过因特网进行的商业交易活动,包括网上广告、订货、付款以及相应的货物配送和客户服务等。这种电子商务实质上就是电子交易,它的范围仅仅局限于传统商业流程的电子化、网络化。广义的电子商务(Electronic Business),它是指利用因特网重塑各类业务流程,使它们实现电子化、网络化的运营方式。值得注意的是,显然,广义的电子商务的主体是多元的,功能是全方位的,它涉及社会经济生活的各个层面,并构成了一个庞大的整体性交流和交易系统。而驱动网络经济并对整个国家经济产生重大影响的正是这种广义的电子商务。

(二)网络经济与信息经济的关系

网络经济与信息经济既有联系又有区别,下面即对二者之间的关系略作探讨。

1.网络经济与信息经济的联系

(1)网络经济是信息经济的表现形式之一

以网络和信息技术为载体而发展起来的网络经济与信息经济,都是以电子信息技术为基点而发展的,随着网络经济的进一步发展,这种趋势会进一步增强。

网络经济是以现代电子信息技术为基础发展起来的,以信息产业和服务产业为主导,信息在网络经济中属于一种资源经济,而网络经济的发展就必须由信息资源才能实现。综上,二者的关系可以理解为信息经济包含网络经济,网络经济是信息经济的表现形式之一。

(2)目标相同

从网络经济和信息经济的含义中可以看出二者的目标是相同的。网络经济和信息经济的目标都是以促进知识以及信息资源的开发和利用,并在此基础上以推进经济向前发展为终极目标。

（3）都以信息技术为支撑

网络经济与信息经济是20世纪70年代信息技术革命之上出现的新名词，以信息和网络发展为基础，因而，在一定程度上说网络经济和信息经济都是信息技术发展的产物。

2. 网络经济与信息经济的区别

（1）网络经济与信息经济是两个不同的概念

经济形态的发展历经了游牧经济、农业经济、工业经济、信息经济和知识经济等经济形态，而网络经济是在此基础上出现的新型经济形态，呈现出由信息经济特征影响下的新特性。

（2）产生时间不同并且相互依托得以发展

网络经济不仅是纯粹的信息活动，也包括已经融入和能够融入综合性全球信息网络框架下的产业部门及其他有关部门的一切经济活动，它是经济发展过程中一个特定的形态。信息经济的发展促进了网络经济的产生、形成和发展，同时信息经济又依托网络经济的发展而进一步发展。

（3）网络经济与信息经济研究基点不同

二者研究的基点不同，信息经济研究主要以信息产业的产生和发展为基点，主要在宏观的经济层面来分析这一新兴经济的特点；网络经济在研究中则主要是以经济活动来作为切入点进行研究，站在世界经济学的层面来分析整个经济发展到现阶段所表现出来的具体特点。

（三）信息经济与电子商务的关系

电子商务应用的主体是企业，而信息化建设是企业电子商务良好发展的基础性条件。掌握电子商务与企业信息化之间的关系，有利于更好地把握企业未来发展的主要方向，进而也有利于更好地解决工作中遇到的难题和开展各项工作。

1. 信息经济与电子商务相互促进

（1）信息经济与电子商务的发展路径趋同

企业开展电子商务和加强信息化建设都必须基于网络实现，包括内联网和外联网。企业逐步的加强信息化建设的同时企业的电子商务也得到了逐步的发展，所以在某种意义上来说，企业加强信息化建设的过程与电子商务的发展过程是趋同的，而且在这一过程中也极大地提高了组织的管理能力以及市场营销能力,大幅度的降低企业生产运营成本,提高了企业在同行业中的竞争力。

（2）企业信息化为电子商务发展奠定了技术基础

电子商务的发展毫无疑问离不开技术进步与互联网等信息化建设,随着内外联网的技术逐步建立与成熟,以此为基础的电子商务才获得发展的根基。未来随着知识经济、信息经济、网络经济的发展,电子商务也必将有长足的发展。

企业开展信息化建设能够为电子商务的发展提供必要的技术支持和人员支持,一旦缺乏信息化技术以及专业的信息人员,企业的电子商务将无法开展,电子商务中涉及的通讯技术、网络安全技术、电子支付技术以及身份认证技术等均需要技术基础,如果企业信息化的技术水平不高,电子商务的发展将十分艰难。因此,推进信息化建设是开展电子商务的首要条件。

（3）电子商务助推信息技术的发展

电子商务对企业信息化建设起到推动作用,能够为企业加强信息化建设提供必须信息、资金以及客户。同时,电子商务也能为企业降低运营成本、节约资金,而企业则可以将节约的资金投入到信息化建设中,形成一个良性循环。除此之外,电子商务经过一系列的发展已经形成了客户和信息基础,而这些信息又可以在企业信息化建设中进行应用,二者相互促进。

（4）电子商务与信息经济相互推动促进经济发展

国民经济信息化是未来的发展趋势,而企业信息化是国民经济信息化发展的基础,同时电子商务又是国民经济信息化的核心。合理的处理信息化与电子商务之间的关系,有利于二者相互促进共同发展。推进国民经济信息化的当务之急就是要抓好企业信息化、电子商务和金融电子化三个方面,其中企业信息化是国民经济信息化的基础,金融电子化是国民经济信息化的保证,而电子商务则是国民经济信息化的核心。对于国有大中型企业而言,企业信息化要配合企业改革,要借助现代信息技术、优化工作流程、引进先进的管理理念,最终要有助于企业增强竞争能力,实现提高经济效益的根本目标。

2. 信息经济与网络经济在一定层面上相互制约

从目前经济发展情况来看,企业信息化技术在一定程度上制约了电子商务的发展,与此同时电子商务的发展也给企业加强信息化建设带来难题。电子商务的发展要依托企业的信息化建设,而正是由于许多企业信息化建设的水平没有达到应有标准,这一问题又反作用于电子商务,制约其进一步发展。另外,企业又致力于通过电子商务的发展来进一步推动企业的信息化建设,电子商务发展速度慢正是由于企业缺乏完善的信息化建设环境所导致的。电子商务的发展必然要求企业在信息技术、发展资金、技术人员等方面均达到一定水平,这使企业发展信息化建设面临较大的挑战。

(四)网络经济与电子商务的关系

1. 电子商务是网络经济的基础和主要表现形式

(1)电子商务是网络经济的基础

从网络经济定义中可以看出,它是基于互联网的以电子商务为主体的一种经济形式。站在产业发展的宏观角度来看,网络经济属于网络产业,与电子商务紧密相连,主要内容不仅包括网络企业、网络银行、网络贸易这几个常见的部分,还包括网络基础设施、网络产品和设备等经济活动。这就是所谓的互联网经济,它具体可以细分为四个层面,分别是基础层、应用层、服务层和商务层。综上所述,电子商务是网络经济的基础,是网络经济的重要内容。

(2)电子商务为网络经济时代的主要经济表现形式

电子商务是在传统商务模式基础上依托互联网的发展出现的一种新型的商务活动形式,现代信息手段是其技术基础,通过通信网络和计算机系统来完成交易,这种交易模式改变了传统交易过程中以纸作为介质进行信息的存储、传递和统计等环节,实现了在商品交易过程中的无纸化和在线交易。电子商务与传统商务模式相比最大的特点在于实现了信息流、物流和资金流的统一。电子商务的发展给人们的生活和工作带来了巨大的改变,电子商务的高速发展是网络经济时代真正到来的重要标志,所以说电子商务是网络经济的主要表现形式。

2. 电子商务对网络经济的驱动作用

第一,电子商务的发展彻底改变了传统的商业运行模式,将物流、资金流、信息流融合为一体,以网络为媒介开展商品交换活动。

网络经济以电子商务为核心,这种经济模式信息较为充分,所以市场模式较为接近完全竞争市场,而完全竞争市场状态下关于商品的各种信息能够在全球市场上得到广泛和即时的传播,具体信息包括商品和服务的特点、质量、种类、价格等许多方面,买卖双方能够根据信息充分比较、筛选,这就可以很大限度地促进企业竞争,并能够帮助买卖双方最终做出最优决策。

第二,电子商务的出现使信息产业在经济总量中的份额有所上升,网络产品和服务与各个行业相关并渗透其中,进而出现了网络经济这个新的经济增长点,所以,电子商务在很大限度上优化了经济结构。电子商务是数字化信息技术的主要应用领域,也是一个庞大的集成网络产品和服务的建设工程。从相互关系上来看,数字化信息技术和信息产业的发展促进了电子商务的出现和繁荣,而电子商务的迅速崛起也带动了信息技术及产业的更深层次的发展,这种良性的反馈环节构成了网络经济长远发展的内在动力,同时也促使全球经济结构的全面调整和升级。

第三,电子商务的发展困境催生了网络经济的完善。在电子商务的发展过程中,出现了一系列制约因素,尤其是速度、可得性等问题较为突出,这些都依赖着网络经济的发展,进而也为网络经济发展提供了前提,并进一步起到了推动作用。

(五)网络时代企业发展的趋势分析

夏宽云在其文章《网络时代企业发展的三大趋势》中,将网络时代企业发展的趋势界定为商务电子化、管理数字化与财务网络化。就企业发展而言管理的数字化和财务的网络化都是企业管理的工具,归根结底是企业发展方式上的革新的产物,而商务电子化,也就是我们所说的电子商务才真正代表着企业未来经营管理的走向与发展趋势,尤其是随着网络经济的发展、信息经济的革新,电子商务必然会成为企业未来发展的必然选择,所以,电子商务是网络时代企业发展的趋势。

下面就电子商务的类型和特点做些简要阐述。

上述所说的商务的电子化事实上也就是我们常说的电子商务,其本质就是应用电子信息等技术手段进行的商务活动。进一步说来,指的是在经济高速发展的时代,在技术发展的基础之上,一些掌握了信息技术发展趋势与商业规则的人,充分利用电子信息等工具,高效且低成本地以从事商品交换为目的进行的各种活动的统称。就目前电子商务的发展趋势而言,比较流行的是两种电子商务形式,一种是企业间(即 Business to Business,B－B)的电子商务和企业对消费者(Business to Consumer,B－C)的电子商务。除此之外,事实上还有政府与企业、消费者对消费者、政府对消费者等形式的电子商务。本文以企业为研究核心,所以主要探讨目前较为流行的两种电子商务形式,尤其是 B－B。B－B 电子商务主要呈现出如下一些特征:第一,消息灵通。传统商务活动受控于信息传输等技术手段落后,呈现出信息失灵、信息不对称、交易费用高、买卖双方沟通困难等特征,但是网路时代信息技术的发展,买卖双方可以通过网络迅速在全国各地甚至国际领域内寻找适合的合作伙伴并达成交易,这些都得益于信息在全球的自由流动。第二,交易便捷。B－B 电子商务的流程是买卖双方在网路上寻求适合的合作伙伴,当意向明确后,买卖双方签订合同,并且后续的生产、加工以及物流都可以有效运作,更可以在此过程中通过网络沟通信息并办理后续的支付等事项,这大大的便利了商务交易活动。第三,相关手续办理快捷。现今的网络时代由于电子银行、电子政务、电子税务、电子海关等的实现,企业与企业之间往往不用面对面谈判即可实现交易,这大大地简化了相关手续并缩减了成本。对于 B - C 电子商务而言,也大大地便利了人们的生活。人们只要产生了消费需求就可以通过各大网站查找物品信息、并对于众多卖家进行询价与对比,一旦交易达成,通过网上电子支付系统付款,待收到货物后确认付款即告交易完成。这样,消费者足不出户就完成了交易,同时也便利了整个商业世界,它也使得传统销售难、难销售的局面得到了有效的解决。目前电子商务正散发着勃勃生机,具备远见卓识的企业也正积极地发展电子商务,可以说,未来的时代就是电子商务的时代。

二、商业企业开展电子商务脆性评价研究

如今,一些有关淘宝信用的新闻一直充斥于我们的生活。"淘宝网曝出卖家不规范积累好评现象""淘宝网皇冠级卖家竟是骗子,被投诉数月仍在营业"等淘宝信用新闻屡见不鲜。这就不得不让我们思考一个问题,电子商务发展有其不可比拟的优势,但是信用和安全依然是买卖双方都热衷的问题。如果信用和安全问题得不到很好的解决,那么我们也不敢预言,目前发展势头良好的电子商务企业和网站会不会一时间倾塌。因而,我们要找出防止其倾塌的深层次原因,也就是脆性的防范,由此本研究拟对商业企业电子商务脆性做一初探。

(一)商业企业的概念

商业企业是企业的一种形式,它是专门从事商品交换活动和商业劳务活动的营利性的经济组织。这里的隐含之意为商业企业是专门从事商品交换和商业劳务活动的经济组织,而不是从事商品生产或其他经济活动的经济组织,因而,这里显然不涉及生产环节,这也正是本文的研究对象。

(二)电子商务的含义及形式

电子商务是指政府和个人通过计算机与网络技术实现商业交换和行政管理的一种固定模式。它包括 B2C、C2C、C2B、B2B、B2B2C、B2G、G2B、G2C、C2G 等模式。商业企业电子商务的模式主要包括 B2B 模式、B2C 模式、C2C 模式。本文的研究仅限于和商业企

业有关的模式,即商业企业电子商务的 B2B 与 B2C 两种模式,前者是 Business to Business,即企业和企业间的交易模式,后者是 Business to Customer,即由企业直接通过网络销售给最终消费者的电子商务模式。

(三)商业企业电子商务的实质

在商业企业中,电子商务一般是通过网络商店实现的,或者是实体店在网上开展电子商务。网络商店是通过互联网进行商品经营活动的一种商店形式。其交易过程大致是:商业企业在互联网上开设虚拟商店,建立网上营销的网站,上网的消费者可以根据网址进入网站访问,浏览商店的商品目录等各种信息,找到合意的商品可以发送电子邮件向商业企业订货,通过电子转账系统用信用卡付款。商业企业则通过邮寄或快递公司把商品递送给购物者。其交易流程,如图 3-1 所示。

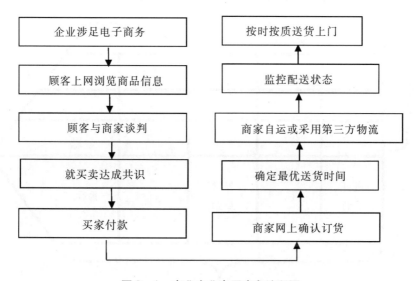

图 3-1 商业企业电子商务流程图

商业企业电子商务具有独特的优势。事实上,纯粹的商业企业电子商务由于当下种种条件尚未成熟且发展有限,而真正发展迅速的是传统商业企业涉足电子商务,在网上开设网络商店,即实体店开设电子商务。

(四)商业企业电子商务脆性

脆性是指复杂系统在受到外界的打击时容易崩溃的性质。即复杂系统在受到打击而崩溃以前,没有任何明显的征兆。脆性理论是研究系统在各种内、外损害因素的作用下,系统本身性能严重恶化的程度,以便使系统避免崩溃,并使系统恢复优良设计品质的理论。脆性理论已经被成功地应用到传染病的扩散,交通系统以及煤矿事故系统中。而本研究将其用于商业企业的电子商务领域,希望通过探讨商业企业开展电子商务存在的脆弱环节及其控制来防范电子商务商业企业的瞬时崩塌,也就是脆性的爆发。而目前广泛存在于商业企业电子商务领域的信用及安全问题尤其成为脆性因素,因而对其研究也就具有了现实的意义。

(五)商业企业电子商务脆性评价

1. 企业价值链模型

价值链分析法由迈克尔·波特(M. E. Porter)提出。他认为企业的活动是一个创造价值的过程,企业的价值链就是企业所从事的各种活动:设计、生产、销售、发运以及支持性活动的集合体,具体如图3-2所示。

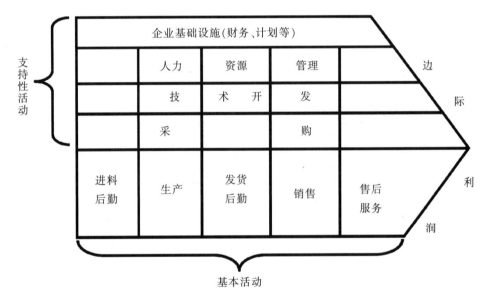

图3-2 企业价值链模型

2. 商业企业电子商务脆性评价

关于商业企业电子商务脆性的评价,我们借助美国管理学家迈克尔·波特(M. E. Porter)的价值链分析法,对其进行评价。价值链分析是针对所有企业尤其是工业企业进行的,而对于商业企业来说,其活动范畴显然不包括进料后勤与生产,其余都会或多或少的涉及,而其中尤其以技术开发、采购与销售和发货以及售后服务为核心。于是根据上述分析,建立了商业企业电子商务评价模型,见表3-1所列。

由表3-1可见,对于商业企业电子商务的评价可从战略、财务、采购、技术安全、销售、发货以及售后七个方面进行。从总体来看,战略、财务以及采购和技术安全都属于支持性活动,而非核心性活动,但对于电子商务企业来说,技术安全却是非常重要的一环。营销、发货和售后则是基本活动,因而经过上述分析我们可以得出这样一个结论:技术安全、销售和发货为电子商务的核心环节,而脆性的发生最可能来源于这些环节,也就是脆性源。

表3-1　商业企业电子商务脆性评价模型

	一级指标	二级指标
商业企业电子商务脆性评价	战略有效性	经营宗旨
		扩张速度
		扩张路径
	财务有效性	速动比率
		流动比率
		利息保障倍数
	采购有效性	采购价格
		采购速度
		采购数量
	技术安全性	网站安全
		网速
		网页设计
		网站流量
	营销有效性	服务态度
		沟通技巧
		服务及时
		信用问题
	发货有效性	送货上门
		及时送货
		准确投递
		物流人员态度
		物流监控
		运输费用指标
	售后服务有效性	争议处理及时
		处理使得顾客满意
		退换货比率

对于战略有效性,我们从经营宗旨以及商业企业的扩张速度、扩张路径来考察。财务有效性,王军(2010)认为,可以从盈利能力分析、清偿能力分析、外汇平衡分析和不确定性分析四方面评价,但是,因为研究对象为商业企业电子商务,因而其研究我们选择了速动比率、流动比率以及利息保障倍数。依照王顺波等(2006)的观点,可以从质量、交货期、价格、运输状况以及其他方面来衡量,这里我们选择了采购价格、采购速度以及采购数量来衡量采购有效性。《我国企业的营销评价指标选择》(黄飞,2003)一文中指出,商业企业的营销指标可选择相对价格、相对消费者满意度、相对认可质量、每个合同的成本、分销渠道的建立和维护、货架占有量、产品仓储时间、脱销、中间商满意度、促销活动、新品满意度、新产品收益利润等指标。而针对本书的研究对象,笔者最终确定用服务态度、沟通技巧、服务及时、信用问题四方面来评价。而发货有效性笔者选择了送货上门、及时送货、准确投递、物流人员态度、物流监控以及运输费用指标等指标。售后服务主要选择了争议处理及时、处理使得顾客满意以及退换货比率三个指标。

需要说明的是,笔者也曾经试图将这些指标变成一个最终的评价体系来说明一个商业企业开展电子商务的总体评价,但是经过深入的分析和研究后发现,现在还无法对这些指标进行科学界定,未能做出比较好的实证研究,有许多技术问题需要解决。因此,本研究只是给出了这一体系中所包含的指标,对于如何应用合适的评价方法来解决此问题是我们接下来需要深入研究的问题,也是未来深入挖掘的课题。

三、中小型商业企业开展电子商务物流方式甄选与评价

(一)商业企业电子商务概述

1.商业企业的概念及特征

关于商业企业的概念界定,目前为止还是比较确切的,它可被认为是与工业企业相对的概念,工业企业是以生产环节为核心的,通过企业生产产品及提供相关服务进而实现销售而获取盈利的企业模式。而商业企业是企业的一种形式,它是专门从事商品交换和商业劳务活动的经济组织。

2.商业企业电子商务的含义及形式

要明确商业企业电子商务的概念首先要明确电子商务的概念及其形式,关于电子商务的概念及形式经过几十年的研究与发展已经比较明确和确定。电子商务是指政府、企

业或个人通过计算机与网络技术实现商业交换和行政管理的一种固定模式,它包括:B2C、C2C、C2B、B2B、B2B2C、B2G、G2B、G2C、C2G 等模式,其中常用的主要是 B2B 模式、B2C 模式、C2C 模式。

(二)中小型商业企业开展电子商务物流方式选择

在信息时代,网络购物将成为人们购物的一种未来发展趋势,尤其是商业企业的电子商务蓬勃发展,物流是制约电子商务发展的一个主要瓶颈。

1. 中小型商业企业开展电子商务物流方式探讨

第三方物流(Third – Party Logistics,简称 3PL 或 TPL)是由相对"第一方"发货人和"第二方"收货人而言的第三方专业企业来承担企业物流活动的一种物流形态。因而,从物流提供方的角度来看,可以由供应方、需求方以及第三方来提供。所谓第一方发货人物流,也就是商业企业的自营物流,即自建物流模式,是指电子商务企业为了更好地实现企业目标,而选择进行建设物流的运输工具、储存仓库等基础硬件的投资,并对整个企业内的物流运作进行计划、组织、协调、控制管理的一种模式。而我们通常所说的第二方物流也就是需方,即购买方自运物流。第三方物流则是由供需双方之外的物流公司通过与第一方或第二方的合作来提供其专业化的物流服务,它不拥有商品,不参与商品买卖,而是为顾客提供以合同约束、以结盟为基础的、系列化、个性化、信息化的物流代理服务。事实上除了上述我们探讨的物流模式,随着商业经济的进一步发展,还出现了另外一种物流模式,即物流联盟。电子商务物流联盟模式主要是指多家电子商务企业与一家或多家物流企业进行合作,或多家电子商务企业共同组建一个联盟企业为其提供物流服务,为了实现长期的合作而组合到一起的组织方式。但是这种物流模式归根结底可归之于第三方物流,即非供方和需方交易双方实现的物流形式。本书研究的商业企业开展电子商务的方式,由于受交易方式的限制,由需方自运几乎不可能。因而,也就只剩下商业企业自营和第三方物流。

2. 中小型商业企业开展电子商务物流方式层次分析

(1)商业企业电子商务物流方式层次指标架构

笔者在研究了相关文献的基础上,结合层次分析法建立了表3–2所列的指标架构。

从表3–2可见,物流方式的合理选择为目标。准则分别为低运费(B1)、快速送达(B2)、准确送达(B3)、安全送达(B4)、优质服务(B5)、灵活性(B6)以及可控性(B7)。低运费(B1)是指运费的便宜程度,运费与物流成本密切相关。快速送达(B2)以及准确送达(B3)是指要求物流方式能够尽可能快以及准确的传递物品。而物品传递过程中,要尽可能得避免货损,这就是安全送达(B4)。针对目前物流中普遍存在的服务态度问题,提出了指标优质服务(B5)。灵活性(B6)指的是当用户发现合同条件出现问题时,商业企业能够予以回应的可能性。可控性(B7)指的是商业企业和客户能够就合同达成的标的的物流过程进行监控的程度。

表3-2 商业企业电子商务物流方式指标架构

目标层	准则层	方案层
物流方式合理选择(A)	低运费(B_1)	自营物流(C_1)
	快速送达(B_2)	
	准确送达(B_3)	
	安全送达(B_4)	第三方物流(C_2)
	优质服务(B_5)	
	灵活性(B_6)	
	可控性(B_7)	

(2)中小型商业企业物流方式层次分析

本文应用AHP方法对中小型商业企业物流方式进行了研究,其判断矩阵主要针对中小型商业企业作出。具体步骤如下:

A.B层对A层(B-A)层次分析

a.建立B-A判断矩阵

笔者在综合研究了相关的文献并征求专家意见后,建立了B层对A层的判断矩阵,见表3-3所列。

表3-3 B-A判断矩阵

A	B_1	B_2	B_3	B_4	B_5	B_6	B_7
B_1	1	7	1/3	1	3	5	7
B_2	1/7	1	1/3	1/3	3	5	7
B_3	3	3	1	3	5	7	7
B_4	1	3	1/3	1	3	5	5
B_5	1/3	1/3	1/5	1/3	1	3	3
B_6	1/5	1/5	1/7	1/5	1/3	1	1
B_7	1/7	1/7	1/7	1/5	1/3	1	1

b. B – A 指标权重以及一致性检验

$\omega = [\,0.219\ 0.125\ 0.343\ 0.172\ 0.078\ 0.032\ 0.030\,]^T$

$\lambda_{max} = 7.72 \quad CR = 0.097 < 0.10$

C – B 的指标计算方法如上所示,具体的判断矩阵以及权重的计算省略。

B. C 层对 B 层(C – B)实证分析

C 层对 B 层(C – B)实证分析与 B 层对 A 层(B – A)实证分析同,这里略去。

C. 物流方式层次分析结果

表3 – 4　物流方式层次分析结果

C – B	B – A							C – A
	B_1	B_2	B_3	B_4	B_5	B_6	B_7	总权重
	0.219	0.125	0.343	0.172	0.078	0.032	0.030	
C1	0.1	0.75	0.5	0.667	0.667	0.5	0.5	0.4849
C2	0.9	0.25	0.5	0.333	0.333	0.5	0.5	0.5141

由表3 – 4可以看出,按照 AHP 方法进行的层次分析研究,最终结果是第三方物流方式是商业企业开展电子商务的最佳选择。

3. 中小型商业企业开展电子商务第三方物流原因探析

研究结果显示开展电子商务的绝大部分商业企业,尤其是中小型商业第三方物流是其最佳选择。但是,从表中的总权重数据来看,自营物流48.49%,而第三方物流的权重也只是51.41%。从物流方式的选择而言,虽然第三方物流是最佳选择,但是自营物流和第三方物流之间相距并不大。因而,这是一个令人疑惑的问题,因为自营物流从理论上来讲也是不错的选择,因而我们需要进一步对原因进行探析。

第一,中小型商业企业电子商务经营特点决定第三方物流较为适合。第三方物流有其特定的优势,主要体现在其作业具有专业性,只提供物流服务,因而能够节约成本;另外就是服务面广。而中小型商业企业电子商务的典型特征是,商业企业一般自身规模较小,而客户可能遍布于全国各地,每笔交易量又比较小,这就决定了依靠自身物流进行物品的传递成本过高,而且也不利于集中精力搞好订单接纳业务。这可能是中小型商业企业开展电子商务选择第三方物流的最重要的原因。

第二,中小型商业企业自营物流的优势不足以跨越成本障碍。其实,就电子商务物流的要求而言,运费低、快速送达、准确送达、安全送达、优质服务、灵活性以及可控性这七个方面,自营物流除了在运费和物流成本上具有绝对的劣势外,其他方面都具有显著的优势,但是,和物流成本比较而言,对于开展电子商务的中小型商业企业,可能是不可逾越的障碍。

(三)中小型商业企业开展电子商务第三方物流评价研究

如何评价第三方物流企业的优劣、选择最佳战略伙伴已成为困扰电子商务企业的重要问题,而第三方物流选择评价体系的建立对解决该问题大有裨益。中小型商业企业电子商务第三方物流评价研究的出发点是以中小型商业企业为核心,从中小型商业企业的角度来研究第三方物流的评价问题。

1. 中小型商业企业开展电子商务单项业务物流评价

(1)客户交易后对于物流绩效评价的体系设计

根据张哲在《电子商务企业物流绩效评价体系设计》中所设计的评价体系,其评价指标包括成本费用利用率、资产负债率、存货周转率、交付速度和可靠性、配送范围、互联网订货处理、交付信息准确率、配送差错率、订单完整性、送货完好率。因为本文研究的出发点是作为一个中小型商业企业在开展电子商务的过程中,对于其物流过程中所采用的第三方物流企业的评价,而其评价指标来源于其顾客的客户评价,因而指标设计应立足于客户与商业企业的需求,因而,其中某些指标并不适用,一些指标含义相同但由于立场不同需要转化。另外结合本人的其他研究,提出对于中小型商业企业开展电子商务的设计,如表3-5所示的评价体系,也可以说是一份面对顾客的市场问卷调查。

表3-5　中小型商业企业开展电子商务客户对物流的评价体系

序号	评价指标	权重	满分	得分
1	物流价格	0.10	10	
2	准确送达	0.10	10	
3	物流速度	0.15	10	
4	送货上门	0.15	10	
5	服务态度	0.15	10	
6	货物完好无损	0.15	10	
7	灵活性	0.10	10	
8	网络跟踪的准确性及及时性	0.10	10	

(2)评价体系用于单项业务评价

之所以说,表3-5可以称之为一份面对顾客的市场调查问卷,是因为表3-5所示的客户评价体系,拟运用于用户在购物后对于中小型商业企业的评价当中。中小型商业企业若想改进目前第三方物流处于商业企业电子商务的瓶颈问题,意在物流层面进行大范围革新的前提下,可将原有的信用评价改为对于其物流的评价,抑或作为信用评价的一部分独立出来对其评价。其做法是,每一位在店铺购物的用户,购物后都希冀其做一份对于物流公司评价的明细,见表3–5所列。这样,中小型商业企业则可以将所得结果作为商业企业开展电子商务第三方物流总体评价的第一手原始材料,运用一系列的方法展开中小型商业企业第三方物流的总体评价,另外也可作为对于本公司采用的第三方物流公司业绩的评价,并在一定程度上作为对于物流公司的约束。

2. 中小型商业企业对于物流公司的评价

作为一个从事电子商务的商业企业来说,对其物流的评价首先涉及的层面就是对于不同第三方物流公司的评价,这部分内容即所谓的中小型商业企业对于物流公司的评价。换句话说,虽然中小型商业企业开展电子商务离不开第三方物流公司,那是毫无疑问的,但是在众多的第三方物流公司当中,如圆通、顺丰、韵达、中通、申通,甚至EMS,还包括宅急送等,具体哪一家或者是哪几家为本公司服务,却是商业企业自己的选择,这部分即可以解决这一问题。

假设某一个开展电子商务的中小型商业企业,其在一定时期内,共使用了a、b、c、d、e、f、g七家物流公司为其提供物流服务。假设在这一时期内,针对第三方物流公司a共回收有效问卷份数为n,用 x_{ij} 代表第i位顾客对于第j项指标的评分,则这里i的取值范围为[1,2……n],而j的取值范围为[1,2……8],用 P_j 代表每一项指标的权重,见表3–1所列,$P_1=0.10$,$P_2=0.10$,$P_3=0.15$,$P_4=0.15$,$P_5=0.15$,$P_6=0.15$,$P_7=0.10$,$P_8=0.10$,则对A物流公司的总体评分(以Ya表示),$Y_a=\dfrac{\sum\limits_{i=1}^{n}\sum\limits_{j=1}^{8}x_{ij}p_j}{n}$。以此类推,可分别计算出Ya、Yb、Yc、Yd、Ye、Yf和Yg。

上述计算结果主要有两种用途:第一,Ya、Yb、Yc、Yd、Ye、Yf和Yg的数值选取大于7的,作为判定合格物流企业的标准,否则则考虑改用其他物流。第二,按照Ya、Yb、Yc、Yd、Ye、Yf和Yg数值大小进行排序,数值越大,则物流绩效越高,否则则较低。在后续的交易中,尽可能给予排名靠前的企业较多的订单。

3. 中小型商业企业第三方物流总体评价

上述的评价层面是对于单个物流公司的评价,而本节旨在对于中小型商业企业所采用的物流进行总体评价。

假设一个中小型商业企业共有 m 个第三方物流公司为其提供物流服务。按照上述方法对每个物流公司进行评价,得出 Yi 值(i 的取值范围为[1,2……m])。则对于这个商业企业的物流总体评价值 $Y = \dfrac{\sum\limits_{i=1}^{m} Y_i}{m}$。

Y 值也有两种应用方法:第一,若 Y 值 <7,则企业物流有待改进。若 ≥7,则情况较好,但是还要进一步强化,Y 值越大越好。第二,另外一种用法就是对于 Y 值进行纵向比较,将今年与去年及以前数值比较,数值大于以前,则物流有所改进,否则,则思考并深入挖掘其中的原因,并采取相应策略予以改进。

总之,对于中小型商业企业物流方式进行了实证研究,得出第三方物流为商业企业电子商务物流方式最佳选择的结论,并进而对于原因进行了探讨。对于第三方物流给出了评价方法,希冀对于商业企业开展第三方物流的评价有所借鉴。具体的评价,商业企业可参考上述方法,收集第一手资料后应用。

电子商务根源于网络经济、信息经济,所以首先阐述了网络经济、信息经济与电子商务的关系,进而论证了动态环境下企业经营趋向之一——电子商务。关于电子商务运营问题,分两个层次,一个是商业企业开展电子商务脆性评价研究,另外一个则是中小型商业企业开展电子商务物流方式甄选与评价。对于商业企业开展电子商务脆性评价研究,首先阐述电子商务的含义及形式、商业企业电子商务的实质以及商业企业电子商务脆性,在此基础上进行了商业企业电子商务脆性评价。基于企业价值链模型,设计了对于商业企业电子商务的评价指标,主要包括战略、财务、采购、技术安全、销售、发货以及售后七个方面的指标。至于中小型商业企业开展电子商务,主要对物流方式甄选与评价进行了探讨,发现在自营物流与第三方物流两者之间,评价结论是第三方物流是企业首选,但是与自营物流的相距并不大。进而分析了原因,主要有两点,中小型商业企业电子商务经营特点决定第三方物流较为适合以及中小型商业企业自营物流的优势不足以跨越成本障碍。关于第三方物流评价主要涵盖三个层次,中小型商业企业开展电子商务单项业务物流评价、中小型商业企业对于物流公司的评价以及中小型商业企业第三方物流总体评价。

第二节　动态环境下企业应对策略二
——供应链经营

一、供应链及供应链脆性防御评价理论

(一)供应链内涵及其特征

1. 供应链内涵及供应链结构

纵观供应链的相关理论,对于供应链的研究开始于20世纪的80年代,而本书对供应链脆性进行研究,首先应对供应链的含义有个具体的界定。根据供应链协会(Supply Chain Council,SCC)的定义,供应链包括了从生产至运送最终产品至客户手中这一过程的所有活动,并把供应商的供应商到最终客户的所有成员链接在一起(Pine等,1993)。供应链不仅包括制造商,而且包括分销商、零售商和顾客,即供应链环节,如图3-3所示。供应链包括了从商品生产直至流通的所有过程,可以看做是一个包括不同环节之间持续不断的信息流、产品流和资金流的一个庞大的动态系统。

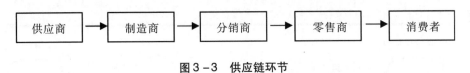

图3-3　供应链环节

经过进一步的发展,人们将此模型无论从内涵或是外延上都进一步拓展为图3-4,之后又进一步演变为图3-5,至此完善了我们所说的供应链结构,这也是目前理论或是实践界所普遍接受的观点。

2. 供应链的复杂性特征

(1)系统性

系统是由相互联系、相互作用的两个或两个以上的要素组成的整体。而我们所研究的供应链就是由彼此存在复杂的联系的各个节点企业(要素),组成的一个复杂的大系统(供应链)。按照系统的观点,各个节点又成为组成大系统的子系统。因此,研究供应链就应当利用系统的观点来看待供应链,进而用系统的方法来研究供应链。

(2)耦合协调性

供应链中包含有很多主体,比如供应商、核心企业以及用户甚至包括供应商的供应商以及用户的用户,他们组成了一个大整体,整体中各个节点企业可能为数众多,如此庞大的一个整体,必须形成一定的耦合,分工合作并且节点企业要与供应链整体形成协调一致的步调,向供应链整体要利益。

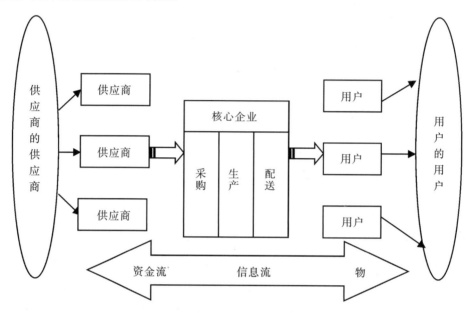

图3-4　内涵与外延完善后的供应链链条

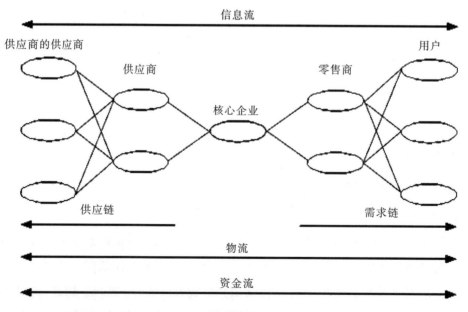

图3-5　供应链网链结构模型

（3）动态选择性

供应链中的节点企业不是硬性分配的，而是在合作与竞争中相互选择的过程，要在众多的合作伙伴中选择供应链中的成员，这种合作关系是非固定性的，同时也是动态性调整的，说得更确切些，就是在某种程度上随时择优选择和重组。所以供应链要随目标的转变而转变。

（4）复杂与虚拟性

供应链虽说是由节点企业组成的一个链条，但是就每一个供应链条来说，其因为供应链节点企业组成的跨度不同，供应链往往有多个、多类型甚至多国家企业构成，因而供应链结构模式比一般单个企业的结构模式更为复杂，这便是复杂性特征；同时，它是一个协作组织，而不是一个企业结构，这种协作组织以协作的方式组合在一起，依靠信息网络的支撑和相互信任关系，为了共同的利益，优势互补，强强联合，协调运作，因而又具有虚拟性。

（5）交叉性

节点企业可以是这个供应链的成员，同时又可以是另一个供应链的成员，这是单一节点企业的交叉性，同时这也决定了众多的供应链形成交叉结构。而良好运作的供应链应该以用户需求为基点。

（二）脆性概念界定与供应链脆性

关于脆性的概念，有如下一些观点：脆性是指复杂系统在受到外界的打击时容易崩溃的性质，即复杂系统在受到打击而崩溃以前，没有任何明显的征兆。脆性理论是研究系统在各种内、外损害因素的作用下，系统本身性能严重恶化的程度，以便使系统避免崩溃，并使系统恢复优良设计品质的理论（韦琦等，2009）。复杂系统在受到内部及外部环境因素的影响，使系统内部某一个或某一部分子系统脆性被激发而导致发生崩溃，从而导致系统内更多的子系统遭受外部打击，最终引发了整个复杂系统内部更多的子系统发生崩溃。复杂系统由于受到打击而发生崩溃的这个性质我们称为脆性（阴仁杰，2011）。脆性理论已经被成功地应用到传染病的扩散，交通系统以及煤矿事故系统中（吴红梅等，2009）。而本研究将其用于供应链系统领域，希望通过探讨供应链系统存在的脆弱环节及其控制来防范供应链的瞬时崩塌，也就是供应链脆性的爆发。而目前企业之间的竞争已经由原有的企业之间的竞争日益演变为供应链与供应链之间的竞争，供应链系统中主体众多且有各自的经济利益与发展战略，且供应链脆性一旦发生波及范围广等效应，就使得供应链脆性评价与防御具有了广泛的理论与现实意义。

(三)供应链脆性防御层次分析模型评价步骤

1. AHP 评价方法

许多问题的评价对象属性多样、结构复杂,难以完全采用定量方法或简单归结为费用、效益或有效度进行优化分析与评价,也难以在任何情况下,做到使评价项目具有单一层次结构。这是需要首先建立多要素、多层次的评价系统,并采用定性与定量有机结合的方法或通过定性信息定量化的途径,使复杂的评价问题明朗化。

在这样的背景下,美国运筹学家、匹兹堡大学教授 T. L. 萨迪(T. L. Saaty)于 20 世纪 70 年代初提出了著名的 AHP(Analytic Hierarchy Process,解析递阶过程,通常意译为"层次分析")方法。

AHP 方法把复杂问题分解成各个组成因素,又将这些因素按支配关系分组形成递阶层次结构。通过两两比较的方式确定层次中诸因素的比重。然后综合有关人员的判断,确定被选方案的相对重要性,确定备选方案相对重要性的总排序。整个过程体现了人们分析—判断—综合的思维特征。但是,这种方法的一个显著缺点就是受主观因素影响较大,因而本研究将 AHP 方法与专家意见方法相结合进行研究,以避免由于个人因素造成的非客观性。

由于供应链具有复杂性、整体性、动态性,它包含了从原料供应、产品生产与销售的全部运行过程,而且彼此之间相互影响、相互作用、相互制约,因而完全可以将其分解为各个因素并确定其中各个因素对供应链有效运行的影响比重。

2. 供应链脆性影响因素理论

杨华,汪贤裕(2007)将供应链风险因素划分为三种类型,环境风险、链风险以及节点企业风险,又进一步阐释了财务风险、信息风险、市场风险、效率风险和惰性风险五个风险因素。李艳(2004)在其研究中综述了供应链研究的理论,认为供应链应该具备动态性和网络建设性。上海宝钢集团公司董事长、总经理谢企华(2008)认为,供应链条的有效运行对于所有节点企业都很重要且受节点企业的影响。刘文龙,周琴音(2007)指出供应链应该具备动态性和协调性。关于供应链影响因素的理论很多,这里不再一一赘述,借鉴相关理论研究成果并进行综合归纳,本研究提出了供应链系统脆性防御的目标、准则与影响因素。

3. 供应链脆性防御模型构造与运用步骤

供应链脆性防御模型构造与运用的步骤为:首先,对供应链脆性的影响因素进行分析,据此来确定供应链脆性层次分析结构模型。其次,由相关专家和供应链从业人员用打分确定权重和建立评价矩阵,采用这种作法是为了弥补 AHP 方法的不足。再次,通过应用 AHP 评价方法计算出评价结果。最后,根据评价结果结合供应链运行中的有效实践确定出供应链脆性防御的具体措施。

二、供应链系统脆性防御层次分析模型构造与评价

(一)供应链系统脆性防御层次分析模型的构造

结合相关领域专家的意见以及借鉴相关的理论,本研究对于供应链影响因素的内涵界定如下:

供应链作为一个系统,最核心的是确保整个链条能够有效运行,也就是本文所指即脆性防御(下文中有效运行与脆性防御同意)。所谓有效运行是指供应链不会断裂,并且具有活力,能够有效沟通。这里将目标设定为有效供应链(A),即脆性防御,是指单个供应链以及由单个供应链所组成的供应链系统能够有效运行,也即要求整个供应链能够做到有效传递。由此引出它的第一个准则,即供应链的有效衔接(B1),如果供应链发生中断,则不可称之为有效运行的供应链。同时,作为一个有效运行的链条,必然要有动态扩展能力(B2),即供应链除了既定的现有的供应链条外,还应确保现有链条有一种动态扩展能力,即还应注意建立并发展新的链条而不是固守着现有的门路,不思发展。另外,还应保持上、下级链主体之间的有效沟通(B3),所谓的有效沟通,以分销商为例,不仅应与其所处链条的上级链主体——制造商之间就生产状态、存货情况、市场信息等进行有效沟通,而且还要保持与其下级链主体——零售商之间就分销价格、货源情况、运输状况进行有效沟通。这就决定了一条有效的供应链应具有有效衔接、动态扩展及有效沟通三大特性,且缺一不可。缺少任何一个准则,整个供应链系统若非缺乏紧密性,则缺乏活力。要保证供应链系统有效衔接,即货物、服务能准时、准确运达目的地,与此相关的就是货物的运输方式。如靠传统交通运输方式的货物的运达,较现代的网上销售及与货物运输密切相关的工作人员素质,因而形成交通运输、网络建设、工作人员素质对供应链有效衔接的影响。供应链系统的动态扩展能力,即建立新的供应链的能力,又与整个国家的经济水平、市场竞争环境(经济结构和竞争结构)、市场信息(与供应链主体决策相关的各种信息)、决策人员素质(供应链主体决策者具有的领导、决策、判断、沟通的能力)息息相关。此外,系统主体的有效沟通,除必然受市场信息、决策人员素质影响外,还涉及国家

法律法规(对系统主体之间沟通合法性保障及相关法律政策)、商业信用(这里仅指社会个体对自己商业承诺的惯有履约或违约作风)两个必不可少的要素。

通过以上对供应链系统的分解,笔者试图建立如图3-6所示的结构模型。

(二)供应链系统脆性防御层次分析模型的评价

对图3-6应用AHP方法评价,根据专家小组和供应链相关从业人员对各因素指标进行独立打分,确定出各指标的权重,即专家心中的风险因素的重要性。由于篇幅所限,判断矩阵以及计算过程在此不再赘述。经计算,所有的判断矩阵、权重确定均通过一致性检验,最终的计算结果,见表3-6所列。

(三)供应链系统脆性防御评价结果分析

结合图3-6与表3-6,A层与B层之间的数字代表B层各要素对A层的作用大小,从表中可以看出,B3对A的作用度最大为0.593,其次是动态扩展,再次为有效衔接,这意味着若要达到A目标,主要的准则应是B3。C层对B层的作用同理,最后一列数字代表C层通过B层对A层起作用的总作用程度。于是,我们得出如下的结论:C6、C7、C9对于系统有效性的贡献最大。当然也不能忽略其他因素对供应链的作用,这就要求针对这一具体计算结果,给出具体的应对措施。

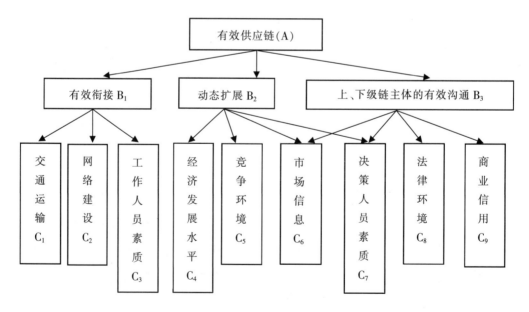

图3-6　供应链系统脆性防御层次分析模型

表3-6 供应链系统脆性防御层次分析模型的评价结果

C	B			W_i
	B_1	B_2	B_3	
	0.157	0.25	0.593	
C_1	0.388	0	0	0.061
C_2	0.169	0	0	0.026
C_3	0.443	0	0	0.070
C_4	0	0.443	0	0.025
C_5	0	0.087	0	0.022
C_6	0	0.533	0.121	0.203
C_7	0	0.30	0.469	0.352
C_8	0	0	0.053	0.031
C_9	0	0	0.357	0.210

三、供应链脆性防御措施

从以上的分析可以看出,决策人员,即供应链主体厂商决策者对供应链有效运行的影响最大,其次是商业信用,再次为市场信息,其对供应链的推动作用分别为0.353、0.211、0.204,因而有必要据此结论给出具体对策。同时,对供应链以上因素起作用的一是政府,二是供应链主体,因而就从以上两方面着手进行分析,并且将相应的举措划归为不同主体以加强决策的归属性与针对性,希望对供应链脆性防御起到些许裨益。

(一)供应链脆性防御中政府作用探析

1.加强供应链运行基础设施建设

结合图3-6与表3-6可以看出,虽然交通运输、网络建设在促进供应链有效运行(脆性防御)中不起主导作用,但他们总体对供应链的促进作用接近0.078,而且它直接影响到供应链的有效衔接,如果只有有效的决策却不能保证货物、服务按时运达,将直接影响到供应链的传输,甚至导致合作关系的破裂,即会导致脆性发生。因此,政府必须大力加强对各地区公路、铁路、航空设施的建设,以此来促进供应链的有效运行。与此同时,可以通过对基础设施的建设,带动一系列建筑、建材、劳动就业等相关产业的发展。同时,完善网络设施建设,目前网络不仅深入到千家万户作为日常交流的工具,更深入到商业经营的各个环节,尤其是作为商业经营趋势体现的供应链,更应强调节点企业之间的信息网络建设。信息网络建设可以说是将来决定供应链竞争的至关重要的要素,加强网络建设将是政府作为基础设施建设的一大举措,应发挥国家与企业双方实力来完善网络建设。

2. 加强教育投入与教育政策变革

从表 3 - 6 中可以清晰地看到工作人员素质、决策人员素质对供应链的有效运行(脆性防御)是至关重要的,作用比率分别为 0. 07 及 0. 353,这也正体现了现代经济的人文性,人力资源越来越成为经济的主导因素。要完善教育建设,应该着重从两方面入手:其一是加强对教育的投入。就这一点而言,我国的教育正在向着良好趋势运转,除了政府为主体的教育之外,涌现出更多的以企业为主体参与教育事业的行为,政府应继续采取措施推动这一趋势。其二是进行教育体制改革,教育体制改革一方面涉及教育内容、考核方式等的创新,另一方面又涉及教育的公平性,这又和目前的农村城镇化、三农等热点问题紧密相关,应当更多地培育具有良好业务素质、决策素质与道德素质的物流人才。

3. 完善法律法规建设

供应链的有效运行涉及经济各个领域,国家及政府必须制定相应的法律法规,规范经济主体的行为,给经济发展提供一个有序的规范的运行空间。完善相关的知识产权法、专利法,以保障合法的知识产权得到有效的保护并能够转化为现实的生产力;完善相关的劳动法、企业法、合同法等法律法规建设,以保障劳动者、企业的合法权益以及二者之间的良好的合作关系,避免纠纷的发生。

4. 政府应培育一个宽松的竞争环境

流通的这种行业性质决定了垄断的无效率性,因而政府所能做的,就是通过相关的法律法规或政府权力控制垄断的形成,使其呈现出一种垄断竞争的状态。就这一点而言,政府应完善相关的法律法规,并且在这样的行业中垄断并不是最有效的运营方式,政府尤其要完善反垄断法等法律建设,以创造一个规范的竞争环境。

5. 加强市场信息建设

从表 3 - 6 中还可以看到,市场信息对供应链的影响程度可达 0. 204,加强信息市场的建设,应通过有效传媒及建立咨询机构,加强网络建设等措施加速信息传播,努力降低信息的交易成本,繁荣供应链运营,防止脆性发生。

(二)节点企业供应链脆性防御应对措施

节点企业是指处在整个供应链条上的以供应商、制造商、分销商、零售商以及顾客等形式存在的供应链主体。基于这样一种界定,由于供应链主体是人的因素,因而是最活跃的,其对供应链有效运行可采取如下的措施。

1. 加强节点企业自身运输条件建设

由于我国经济发展水平并不高,采用现代化货物运输手段滞后,还长期采用以铁路、公路运输为主的传统货物运输方式,这就必须加强企业自身运输设施的建设。例如,批发商自身车队的建设,配送中心集货、储存、挑选、流通加工、分拣、配送相关的运输建设等。这里还涉及运输人员工作效率的问题,应选用工作效率高、素质好、富有责任感的专业运输人员,以加快整个货物运输的进程,做到货物传输及时、无误、高效。

2. 加强节点企业决策者自身素质建设

结合图 3-6 与表 3-6 可以看到对整个供应链网络脆性影响最大的便是决策人员的素质这一因素,对供应链的推动作用达到 0.353。对于以体力劳动为特征的基层工作人员来说,政府加强义务教育的作用可能更加明显,但就本文所指的决策人员素质而言,更多的则是强调决策者具有掌握市场信息,并据以做出快速准确判断的能力及与他人有效沟通的能力,这就不仅与基础教育有关,更多的是强调企业应给予自己的决策人员更多的职业技能培训,资助进修高水平专业知识、给予更多的实战机会等内容,所以,供应链主体的各企业内部应具备一套完备的对高级经理决策人员进行培训的运作机制,在基础教育之上,推出一批具有杰出领导才能的高素质综合物流管理人员。

3. 节点企业务必注重商业信用

20 世纪七八十年代一度出现中俄贸易的繁荣局面,尤其是黑龙江省黑河市的确从双方贸易中得到了实惠。然而,当时处在中俄边境的商人以次充好,不守商业信用,甚至出现了欺骗乃至诈骗等贸易手段,攫取暴利,最终导致中俄贸易的衰败。由此可见,商业信用的重要性。这在国内市场交易中的道理是完全相同的,一旦合作关系破裂,则很难再在合作上彼此之间建立起信任。完善商业信用制度,单靠政府制定相关的法律法规是远远不够的。因为,商业信用不仅体现在书面合同上,更多的可能是一种人为的口头承诺,况且没有一家企业愿意为微不足道的赔偿耗费相应的财力、物力,最重要的还是精力,这是需要所有从商人员审慎考虑的问题,所有企业都应注意商业信用日益成为企业长远发展的立足之本。

本节的主题是动态环境下的企业经营趋向之二——供应链经营。本节首先探讨了供应链内涵及其特征,进而构建了供应链系统脆性防御层次分析模型,结论是决策人员,即供应链主体厂商决策者对供应链有效运行的影响最大,其次是商业信用,再次为市场信息,其对供应链的推动作用分别为 0.353、0.211、0.204。进而探讨了供应链防御的措施,防御措施第一层面是供应链脆性防御中政府作用探析,政府作用主要体现在加强供应链运行基础设施建设、加强教育投入与教育政策变革、培育一个宽松的竞争环境、完善法律法规建设等。第二个层面是节点企业供应链脆性防御应对措施,主要包括加强节点企业自身运输条件建设、加强节点企业决策者自身素质建设以及强调节点企业务必注重商业信用。

第三节　动态环境下企业应对策略三
——网络化组织及虚拟组织

一、网络时代企业的竞争思路

(一)网络时代企业竞争的基本思路是企业自身的强大

网络时代企业竞争一切以实力为准,因而企业首先要想的事情就是如何实现自身强大,包括实现低成本,或者采取目标集聚战略。对于大型的工业企业而言如何运用规模经济降低成本以实现强大。对于商业企业而言如何运用范围经济以及借助企业活动间的规模经济,包括运用连锁优势以求得发展成为企业的主题,总之,网络时代企业自身的强大是企业竞争的基本前提。

(二)以客户需求为终极目标且引领顾客需求

在传统的卖方市场上,企业经营的重心放在卖什么,强调卖而不是强调如何卖出去。而在由卖方市场转向买方市场后,企业的经营重心已经转向了如何卖,如何卖的学问就在于如何能满足顾客需求,以客户需求为终极目标。现在,企业竞争的时代已经进入了第三个阶段,以客户为终极目标的宗旨不变,但是要想在网路时代取得竞争,更应该强调如何引领顾客需求。

(三)以社会责任为企业使命

企业使命指的是企业在社会以及经济发展过程中应该担当的责任和义务。传统情况下企业会将股东以及员工作为自己的责任,但是随着网络时代的到来,企业信誉将是决定企业成败的关键。传统情况下的那种纯粹以利润为目标,置环境污染于不顾的经营模式再也不能适应网路时代企业竞争的需求了。因而企业应该以对社会负责任的态度从事企业经营。

(四)将员工视为企业合作伙伴

传统企业管理模式下,员工被企业视为从事经营管理的工具,从事一系列企业职能,承担各自的工作,各司其职。但是这种仅仅将员工视为工具的思维不再适应现代网络竞争的需要,合理的思路是将员工视为自己的合作伙伴,以提升员工积极性。员工的积极性才是企业竞争的根本。

(五)以竞合策略取代纯竞争思路

传统企业的竞争就是你死我活的市场争夺战,在竞争中往往采用的就是非输即赢的竞争策略,但是网络时代的竞争这种非输即赢的策略已经不再适合企业竞争思路了。企业越来越发现企业间通过合作获取竞争成为企业的必选之路,也就是竞合战略。竞合战略指的是企业既竞争又合作的战略,在竞争中合作,在合作中竞争成为企业竞争的思路。

二、企业组织结构的发展历程与发展趋势

自古以来,组织的发展大致历经了三种管理结构。一种是禅让型的管理结构,也叫V字型管理结构,以中国上古时期的尧帝和舜帝的管理结构为代表。这种结构的特点是最高领导在组织层级上处于高位,但是从权级上来看却是把权力下放给下属使下属的利益处于高位,强调位高者要尊重别人,更是奉献于他人,权力的转让特征是只要发现周边有比自己强者,就主动将权力谦让。以此为特征的管理结构不仅出现于国家管理,在后来的经济组织中也是不少见的。他们当中主要是改革开放后的一批早期创业者,他们的禅让是为了自己企业的发展,招贤若渴,但最后往往因过于轻信形成大权旁落,创业者不得不另起炉灶。基于以上原因,V字型管理结构往往是不长久的,很难长期维持。

顺次发展下来的第二种管理结构可以称之为A字型管理结构,这种管理结构的特点是自上而下的森严的组织结构,直接性的命令性指令,甚至是独裁统治,领导者往往

高高在上直接指挥一切,我国古代帝王的管理结构就是这种管理结构的典型代表。

在过去几百年的企业发展历程中,A字型管理结构不仅为大企业所偏爱,同时也被各种各样的小型企业采用,因为其严格的管理能够节约成本、高层决策机制可以适应快速决策的需求。但是这种条块分割、等级森严的金字塔型的组织结构存在着固有的弊端:

第一,管理权力高度集中于上层。在这种管理机构中,企业组织呈现出典型的金字塔型的架构,而作为企业权力而言,却又高度集中在组织上层。企业的管理往往通过高层的统一决策逐层传递,在传递过程中,由于等级链条过长,也就避免不了一个问题那就是信息传递的失误,从而反映在企业决策的执行力上,就是执行力不强。

第二,机构臃肿、效率低下。在这种管理体制下,领导层高度依赖等级连来进行经营与管理,同时在这种管理体制下,使用这种组织管理体制的企业绝大多数面临管理层次过多的问题,命令的上传下达必须顺次经过整个链条,费时费力,成本增加但效率低下。在处于不确定性环境下的今天,企业的发展、外界环境可谓瞬息万变,如此低效率的决策制定、决策执行,不再能够适应快速决策、快速响应的时代。

第三,组织僵化更容易滋生本位主义、官僚主义。在这样的管理体制下,由于严格的等级链条的限制,本位主义明显,更容易导致论资排辈、官僚主义、缺乏团队合作意识、限制过多而束缚员工行为、缺乏对市场动态的跟踪等问题。由此可见,如此严格的管理体制,束缚了员工的手脚,限定了员工的创新与智慧,根本无法适应如此多变的现代社会需求,唯一的出路就是对于组织架构以及管理体制进行根本性变革。

第三种管理结构是M型管理结构,也称为扁平管理结构。在现代网络时代,随着互联网技术的迅猛发展和信息传播速度的增快,竞争企业越来越表现为时间、速度、创新竞争,在企业中没有决策大小问题,而只有决策速度、能否创新的问题,以及创新速度的问题,最终的较量就取决于是谁首先发现需求,并以最快的速度设计产品与服务去满足这种需求。

扁平组织的最新形式:

(1)无边界组织

所谓无边界组织是指其横向的、纵向的或外部的边界不由某种预先设定的结构所限定的或定义的这样一种组织设计。在今天的环境中要能最有效地运营,就必须保持灵活性和非结构化。对这些组织而言,理想的结构已不是那种刻板的、预先设定的结构。相反,无边界组织力图取缔指挥链,保持合适的管理跨度,以授权的团队取代部门。

（2）网络组织

网络组织特指有一群地位平等的"节点企业"依靠共同目标或兴趣自发聚合起来的组织。这里的网络不仅指"互联网"，也指这种相互关联而没有中心的特定形态。

网络组织是目前发展起来的最新型的组织结构形态，尤其在跨国公司中居多。它使得越来越多的企业通过合作以及企业边界的逐步弱化实现资源共享和合作，同时能够发挥节点企业各自的优势，实现资源互补，并且有利于企业在链条之上的竞争优势塑造。它代表着未来组织的走向，但是从根本上说它并不是一种成型的或者特定的组织结构形式，更应该将其视为一种全新的管理理念和管理思想。由此而引发了一场在组织结构上的新变革。

（3）虚拟组织

虚拟组织是一种区别于传统组织的一种以信息技术为支撑的人—机一体化组织。其特征以现代通讯技术、信息存储技术、机器智能产品为依托，实现传统组织结构、职能及目标。在形式上，没有固定的地理空间，也没有时间限制。组织成员通过高度自律和高度的价值取向共同实现在团队共同目标，是由多个企业或企业群体基于市场需求和发展机遇而结成的一种动态的经济联盟。从企业组织角度来看，即虚拟企业。

为了进一步理解虚拟企业的概念，我们需要进一步了解虚拟企业的特征：首先，虚拟企业并不具备法人资格，也因为一般来说虚拟企业没有组织实体，所以只是某种动态性联盟，也不是法律层面上完整独立的经济实体。虚拟企业可以是企业的供应商，可能是顾客，更可能是同一行业中的竞争对手。这种新型的企业组织模式打破了传统的企业组织界限，使企业界限变得模糊。其次，在运行中采用并行运作而不是串行运作。虚拟企业在面对项目或任务运作时，采取的是将工作或任务分解为独立的小模块，由不同企业分担模块，同时运行。这样就保证了任务的高效完成，同时成员企业不必担心核心技术、技术诀窍等的泄漏，同时又能够保证技术的尖端性。与此同时，任务由特定的虚拟企业中的核心企业进行分工并在此过程中运用现代化的通讯设施进行沟通协调，既保证了项目的高效、又保证了各模块间的良好契合。总体而言，虚拟企业保证了任务完成过程中优势资源的应用，同时也保证了低成本高效率运作，实质上是虚拟组织运作中各企业的资源互补和充分利用。

网络化虚拟企业作为新型的组织形式，其竞争优势主要体现在以下几个方面：

首先，虚拟组织成员企业界限模糊，传统企业间的界限不再重要。其次，虚拟企业运作过程中实现了不同成员企业的资源整合，利用不同企业的核心优势以高效完成组织任务，同时降低了成本，组织柔性大大增强。再次，由于虚拟组织的虚拟性，企业之间只是一种合作关系,所以可以随时依据市场环境、市场需求变化调整,组织的合作和解散都比较容易,可以有效实现快速响应。最后,虚拟企业组织运用网络化优势,将不同企业优势资源进行整合,所以成员企业也可以规避企业劣势集中于优势资源,用其他企业之长补企业发展短板,取得系统化运营的效果。

而随着组织网络化的进一步发展是组织的虚拟化。组织虚拟化后成员间的合作关系比较短暂,往往是一个项目完成后关系即告解除,成员则根据自身的资源禀赋和市场机会重新组合,采用这种组织形式的企业往往被称为"虚拟企业"。企业的虚拟化是通过组织内、组织间高度的网络化形成的,网络使企业把雇员与雇员、雇员与客户直接联系在一起,减少了传统企业通过上下级构成的纵向联系环节和部门间的横向联系环节,使企业组织本身成为"空壳型组织"。

(4)学习型组织

学习型组织是指由于所有组织成员都积极参与到与工作有关问题的识别与解决中,从而使组织形成了持续适应和变革能力的这样一种组织形式。他要求企业所有员工,从高层到中层直至基层员工都具有学习的能力,从而使企业具有学习的氛围,并成为企业竞争优势的来源。

三、企业组织模式创新的动因及变革措施

(一)企业组织模式创新的动因

自 20 世纪 90 年代以来,企业生产的技术基础和成长环境之所以发生了巨大变化,是由于电子技术的飞速发展,逐步形成全球网络社会。为了缩短国内外企业之间的距离,以及企业与消费者之间的距离,可以广泛运用国际互联网、局域网和企业内部网等达到局域范围内的沟通。金融资本的全球流动、跨国公司的国际间经营、科学知识的无国界传播等,均可表明经济全球化业已成为当今世界的一个重大特征。

1.全球经济一体化的影响

各种生产要素或者资源在世界范围内自由流动,实现了生产要素或者资源在世界范围内的最优配置,表现为生产、贸易、投资、金融等经济行为在全球范围内的日益增强,这就是所谓的经济全球化。虽然经济的金球化有利于资源在各国之间合理地流动,但对企业的管理与组织理念造成巨大的冲击,是因为市场竞争规模的空前扩大和竞争领域的不

断延伸,导致市场保护和地理隔离等不复存在。在这种形势下,企业一方面要实行对外开放的战略,另一方面要注重制度和组织的创新,这样不仅仅顺应经济全球化潮流,同时逐步与国际现代企业的要求接轨。经济全球化使企业内部的组织结构和外部的竞争方式正在进行巨大的调整与变革。

2. 网络技术的推动

信息技术的迅猛发展,除了极大地改变了人们生活方式,更加引起了企业内部的一场"横向革命":在跨国公司里,内部网的使用不仅把世界各地的员工紧密地联系在一起,还将各项指令都简捷地、迅速地传达,一步到位,从而极大地提高了工作效率;开放的网络技术,可以将企业与供应商、销售商和商业伙伴更加快捷、方便地连结在一起,不仅可以将买卖双方的交易成本降低,还可以使交易速度加快;在将来,企业欲想对迅速变化的市场作出快速反应,适时地了解顾客的有关信息及顾客需求,并能马上生产和提供用户满意的产品和服务,就需要端到端网络化企业的出现。这场革命"称得上是一次社会经济革命,其规模和影响都堪与前两次工业革命媲美"。它对企业组织模式产生的巨大影响表现在:

(1)智力资本成为企业制胜的关键

智慧、科学、知识已成为越来越重要的生产要素。厂房、机器设备等有形资产的投入多少,已不再是衡量一个企业实力的标志,关键是企业在运营中现代科技知识所占的成份有多大。科学家指出,当今美国从事处理资料和信息工作的,绝大多数工人是"信息工人"。值得注意的是,今天的第一职业是文员,他们代替了过去占主导地位的工人和农民。我们不再处于蓝领阶层充斥的社会,经济的发展更加依靠科学知识资源,不再是主要依靠有限的资源或凭借区位的优势。未来企业制胜的关键因素,是加大对智力资本的投入,以及注重劳动者综合智能的开发。

(2)柔性生产方式的运用引领生产领域变革

进入21世纪以来,人类社会步入了信息时代,我们面临着一场"智能革命"。像是微型机器人、采矿机器人、遥控机器人、海底机器人、核电站机器人和空间机器人这些智能工具的使用,使人类不再亲自从事体力工作,而是用脑力解决问题。这些智能工具也使人类的"触角"伸向了超越人体极限的范围。新型可视化技术、产品市场的工作模拟、快速装配与产品生命周期监测等工具的使用,以及电子邮件、团队工作模式和其他媒体工具的利用,加强了组织协调沟通,提高了组织运作的可靠性和生产速度,使企业的运作模式发生了本质上的改变。在工业经济时代,人类选择的是福特流水线作业制,这种生产方式成本较低而且便于管理,适合较大规模的企业进行批量生产。随着信息技术的飞速发展,使用电脑编程改变生产方式为柔性,以"批量定制"取代了传统的"批量生产",这种生产方式相对灵活,具有普遍适应性,可以生产出更加具有创新性和独特性的产品,可以满足不同消费者的多元化需求,体现了企业独家特色,提高竞争优势。现代企业不仅仅是要生产优质产品,更要迎合不同层次的消费者的多方面需求。

(3)知识型管理模式的需求

在信息革命的推动下,使得传统企业开始转向为知识型企业,一种新型管理理念开始出现并逐渐成型,就是"知识管理"。像是一些国外的企业,例如,微软公司、惠普公司、布兹—爱伦—汉密顿咨询公司等企业,国内的企业如北大方正、亚信集团、清华同方等都已成功应用知识管理理念对企业进行管理。企业要意识到智力和知识资本的重要性,并在企业管理中加以运用,这将成为企业长远发展的重要手段。所谓知识管理,就是以平时累积的知识进行交流和共享,来提高企业相关能力,如应变管理和创新思想等。知识管理不仅要对企业的人员进行管理,还要将信息和人力连接在一起进行共同管理,就是要将企业的信息进行处理,与人的创新能力相融合,提高企业面对各种环境的适应能力。知识管理要求企业不仅仅是一个生产经营的组织,而是要求企业全员学习更多的专业知识,使企业成为一个学习型组织。据国外相关企业调查表明,对员工进行培训可获得更高的收益,因而许多国内外著名公司,如摩托罗拉、西门子、海尔等,都有企业自己内部的培训学校,微软公司还独具战略眼光成立了中国研究院。这些企业注重企业内部的研发能力和人才培养,使企业内部员工培养终身学习的行为习惯。另外,知识管理企业的另一特征是选拔出了专门的"知识主管",如可口可乐和通用电气专门请了高级专业人才来做"知识主管"或是"智能资本主管",这可以提高企业的竞争力,适应当今形势的需要。企业进行有效的知识管理,发现企业自身优势,引领员工进行创新,实现企业整体的知识共享并加以有效应用,提高了企业在市场中的竞争优势,帮助企业实现利润的可持续增长。

(二)网络时代企业组织变革的措施

网络时代摆在所有企业面前的一个问题就是如何竞争,选取相应的组织结构成了亟待解决的问题。组织应该明确从传统组织向新型组织转化的组织变革中应该注意的问题,下面仅就这一问题做一简要的探讨。在组织变革过程中:

首先,应是企业中的关键决策者必须意识到变革的重要性和必要性,具有变革的紧迫感,并有变革的决心。

　　其次,应根据变革的需要组建有能力的团队指导变革,制订变革目标、实施方案,该团队的人员主要应包括外聘的专家顾问、企业各部门的骨干人员等。

　　再次,变革团队人员应深入各部门沟通变革的思想。让企业的所有人员都意识到变革的必然性和紧迫感,他们就会为了一个共同的目标齐心协力地工作,使组织整体充满活力,目标明确,力量集中,为变革的成功提供保障。

　　最后,再根据计划逐步实施变革策略。

　　本节主题为动态环境下企业组织变革趋向之三——网络化组织及虚拟组织。首先阐述了网络时代企业的竞争思路,进而阐述了企业组织结构的发展历程与发展趋势,指出企业组织变革趋向扁平型组织,主要包括无边界组织、网络组织、虚拟组织以及学习型组织。最后探讨了企业组织模式创新的动因及变革措施,变革措施首先应是企业中的关键决策者必须意识到变革的重要性和必要性,具有变革的紧迫感,并有变革的决心。

第四节　动态环境下企业经营策略四
——战略联盟

一、网络组织与战略联盟伴生

　　从目前为理论界和实践界普遍接受的观点来看,战略联盟是两个或两个以上的经济实体(一般指企业,如果企业间的某些部门达成联盟关系,也适用此定义)为了实现特定的战略目标而采取的任何股权或非股权形式的共担风险、共享利益的长期联合与合作协议。它是两个及以上的企业出于对市场前景的展望以及为企业利益考虑,通过股权参与方式或契约联合方式建立起来的合作与伙伴关系。战略联盟的实践虽然是兴起于20世纪80年代,在当时主要应用于跨国公司海外扩张,但它从某种意义上来说是20世纪的企业组织变迁的进一步延续,研究它的演变历程有必要从组织变迁的过程追溯起。

　　在20世纪的30年代之前,大多数美国公司的组织架构形式是U型结构,也就是单一部门组织。这种组织结构形式是依照企业职能所做的划分,比如人事、采购、库存、生产、财务以及营销等,其优点在于可以发挥专业管理技能。大约在1930年至1960年期间,随着企业规模的迅速成长、产业复合多元化和跨地域扩张,企业内部决策控制问题变得更为复杂化。从而,战略决策、控制决策和经营决策进一步分离,组织结构从单一型的 U 型结构向多部门的 M 型结构转变。M 型组织是现代大型工商企业尤其是跨国公司基本的组织形式,其具有半独立自主经营的分部与公司总部的战略控制适应了激烈的全球化竞争中多方面的要求,如效率、灵活性和创新学习能力。从 U 型向 M 型组织的转变,体现了企业内部决策控制和管理职能分工合作的深入,由此带来的管理协调的效率的提升是企业竞争力的主要来源。但 M 型组织并没有突破企业传统的疆界,没有涉及企业与市场、企业与企业之间的协调问题。20 世纪 60 年代中期,介于市场与企业之间的组织开始出现,这种"混合治理结构"表现出复杂和多变的形式,如合资合作企业、特许经营、以生产、营销、产品开发等目的结成的联合体等,这些都是战略联盟的雏形,而真正的战略联盟起源于日本企业争相成立合资公司的热潮中,战略联盟的观念虽然起源于日本,但首先是受到美国企业的青睐,在美国企业界大行其道。20 世纪 80 年代早期,一年成立的合资企业数量就比过去 15—20 年的还要多。但在同一时期,全球掀起了兼并和收购浪潮的势头远远超过战略联盟,这是因为"战略联盟从理论到实践还是困难重重,有待于其他理论(如组织理论)的突破和基础设施(如信息与通讯设施),相关法律(知识产权保护)等支撑条件的进一步完善"。20 世纪 90 年代开始,得益于现代通信技术的发展,战略联盟优于并购的低风险、易操作的特点使其成为与并购并驾齐驱的企业扩张方式,不仅数量上大大增加,而且形式愈加多样,战略联盟的发展进入了一个新的时代。现在战略联盟涉及领域之广,无所不及,在不同的产业、不同的国家和地区,我们看到了一幕幕握手言和的情景。研究表明,今后十年,战略联盟有望超过兼并、收购,成为企业间合作的主流。

二、动态环境下企业战略联盟的动因及风险分析

(一)动态环境下企业战略联盟的动因

1. 开拓新市场

企业要想生存,就必须争夺市场,在其国内市场达到饱和之后,或者为了进一步开拓市场,企业就必须向国外市场扩张。事实上,企业无论是在国内还是在跨国经营过程当中,尤其是在世界经济一体化中,企业都需要找到联盟伙伴,共同参与竞争,共赢市场。企业间为了追求在竞争中取胜,就需要找到联盟伙伴,共同开拓市场,这尤其体现在国际

市场上的战略联盟中,而开拓新市场是国际战略联盟的主要动因。

2.分散并降低经营风险

风险是指由环境不确定性而导致的发生损失的可能性。这种风险在现代经济当中既可能是经济风险、社会文化风险、技术风险,甚至更可能是政治风险。经济风险即指市场风险,由于在市场中激烈竞争而导致的、由于各种各样的市场因素,比如价格、汇率以至于自然环境的因素、地域的因素而导致的经济风险。社会文化风险指的是由于社会文化、习俗、宗教信仰的不同而导致的企业竞争中违反了经营当地民俗、风俗而导致的企业经营风险,比如滞销、引起当地民众公愤等。尤其是在跨国经营过程中,企业在东道国政府经营,必然受控于东道国政府的政策约束,这种政治风险对于企业影响是巨大的。目前,国际政局很不稳定,政治局势也势必会对公司国际化经营带来风险。为了规避政治风险,更有很多企业通过合同方式,或者与东道国企业结成战略联盟以规避这样的风险。

当前企业的竞争已转变为速度的竞争、创新的竞争,哪个企业迅速创新,那个企业就能迅速满足顾客需求并赢得竞争优势。而这种竞争优势的赢得需要付出巨大的成本,包括创意、研发、技术转化等成本,这种成本的高昂程度很多时候已经超越了企业实力,因而要想在竞争中取胜,越来越多的企业选择了战略联盟以分摊风险。

3.提升企业综合实力与竞争力

现今,企业的竞争已不是企业间的竞争,更是供应链与供应链之间的竞争。传统情况下,企业与企业之间在产品、价格、技术等层面上激烈竞争,但是这种你死我活的企业之间的竞争目前正在为供应链间的竞争所取代。而供应链间通过战略联盟的形式实现了战略伙伴关系,同时增强了多方的竞争实力。这也是战略联盟的主要目的。

4.实现资源互补

企业间的资源配置总是非均衡的,或拥有优势,或存在资源不足,优势资源要做到物尽其用,资源不足则需要想方设法弥补,无论是哪种情况,战略联盟都提供了一种实现资源共享、资源互补的方式。战略联盟的形式如联盟伙伴、合资或许可证等联盟形式可使联盟方共享互补性资源、技术,通过技术等资源共享可生产出更为优异的产品来满足大众普遍需要。其遵循的一般规律是,从产品研发到生产最后到销售环节都是实现优势资源互补,通过共享,企业也分享或交换了市场。

5.分担研发费用并促进技术创新

目前,国际化竞争已经从最终产品之争、核心产品之争转向了技术之争,尤其是转向了技术创新的速度之争,科学技术仍然是第一生产力。随着技术创新与普及速度的加快,经营企业在对原有技术充分利用并不断改进基础之上,必须不断搜寻并不断创新,努力拓展全新的技术领域。但随着新技术与技术产品的开发与利用费用日益增多,单一企业恐怕难以负担如此高昂的研发费用。同时在技术创新与利用过程中,各种尖端技术又呈现出交叉态势,技术产品也日益朝着综合化方向发展。单一企业可能无力去从事每一项高科技项目研发,也就决定了单一企业很难做到对于技术的长期垄断,既然单一企业无法做到对技术的垄断,那就需要通过国际联盟伙伴的合作来实现分担研发费用与研发风险并持续进行创新。

6. 避免过度竞争

在传统市场上,企业之间为了目标市场以及市场份额激烈竞争,而种种竞争以价格战为代表,但是所有的企业都明白,任何一个企业在激烈的竞争中都无法获得可观的利润,而唯有通过合作和战略联盟才能够获得竞争的胜利。同时,战略联盟伙伴关系的形成必然是具有竞争关系的企业间的联盟,这些企业传统情况下是激烈竞争的,但是与其在市场上激烈竞争,不如形成战略伙伴关系,同时也在整个市场中减少了竞争对手以避免过度竞争。

(二)动态环境下企业战略联盟的风险分析

企业战略联盟本是企业为了避免竞争或者是为了获得竞争优势的一种选择,但是,在与其他企业所形成的战略联盟中必不可免地也要面临一些风险,现将这些风险,或者说造成战略联盟失利的原因总结如下:

1. 战略联盟伙伴间的矛盾冲突

战略联盟的形成基于不同企业的不同目的,真正的原因除了显性原因之外,也可能会存在很多隐性原因,真正的原因只有企业才清楚。也会有很多企业加入战略联盟的主要目的不是表面性的,也可能是借助战略联盟所获得的优势去从事其他项目。如果战略联盟中存在很多的这样同床异梦的联盟伙伴,都企图将联盟引向自己感兴趣的技术等的合作,可能会导致企业资源等的共享与战略联盟的最初目的相去甚远,从而使企业蒙受不该有损失。

2. 联盟伙伴文化上的异同导致的联盟失利

当联盟伙伴间文化异同较大时,由于企业间不同的文化背景,而在联盟中,文化的异同性必然会表现在日常的经营管理中,也表现在联盟各方的沟通交流中。如果联盟各方之间的文化异同比较大，就必然在各方的沟通交流中产生大大小小不同程度的摩擦，甚至也会常常表现在联盟伙伴员工行为间的冲突。当这种大大小小的文化冲突达到一定程度而无法沟通协调时，联盟伙伴就可能不得不选择退出战略联盟而使联盟破裂，会导致联盟伙伴利益受损。

3.被联盟伙伴兼并收购

虽然企业加入战略联盟的本意是想通过联盟伙伴的资源优势来获得自己对市场和对利润、利益的需求，有时对于企业来说，往往是急切的。所以，在有这样的机会时，企业总是急切地加入而忘却了某些潜在的风险。但是，企业在加入战略联盟之前，必须考虑清楚一个问题，那就是企业在面对联盟伙伴的时候，是不是真正具有这些优势。如果企业没有进行详细的研究和分析就盲目加入战略联盟，当有一天被联盟伙伴发现，往往会成为被联盟伙伴利用的机会，被联盟伙伴兼并和收购。除此之外，企业即使在联盟前具备着某些核心的技术和知识，包括市场优势，但是如果在战略联盟中不懂得如何保护自身资源与技术优势，导致技术与技能外泄，也可能会成为被其他企业兼并和收购的对象。

4.未来合作走向不确定性

企业战略联盟的构建都是有其基本溯源的，这种战略联盟关系的构建必须建立在双方互信的基础之上，并且也考虑到了未来环境不确定性因素基础上，对未来可能性进行预判的基础上建立的。但是，目前所处的状态和未来环境的走向并不是确定的，而且也是难免的，因而预判和未来的不一致也是可以理解的。既然未来的环境不确定是客观存在的，这种不确定性不仅体现在环境非可控上，更体现在企业随着战略联盟的发展，自身的战略联盟定位以及目标也可能会发生变化，因而企业要想在未来的战略联盟中取得良好的合作，就必须对未来环境的不确定进行估计，并做好应对准备，草率只能导致联盟的破败，并且企业需要承担额外的损失。

5.战略联盟伙伴战略意图转变的适应性

战略联盟伙伴关系的建立要基于联盟各方所要获得的战略利益，然而，随着时间的推移，联盟各方实力和需求也会随之发生转变。举例来说，比如联盟某一方在战略联盟中学习能力很强，迅速地改变了资源或技术劣势，这样，这一方的战略联盟意图就会明显弱化，在合作过程中也会弱化合作性的努力，而转换其战略联盟合作方式，弱化合作意图。这样，战略联盟的基础就发生了变化，另外的联盟伙伴也要改变其合作方式，否则就会导致战略联盟的解体。

6.突发意外事件造成的联盟裂变

每一个加入战略联盟的企业都很注重各自的利益,但是一旦联盟伙伴遭遇突发事件,本能的反应就会采取相应措施保护自己的利益,这样的做法很可能会使联盟各方南辕北辙,最后导致联盟裂变。另外一个导致联盟裂变的原因就是当面临危机事件时,联盟各方推脱责任,最后导致事件无人问津,无人理会而引发的联盟裂变。在此过程中,联盟各方都彼此知晓了对方的行事风格,同时也失去了战略联盟最为重要的根基即信任,这往往是战略联盟失败的根本原因。

7.联盟外部的竞争与分化

企业战略联盟中联盟企业一定要协调好相互之间的关系,除此之外还要防备竞争对手的恶意分化与瓦解。关系不确定性与恶意分化并行,这就给联盟组织的发展带来了更大的不确定性。战略联盟也只不过是联盟企业为了应对竞争对手竞争增强企业实力的手段。在战略联盟中,竞争对手并不乐见战略联盟的存在,要么也与其他企业形成联盟应对对抗,要么就是对于战略联盟进行分化瓦解。联盟企业一定要防备自己的竞争对手对自己联盟伙伴利用更优异的利益诱引进行的分化瓦解。这在以往的战略联盟中也并不少见。

(三)战略联盟伙伴冲突的成因

自从企业战略联盟形式诞生以来,成功的事例不胜枚举,但是失败的案例也不在少数,这种风险在上述内容中已经有所讲述,联盟的失败主要源于联盟伙伴间的冲突,冲突的原因主要包括:

1.由于利益不一致而导致的信任冲突

在战略联盟中,联盟双方或各方都依赖其他联盟伙伴,他们之间相互作用、相互依赖,联盟成功也依赖其他联盟伙伴,这也正是联盟冲突的根基。首先,如果联盟某方因为短期自身利益而做出有损联盟总体效益的决策,必定会引发冲突,从而弱化信任机制。其次,在战略联盟中,联盟各方实力不均衡也是常有的事情,也必然会导致联盟话语权的争夺,在此过程中实力强的企业欲想通过权利制衡其他联盟伙伴,而联盟伙伴也会防止这种被制衡的风险,因而由此引发战略冲突。最后,联盟伙伴必然在联盟中依赖对方企业、对方的资源而发展,在此过程中由于力量不对等的限定,弱方易猜忌强方没有倾全力于战略联盟中,而强方也容易因为实力而要挟弱方,这一切都可能引发冲突,成为战略联盟的不确定性因素。

2.联盟伙伴合作目标存在分歧

在战略联盟初期,联盟伙伴都是本着双赢的宗旨而走到一起的,最初的目标一般也会高度一致,但是,随着联盟的实践,联盟企业的战略目标都有可能由于环境变化而发生偏移,就会或多或少导致联盟企业目标不一致。即使大目标一致的情况下,也可能会存在隐性目的,企业往往会在联盟中做出对本企业最优的博弈决策,但是却可能因此而损害联盟整体利益。除此之外,当联盟伙伴一方已达到联盟目的,其在战略联盟合作中就会弱化这种联盟的努力,也会引发冲突。最后,随着战略联盟的进一步发展,企业的目标都可能会偏离原来的目标,甚至企业的目标会存在冲突,一方的成功就可能以另外一方的损失为代价,此时,联盟企业间就会努力争取自身利益,针锋相对。

3.联盟伙伴决策过程冲突

战略联盟可能是两方更可能是多方,这些主体都是互相独立的,战略决策必须通过联盟企业的协商做出,联盟伙伴的目的、信息获取的程度、认知异同等都会影响到决策。首先,这种决策冲突可能来源于信息的不对称。联盟各方由于所获得的信息的多寡、详尽、可靠程度的不同,就会使得各自依据自身获得的信息做出不同的决策。其次,联盟各方信息传递失真,沟通不畅。所有的联盟企业都是在独立条件下运作的,信息的传递需要传递渠道,由于传递渠道的接洽程度远远不如在一家企业内的信息传递,可能会出现信息传递的失误,结果会更遭。此外,又由于各自立场、处事风格、思维习惯、沟通方式的不同等都会引发决策过程中的决策冲突。

4.联盟伙伴沟通失误

有效解决冲突的必备法则就是沟通。良好的沟通能够让所有联盟伙伴通过信息共享而解决信息失真、信息不对称等引发冲突的问题。良好的沟通也可能让联盟伙伴彼此了解自身决策的合理性,决策的本意,这些都有利于解决沟通失误引发的冲突。现如今,引发沟通失误的因素有很多,比如没有良好的沟通渠道、沟通方选择性屏蔽信息、沟通接收方选择性的听取、沟通双方职位上的差异、语言不通或语言文化等的异同,所有这些因素都可能导致沟通失误。

5.联盟伙伴文化异同

在企业战略联盟中,联盟各方以合作为前提,但冲突却不可避免,文化异同是一个重要原因。文化的异同主要来源于如下几个方面:一是国家间文化的异同性是客观存在的,也形成了合作与决策风格上的异同,而这种异同往往成为冲突的根源;二是不同国家企业间由于价值观、道德观以及行为方式的不同而导致冲突的发生;三是语言、表达习惯、语言表达方式上的异同和信息领悟与理解上的异同所引发的冲突;四是文化异同性客观存在但联盟伙伴却不自知导致理解失误,对此问题的不正确理解可能使冲突的频率、范围和可能性都增大。

6.联盟成员间利益协调失效引发冲突

联盟各方参与战略联盟都有其本身的意图,想要取得的联盟利益也会有所不同,但是追求利益最大化是所有联盟各方的意愿,这就要求在战略联盟中协调联盟成员间的利益分配,许多冲突都来源于利益分配。这种利益冲突可能产生于如下几个方面:联盟各方只站在自身利益上考虑问题,用自我标准来衡量收益和成本,主观认为成本大于收益;主观认为联盟伙伴所获得的联盟利益远远大于自己而导致的心理失衡;联盟中联盟各方由于对战略联盟的贡献不一致,既得利益不一样也很正常,但是战略联盟企业都希望获得最大的利益,如此都会导致冲突发生。除此之外,在联盟利益分配方面引发的冲突一般随联盟成员增多而增大。因为联盟伙伴数量少,彼此之间容易沟通,也容易解决冲突。但是联盟数量多的情况下,就不容易沟通也极易因为冲突而导致联盟失利。

三、动态环境下企业战略联盟的特征

战略联盟自诞生以来,呈现出一系列的特性,具体表现为机动灵活、高效运作以及边界模糊等特征。但是,在网络化环境背景下呈现出了一些别样的特征,具体来说大致可以概括为变被动性行为为主动行为、虚拟联盟形势增强、知识联盟为核心。

(一)变被动性行为为主动

网络时代企业战略联盟中战略合作伙伴在战略联盟形成中更多地体现主动性行为,企业越来越多地变被动为主动,主要体现在如下一些方面:

1.传统企业突破思维局限努力寻求合作伙伴

在战略联盟的整个发展历程中,起始于小企业,是小企业联合起来抗衡大企业的一种普遍做法,大企业在整个过程中主要扮演的是对抗小企业联盟。但是,随着网络时代的到来,企业间竞争加剧,越来越多的大企业也逐步意识到战略联盟的重要性。也逐步增强与竞争性企业的联合,目前网络环境下企业战略联盟成了企业主动性地寻求竞争合作的趋势。

2.联盟伙伴的寻求主要依赖主动出击策略

传统战略联盟往往依靠的是以某一家企业为主导通过联合其他企业或联合某一家企业而形成的。而目前的形势是所有的企业都有了利用战略联盟实现资源共享以及增强竞争实力的意识,更多的企业选择主动出击寻求联盟与合作的机会。

3.战略联盟主体数目呈现增多趋势

在当今这个高度依赖创新而生存的时代,企业要想在竞争中成就长远优势,就必须依赖竞争中的合作,也就是战略联盟,不会放弃任何一次可以与其他企业形成联盟获得合作的机会。因而,企业联盟不是浅尝辄止的,而是一家企业同时与很多个其他企业形成战略联盟,这样就形成了你中有我、我中有你的局面。在某项战略联盟中,一家企业将很多的竞争对手变成自己的联盟伙伴,同时将企业的利益相关者比如供应商、批发商、零售商甚至是自己产品的需求方都纳入自己的战略联盟中,导致联盟主体数目不断增多。

(二)虚拟联盟形势增强

在战略联盟时代发展之初,联盟以实体联盟居多,然而随着网络时代的到来,企业发展不确定性增强,传统实体联盟转向虚拟联盟。虚拟联盟一般是指两个或两个以上的公司,出于对全球化市场发展的预期和实现各自公司经营目标的考虑,为达到共创市场、共享利益等战略目标,在某些利益共同点的基础上建立的一种合作形式。这种虚拟战略联盟企业在有限资源的条件下,为取得最大的竞争优势,以自己拥有的优势产品或品牌为中心,由若干规模、专长各异的企业,通过信息网络和快速运输系统联合起来实现全球竞争优势。虚拟联盟的虚拟体现在联盟各方沟通联系的形式上分散性、松散性。事实上,在虚拟联盟中,由于通讯技术、信息技术等的高度发展,联盟成员间通过先进的信息通讯设备可就具体方面设计等反复沟通,省去了传统联盟中许多沟通的麻烦,这正是对快速顾客响应时代的一种适应。总之,现今的战略联盟日益转变为虚拟联盟。

(三)知识联盟为核心

企业间的战略联盟大都开始于工业时代,工业时代的战略联盟也多以生产性合作为核心。联盟企业通过生产联盟,实现生产性联合以是实现范围经济与规模经济,从而提高了生产效率并降低了企业的生产成本,从而获得成本优势,以此来赢得竞争优势。而在知识经济时代,联盟的核心从生产环节转向了技术性的联盟,这正是工业时代向知识经济时代转变过程中战略联盟的一大转变。知识联盟以其独特的特征正适应着这一时代。首先,联盟合作以知识为核心。现今的战略联盟强调其知识含量,多以技术性联盟居多,也就是从业务性联盟转向了高端知识与技术的联盟。以此为核心,在战略联盟中联盟伙伴都可以通过与其他企业的战略联盟,相互学习、相互促进,从而推动技术在更高层面上的发展,从而促进了知识与技术的研发与传播,同时培养了企业的创新与学习意识。其次,联盟伙伴关系因为知识联盟而变得密不可分。在传统战略联盟时代,一个企业往往拥有技术而利用另外企业在生产方面的先进性而实现联盟,这样的联盟形式使得战略联盟较为分散。但是到了知识经济时代,战略联盟以技术为核心,联盟各方需要在技术联盟过程中进行同步沟通,这些都密切了企业之间的关系。当然这种密不可分也在一定程度上依赖于现代通讯与信息技术的发展。

总之,不确定性环境下企业战略联盟呈现出从被动性行为转变为主动性行为、虚拟联盟形势增强以及以知识联盟为核心等特征,这也是企业战略联盟的未来走向。

四、动态环境下战略联盟中企业应对策略

(一)明确企业战略联盟需求与能力

企业选择战略联盟来发展企业时,一定有企业自身的目的性,这个目的性直接决定了企业战略联盟成功与否。这就要求企业在选择战略联盟伙伴之前,明确企业战略联盟的目标,并且对于利用联盟伙伴能够实现目标的可行性进行深入研究和考察,之后重点考察联盟伙伴是否能满足自己的联盟需求,以此明确联盟伙伴特征。同时,联盟伙伴也会对企业有着这样或那样的需求,在选择联盟伙伴时也要对联盟伙伴的需求了如指掌。这个层面主要是考察自己能否满足联盟伙伴的需求。同时,企业还要信守合作承诺,通过合作努力对外建立起可信任的形象。

(二)谨慎选择联盟伙伴

1.潜在联盟伙伴是否具备满足本企业联盟需求的特征

企业参与战略联盟的主要目的必然是想通过战略联盟来弥补自身所缺乏的某种资源或能力,比如管理团队、管理经验、技术秘诀、技术诀窍、生产能力、研发能力、营销网络

等。那就要求在选择联盟伙伴时,明确本企业的联盟需求,选择最能够与本企业形成资源或技术等互补的合作伙伴。换句话说,如果联盟伙伴不能提供本企业所需的某种技能,联盟也就失去了其根本价值。

2.本企业能否满足潜在联盟伙伴的需求

参与战略联盟的企业都怀揣各自的联盟意图,任何企业都不例外。既然本企业在选择战略联盟中第一考虑因素就是联盟伙伴能否满足自身需求,同时,换位思考,企业第二个需要考虑的问题就是本企业能否满足联盟伙伴的需求。这就要求企业在选择联盟伙伴过程中也要明确联盟伙伴的战略意图,其真正的需求是什么。尤其是当本企业急需联盟伙伴的某些资源或技能时,企业要想方设法明确对方需求并清楚企业能否满足这种需求。在企业的战略联盟伙伴选择过程中,绝大多数企业考虑的是甚至也只考虑对方企业能否满足本企业需求,却很少考虑本企业能够满足对方需求,事实上,这一点对于联盟成败也很关键。因为,如果本企业无法满足对方需求,对方也会减少与本企业合作的意愿,从而联盟也无法成功。甚至更遭的情况是,企业在联盟中并不具备合作优势,联盟伙伴因为对本企业失望而本企业又不具备牵制联盟伙伴的优势而被联盟伙伴淘汰出局,自己的战略目标也无法实现。

3.本企业与联盟伙伴目标兼容性

在前述我们讨论到联盟冲突成因中已经明确联盟企业间战略目标不一致而导致的联盟失败。也正因如此,企业在选择联盟伙伴时,必然要保证企业和联盟伙伴目标的一致性。在选择联盟伙伴过程中,为了确保联盟目标的一致性,需要作如下考察:联盟伙伴的真正意图是什么;联盟伙伴的近期战略目标是什么;联盟伙伴在战略联盟中输入的核心资源和技能是什么;联盟成员的战略优势和劣势是什么;联盟伙伴是否有强烈的参与意愿;联盟企业的企业文化和本企业文化是否相容。另外,也要有这样的意识,盲目追求目标的一致性也不太现实,只要能够保证主目标相同,局部的战略不一致也是可以接受的。

4.联盟伙伴是否具备合作意识

战略联盟追求的就是竞争中的合作,这是毫无疑问的,但是在竞争和合作之间,合作才是主流,因而在选择联盟伙伴的过程中,必须对于联盟伙伴的合作意识予以考察。判断联盟伙伴是否具有合作意识的考察可通过如下途径:首先,对于联盟伙伴是否诚信做考察,企业的诚信正如个人诚信一样,联盟伙伴在日常经营中能够一贯坚持诚信,那么我们也可以相信他在战略联盟中也会信守合作。其次,通过联盟伙伴利益相关者,比如供应商、分销渠道主体乃至用户做调查以考察联盟伙伴的诚信度。最后,战略联盟合作力度应该由浅入深,在此过程中对于联盟伙伴的合作程度做进一步考察。

5. 本企业与联盟伙伴企业文化是否相容

由于战略联盟伙伴在长期的企业经营实践中形成了自己独特的文化,或者在此过程中形成了一套独特的管理模式,并进而形成了特定的规章与制度,这些企业在战略联盟中沿袭这套做法,从而导致了在文化上的这种异同。这种异同在联盟中不可避免会造成冲突,所以在战略联盟伙伴选择中要选择文化兼容的合作伙伴。与此同时,还应该采取各种措施以减少这种文化的异同。这些措施包括:首先,联盟企业都要有这样的一种意识那就是企业文化异同是客观存的,任何一家企业在长期的企业经营和管理中必然形成了自己独具特色的经营模式、管理模式,在合作中要尊重对方企业的企业文化。其次,文化异同并不可怕,但是联盟各方在联盟中要充分注意文化的异同,希望能够通过有效的沟通和理解,求同存异,尽量在产生分歧时达成共识。再次,要清楚联盟只是一种合作的形式,却不能以合作取代竞争,绝对不能因为合作和战略优势而干预联盟伙伴的经营活动并给予对方以绝对的尊重。最后,要牢记联盟伙伴有着不同的利益,各自的利益,但是联盟是为了获得共同利益,所以联盟各方一定能够为了共同利益而不断协调和沟通以获得联盟成功。

6. 避免选择投机伙伴

战略联盟产生的根源在于合作各方出于各自利益考虑而形成联盟。在战略联盟伙伴的选择过程中,一定要对战略联盟伙伴进行仔细的甄选。一个重要的原则就是要避免选择投机性的伙伴。如果战略联盟合作伙伴完全以投机性为目的,那么就完全以利益为目的,指望着在联盟中搭便车,这样的战略联盟是不可能长久地。所以对于联盟伙伴在战略联盟中的动机务必要仔细审核,只有这样,联盟各方才能在联盟中开展合作并实现多方共赢局面。

7. 联盟各方是否具备实力对等

所谓实力对等,是指联盟各方在企业规模、企业实力以及业绩上的实力相当,应该选择与自己实力相当的战略联盟伙伴。当战略联盟各方实力相距过大时,就形同"象—蚁"联盟,这种联盟往往会出现大公司控制整个战略联盟,而小企业则只能跟随大企业之后失去联盟主动权,甚至可能会导致小企业有被吞并的风险和可能。作为我国企业,在战略联盟中尤其应注意这个问题,与知名企业合作联盟是好,但是也要防备这种风险。这里所说的实力,指的就是企业的竞争力,这种竞争力主要体现在如下几个方面:首先,体现在销售额、利润率、市场占有率、技术水平、企业规模、资源充裕度、美誉度等方面。其次，企业信誉是企业竞争力的另一体现，在现今这个不确定性的时代，企业美誉度、信誉度成为衡量企业竞争实力的另一个标准。最后，竞争能力还体现在企业的创新程度。在这个不确定性占据主流的时代，只有不断创新，始终走在创新的前沿才能立于不败之地。只有在联盟合作之前，对于竞争对手深入了解，知己知彼，才能够为未来的合作奠定坚实的基础。

（三）建立并完善联盟信任机制

信任是任何良好关系的基础，在战略联盟中尤为重要，因为信任是联盟合作的前提，更是保证联盟快速成长并取得成功的关键。但是也要明确这种联盟信任机制的建立是非常不容易的，但是企业可以为此而做出应有的努力。良好的信任机制可以有效地避免冲突，即使冲突发生也能够保证联盟各方能在信任的基础之上进行沟通。具体可采用如下方式建立并维护这种信任：首先，绝对没有任何根基就存在的信任，所以联盟企业在战略联盟中一定要本着合作的态度，绝对不能做出有损联盟利益的事情并且有时也需要为了联盟而做出让步，在战略联盟中如果各方都遵循这样的原则处理战略联盟事宜，则久而久之就容易在各方间建立起信任。其次，寻找与本企业企业文化高度一致的企业作为联盟伙伴。因为文化的一致性决定着企业的行事风格、管理风格以及企业决策的思维方式，这有助于减少分歧也同时有助于建立互信机制。最后，在战略联盟中应该建立起一套逆向选择预警与防范机制。如果战略联盟企业对其他联盟伙伴信任度较高，就相信合作会顺利进行。但是，联盟也并不是一帆风顺的，联盟外部竞争对手的分化，外部诱惑的增多，都使得信任具有很强的脆弱性。所以，联盟各方应该在合作中建立起一套防止欺骗与逆向选择、投机主义的联盟行为预防机制。典型的做法就是增大对于违约风险的赔偿，这可以有效地阻止逆向选择行为。

（四）积极转变联盟方式

在今天这个不确定性加剧的时代，企业的战略联盟也日益呈现增强趋势。企业联盟的形式很多，从联盟企业间的参与程度、联盟的亲密程度来看，有许可证合同、特许经营、项目合作直到合资经营到股权参与等形式，按照这个顺序，联盟伙伴参与程度也越来越高。这里所说的积极转变联盟方式，也就是说，在战略联盟中，联盟伙伴期待联盟成功，应有的思路是逐步采用更为紧密的联盟方式。

（五）在战略联盟中向联盟伙伴学习并营造学习型组织

在战略联盟中，虽然联盟的目标很明确，但是如果仅仅是为了联盟的目的而单纯地从事合作，也就是说，在联盟中仅仅利用对方来满足联盟需求这只是初级联盟，如果想在联盟中获胜，就必须在联盟中学会向其他联盟伙伴去学习，而这种学习能力是联盟成员获得成功的关键。所以联盟伙伴要在战略联盟中利用一切机会向联盟伙伴学习，目的是当战略联盟结束后，企业已经具备联盟最初联盟伙伴所提供的能力，这才应该是企业战略联盟的最终目的。企业只有怀揣着这样的意识，在战略联盟中向联盟伙伴学习，才能真正地实现企业战略联盟，并以此方式实现企业实力的增强。

战略联盟的第二个目的，除了学习到企业所需的能力之外，还应该努力在战略联盟中营造"学习型组织"。所谓学习型组织的构建，需要在实践中练就，可通过如下几个方面构建学习型组织：首先，在战略联盟中不断向联盟伙伴学习。其次，在以知识联盟为核心的时代，学习应该成为企业的一种习惯，这也是学习型组织构建的根本。最后，企业也应该利用联盟之机，进行各种培训以形成企业学习型氛围。

（六）适时选择战略联盟离开时机

所谓未雨绸缪，不打无准备之仗，企业在选择进入战略联盟的同时，就必须想好出路。如果联盟企业在联盟过程中发现自己的盟友有违背联盟的意图或者存在这种风险时，应尽可能地想方设法设置各种障碍阻止联盟伙伴这一意图。如果这种努力失利，企业一定要适时离开战略联盟或者适时终止战略实施。否则，企业可能就要面临被兼并收购的风险。由此联盟各方必须设置联盟的预警体系，并评估联盟退出的代价，以尽可能小的代价退出战略联盟，这一时机非常重要。

（七）协调战略联盟伙伴间利益分配

在战略联盟的运作中，利益分配从来都是一个棘手而关键的问题，这也是联盟运作失败的主要原因。企业战略联盟从实质上来说就是战略联盟伙伴间的合作博弈。所以，有效地进行联盟利益分配，需要遵循如下原则：首先，利益均沾原则。在企业战略联盟中，联盟各方都要遵循这一原则，只有既得利益能够在联盟伙伴中分享才能确保联盟有效运行。其次，协调好利益结构分配。这里所说的结构分配，指的是联盟利益在联盟伙伴中的分配结构，这一分配结构的确定需要依据联盟伙伴对战略联盟的贡献做出，与联盟贡献成正比。再次，结构分配与风险利益分配相结合原则。利益分配不仅要与贡献成正比更应该与风险成正比,即利益贡献越大,风险越大,企业越应该获得更大利益。最后,企业参与战略联盟所获收益应该大于不参与战略联盟的收益,也应该大于参与战略联盟所造成的企业成本。

(八)在战略联盟中保持独立性和弹性

战略联盟,毫无疑问,联盟的目的是为了合作获取各方所需,所以合作是前提,但是,这种联盟往往是竞争性企业之间的联盟,所以,竞争也是必须的,这就是战略联盟中的竞合,即既竞争又合作。而且很多时候这种联盟合作并不影响联盟各方在市场中的竞争。竞争环境的这种动态性以及不确定性,就要求企业必须要迅速地适应环境,与战略相适应。但是,竞争也是不可避免的,所以联盟各方除了要合作外,更要在联盟中保持灵活性和独立性、弹性等。原因在于一旦联盟伙伴中一方失去其独立地位,战略联盟也就变成了购并,这样,各方的目的就以一方对另外一方的制约与控制为结果。所以,虽然合作是必要的,但是,在联盟中一定要保持一定的独立性与弹性。

本节的主题为动态环境下企业组织变革趋向之四——战略联盟。首先探讨了网络化环境下企业战略联盟的动因及风险分析。动因包括开拓新市场、分散并降低经营风险、提升企业综合实力与竞争力、实现资源互补、分担研发费用并促进技术创新以及避免过度竞争。风险主要包括战略联盟伙伴间的矛盾冲突、联盟伙伴文化上的异同导致的联盟失利、被联盟伙伴兼并收购、未来合作走向不确定性、战略联盟伙伴战略意图转变的适应性、突发意外事件造成的联盟裂变以及联盟外部的竞争与分化。最后探讨了不确定性环境下企业战略联盟中企业应对策略。这些措施包括:第一,明确企业战略联盟需求与能力。第二,谨慎选择联盟伙伴,谨慎措施体现在:潜在联盟伙伴是否具备满足本企业联盟需求的特征;本企业能否满足潜在联盟伙伴的需求;本企业与联盟伙伴目标兼容性;联盟伙伴是否具备合作意识;本企业与联盟伙伴企业文化是否相容;避免选择投机伙伴以及联盟各方是否具备实力对等。第三,建立并完善联盟信任机制。第四,积极转变联盟方式。第五,在战略联盟中向联盟伙伴学习并营造学习型组织。第六,协调战略联盟伙伴间利益分配。第七,在战略联盟中保持独立性和弹性。第八,适时选择战略联盟退出时机。

第五节　动态环境下企业应对策略五
——网络危机管理

一、网络危机的内涵与特征

(一)网络危机的内涵

网络危机可以理解为由网络时代所引发的由网络传播、扩散与升级过程中所产生的各种严重威胁以及危及企业生存的或耗费企业资源、实力的各种不确定情形。这一概念有如下两层含义:第一,网络危机起因于网络时代信息的传播、扩散与升级。第二,危机形式指危及企业资源、企业实力甚至危及企业生存的各种不确定性情况。第三,不确定情况有很多形式,比如负面新闻报道、各种突发事件、财务危机、管理危机以及破产风险等。

(二)网络危机的特征

网络时代对企业的影响主要体现于网络给企业带来的各种各样的变化与不确定情况,这些不确定性主要体现在如下几个方面:

1.信息传播速度如此之快

所谓如此之快并不是危言耸听,网络环境之外的信息传播以电视、报纸、广播等形式呈现,但网络时代信息媒体传播速度之快可能是我们始料不及的。究其原因,有以下几个方面:

第一,传播信息的媒体数量如此之多,尤其是网站数量如此之多以至于信息量巨大,并且中国的网民也是最多的。

第二,网络媒体的监管没有传统媒体严格,以至于有许多未经证实查实的信息在网上传播,是对企业造成了损失但信息源头却无法查实。

第三,博客、论坛、微信、BBS、彩信等都具有互动性,是网络时代危机最大的起源地。在这些领域,网民可以自由地跟随帖子,发表自己的观点,以至于传播速度如此之快。

第四,媒体传播成本较低,甚至无成本,且不受内容形式限制,网民只要参与互联网就可以导致信息的传播,传播速度之快更是始料不及的。一条信息经转发用不了多长时间就会变得家喻户晓。

第五,网络时代信息传播手段多样化。网络时代信息传播方式包括电话、邮件、BBS、各种论坛、各种网络社区以及各种即时通讯方式等,不同传播手段特点不同。但是,一旦将这些传播方式都用上,那么对于任何一家企业而言,信息都是不可控的。

2.传播范围如此之广

传统媒体传播手段受到各种限制,在传播范围上有限,但是网路时代信息传播范围可以无限化。

(1)突破地域国别限制

网络时代,以互联网为媒介的网络信息传播的特征之一就是没有地域、更没有国别的限制,人们只要登录互联网就可以浏览国内外任何地域的任何信息。一旦信息被曝光,就可以迅速地为国内外的个人、企业所获知,也可以说,在网络时代没有任何信息是纯秘密性的,能够为企业所掩盖的。

(2)影响范围广

一则信息无论通过传统媒体还是网络媒体报道后,都会受到其他媒体的关注,同时也会在社会中形成相应的社会反响。一则在小地方发生的新闻,经过媒体的跟进,各大网站的转载和传播发布,就会理解成为区域性的、遍布全国的甚至是跨国性新闻。所以,这对于企业而言,一旦企业出现问题在较短的时间内就可以在更广泛的范围内让世界所知晓,这也就进一步加大了网络公关的难度。

3.信息量巨大且不易消失长期保存

网路时代互联网的显著特征就是可以通过文字、图片、链接、视频,或者视频和声音相结合的方式传递大量内容及其丰富的信息,其信息容量可能是其他传统媒体无法匹敌的。这也是与传统媒体有明显的区别。除此之外,信息一旦被发布就会迅速得到传播且极易被拷贝并备份,而这种存储特性是其他媒体所不及的。

4.评判权、决定权以及发言权转向了社会以及普通民众

传统媒体下,所谓社会层面的评判权、发言权主要由媒体以及一些大机构或政府机构主导,但是在网络时代,网络媒体全民参与性、互动性以及开放性等使得信息的来源与可信性几乎是不可控的,信息过滤的难度极大,这也使得肆意的攻击与批评变得更为容易。由于这种传播的互动性等,有时这些被大众所主导的信息成了社会主流信息,甚至

有些时候会主导政府性决策,因此,在这个时代利用掩埋手段进行的危机公关也显得不再那么有效了。

二、网络时代危机公关面临的挑战与成因分析

(一)网络时代危机公关面临的挑战

1.纷繁复杂的信息爆炸

在网络时代,危机公关时,企业面临的首要问题就是信息爆炸性的挑战。这里所说的信息爆炸性是指网路时代信息环境越来越复杂,这种复杂性体现在:

(1)各类信息传播的不可控性

传统媒体阶段与网路时代传媒有很大的区别。在传统媒体阶段,传媒手段主要掌握在社会主流或者在社会上有影响力的主体手中,公众在整个媒体传播中的能量太过有限,也就是基本上反应的都是权势主体的声音,这种情况下,媒体信息的传播就具有较强的选择性、倾向性与可控性。这样,传统组织在面临危机事件时,完全可以通过控制信息出处的途径以解决危机。但是在网络时代,由于信息传播常常是无意识与有意识的结合,当企业遇到危机时,往往无处寻找媒体出处,且传播速度也很快,因而信息更具备与众不同的特性,其中最为明显的就是不可控性,而这种不可控性主要体现在传播来源、传播事件以及传播内容和速度的不可控性。

(2)信息传播来源无从入手

在传统传媒时代,信息的来源主要有大众媒体,比如电视、广播、报纸、杂志等,舍此则基本无其他信息传播途径。但是,在网络时代,信息的传播路径除了传统传媒以外,更可能来源于其他搜索功能等,包括微博、空间等途径,可谓不计其数,又由于网络的虚拟性,既可以发布信息又可以随时删除信息,这就使得对于信息的追根溯源成为不可能,查找信息的源头也就无从入手。又由于在网络时代,网站提供了强大的搜索功能,人们也可以在网络上随意的跟发帖子,发表看法、发表文章等,这就使得信息的传播速度极为迅速,同时人们不用付费就可以随意地下载各种软件、文章以获取大量信息。这样,公众需要在众多的纷繁复杂的信息堆中辨别信息真伪;同时,从另一方面说,有些信息也可能是竞争对手刻意制造出来的信息以误导竞争对手错误地采取或者不采取某些措施的信息。那么企业在遇到危机时,也要甄别一下这是不是竞争对手刻意的行为。在某种程度上

说,企业也要在危机管理与应对上投入更多的精力和成本。

(3)信息传播随时可行随处可见

在传统传媒时代,信息的传播受控于特定媒体比如报纸、电视、广播等时间上的局限性,信息的传播有很大的滞后性和延迟性,这也就使得企业组织在面临危机时能够有更多的时间来反应并赢得处理危机的时间并采取响应的措施。而在网络时代,信息的传播不再受控于这些传统媒体传播的滞后性和时间性,信息传播无时不在、无时无刻。一旦有危机信息或者哪怕是危机矛头的出现,信息就会第一时间在网络上传播并且这种传播速度是我们所控制不了的。同时,对于企业来说,一旦有危机事件的发生,企业预想通过掩埋、抓住源头的方式来应对已变得不再可行。唯一的做法就是企业一旦面对危机就必须当机立断采取措施化解危机。这个时候的任何迟疑都可能使企业陷入危机之中而不可自拔。也就是说,这给组织危机处理中反应速度及应急措施提出了更为严峻的挑战。

(4)信息传播的内容不再可控

在传统传媒时代,通过传统媒体所进行的信息传播需要经过层层把关,由于这种审核的制度的存在就使得某些不被大众所接受的信息无法通过正规媒体途径进行传播,也为企业在面临危机时寻找危机解决提供了一种可屏蔽信息的危机解决途径。但是,在网络时代,信息传播的途径如此之多,如此广泛,网络媒体也缺乏审核审查的制度,甚至也缺乏立法的规制,这样就给信息的传播等既提供了机遇同时也带来了诸多的挑战。机遇在于可以得到很多信息,有利于企业各方面的业务发展。但是,挑战就在于任何人任何时间在任何地点都可以随意的发布网络信息,经证实的或未被证实的,善意的或刻意为之的,随意性非常大,所以对于信息的传播内容不具可控性。更为严峻的是,如果面对媒体的攻击采取错误的应对措施,可能会漏洞百出,反而成了企业的把柄,无法公关。

(5)信息可以被无限制的被复制和保存

在传统传媒主导的时代,信息的保存性不强,一些历史性的信息经过了年代的洗涤,若想对信息进行追溯往往很难,这是由于保存性不强导致的结果,这样对于企业来说很容易通过控制内容的留存性来消除危机。但是在网络时代,网络传播的特点就是大量信息一定会保存在网络平台或者被某些人、某些机构处于任何目的进行保持,并且也可能由于某些目的而进行广泛的传播。这样的网络信息的特点决定了在网络时代企业通过信息消弭方式进行攻关不再可行,这也就在一定程度上对于企业的危机公关提出了更高水准的要求。

以上的诸多特征决定了网络信息的爆炸性,这给企业的危机公关制造了太多的麻烦,也产生了无与伦比的危机。

2.利益相关者的联合对抗

网络时代与传统媒体时代的主要区别还有一点,那就是传统媒体时代,面对危机企业面对的对手往往是单一的,但是在网络时代,更多的企业通过网络信息传播以及战略联盟的建立,彼此信息沟通,在面对某些危机时,往往采取联合对抗的方式来应对危机。在传统媒体时代,企业面对危机往往是单打独斗居多,这样企业以一人之力应对危机往往能力有限,企业往往可以采取各个突破的方式来解决危机。但是,处于网络时代的企业,对于组织来说,单打独斗的情况不再是现实,这样企业采用传统方式应对危机不再有效。

面对网路时代的这种危机,所有企业都要有防患于未然的决心和态度,采取各种措施应对危机。当不能够有效的将竞争对手进行分化的情况下,企业就要想好面对危机的预警措施,或者谋划出一旦引起竞争对手联合反击时的应对策略。从总体而言,企业面对危机应该更多地考虑利益相关者的利益,在此之上进行危机公关。

(二)网络时代危机公关面临挑战原因分析

1.外部原因

网络时代企业危机管理面临的两大挑战如上所述,比如信息的爆炸性以及利益相关者的联合,下面我们需要对于这两个挑战发生的原因阐述如下:

(1)普通公众有了更多的表达声音的信息平台

在传统媒体时代,普通公众根本对于信息没有话语权,甚至是当自身权利受到侵害时,更多的时候也是申诉无门,这就是传统传媒时代普通公众的悲哀。

但是,在网络时代,普通公众找到了申诉、抱怨的路径,比如移动通讯、论坛、短信、微信、博客,这些通讯工具也迅速得到技术提升、发展与普及。在网路时代,这些通讯工具具有的开放性、便利性、交易低廉性、易得性等特性,给普通公众开创了一个能够自我表达思想、意愿的良好平台,也使得普通公众能够利用这样的平台自由表达自我思想,在此过程中,从某种程度上来看,在传递话语权上,普通工具有了发声的条件。如此说来,与传统传媒相比,对于普通公众来说,网络平台是可得的、也是亲切的,是真真正正属于他们自己的,进而也打破了传统传媒时代信息传播与普通公众之间的距离感与不可得的局限性,为普通公众提供了一个更为自由、更为公正的发声平台。

(2)普通公众在信息传播内容上有了更多的自由度

说明这个问题,我们还是要从传统传媒与网络时代网络传播的比较来阐述。在传统传媒时代,首先,进入信息沟通渠道的信息必须经过审核,而这种审核只有信息符合组织宣传的目标,符合组织偏好口味且不违背社会道德伦理等标准才能被发布。其次,不说传媒渠道的问题,如果大众想要通过传媒表达声音,首先就必须面临把关人的审查,这就需要按照把关人的标准对于内容甚至是形式进行修改和调整,这就在内容和形式上极大地限制了信息传播。此外,在传统传媒时代,传媒信息发布、意见表达是具名的、公开的,普通人即使是获得了向大众公开表达个人意见的机会,但是出于各种风险的考虑,在信息表达的广度和自由度上总会受到不同程度的限定,除此之外,由于传统媒体的资源局限,也使得公众在信息传播与表达的形式上受限。

但是到了网络时代,信息传播不再受控于上述传统传媒的控制,此时把关人角色不明,政府的监控难度也加大了,反而是普通公众赢得了相对的自由。由于网络信息传播的匿名性与虚拟性,使普通受众可以直接从移动通讯、论坛、短信、微信、博客等多种形式的载体中自主选择合适的方式就自己关注的话题自由地表达观点并进行有效信息传递。也就是说,普通受众无论在信息的传递还是在信息的选择上都拥有了较大自主权,普通公众可以自主选择信息的传递内容,也可以自由地发表对事件的看法和观点,另外意见的表达角度也更加的自由、多样化,尺度也变大了。此外,在网络信息传播中,话题的传播广度,不再是由传播者决定的,决定者是普通公众,若引起普遍关注,就会自然而然地成为网络甚至更成为整个社会热议的话题,也就是话语权直接交给了普通民众。这样,就对网络时代企业公关带来了很大的不确定性和信息不对称性。

(3)普通公众有了更多形式多样的信息表达方式

在传统传媒时代,由于传媒资源的特性、传媒技术本身的局限性以及传媒信息传播的高成本等特性,使得普通公众即使是获得了通过大众传媒传播信息的机会,但是在表现形式上也往往只能采用图片、文字以及视频等某一单一表现形式,略显单调。

然而,在网络传媒时代,传媒技术的发展和传媒资源的充裕都有了很大的加强,使得普通公众信息传播的技术和方式更为多样化,普通公众可通过网络载体,同时使用声音、图片、文字和影像视频等多样的表达形式,即不再限于某一单一表现形式,就极大地增强了宣传效果。

(4)网络信息的互动性带来的信息传递便利性

传统传媒时代,普通公众是很难通过大众传媒直接表达自身的看法与观点,对于信息的告知与传递,也往往处于单向发布的角色,一般很难及时获得互动反馈。而交互性恰恰是网络时代与传统传媒时代最大的区别,传统信息传播的单向线性的传播方式也被网络传媒的双向互动甚至式多方互动传播方式所取代。这样,网民之间、网站与网民之间都是可以通过移动通讯、论坛、短信、微信、博客等工具实现即时沟通与互动。这样,普通公众就可以对形形色色的视频资料、新闻稿件等方式即时发表评论或展开讨论,也可以说是网络传媒给了大家一个可以充分互动与交流的契机,进而也实现了普通网民与媒体的互动,而这种互动形式既包括了个人之间的信息互动,同时也包括个人与组织、群体之间以及一对多与多对多等形式的互动。

(5)传播范围扩大化

传统传媒时代,公众的语权常常会被剥夺或仅限于较小范围内的传播,诸多新闻事件、信息、意见等的表达大都局限于普通公众间个人的、群体的传播,这就造成了不论在传播幅度还是在地理范围方面都受到了极为严格的限制和约束。然而,在网络环境时代,网络信息传播的互动性、开放性、自由性给群体化的信息传播赋予了全新的内涵。在传统传媒时代,如果说小规模的群体间传播局限在小范围内又或者说只在本区域内部进行群体间的传播,而如今这种群体间的地理范围也在不断扩大。网络时代,凭借网络手段,某一区域性公众话题就可能会在更大的范围内进行群体间的传播,这样一来,传播范围得以不断扩大,这种主要以兴趣爱好为关注点建立起来的群体传播渠道突破了地域的限制,从而实现了在更大群体间的传播。尤为重要的是,网络的普及为世界各个角落的机构和个人获取信息、输出信息提供了前所未有的便利,公众的话语传播可以不受时间和空间的限制,可以随时随地传播到世界各地,通过网络,实现无疆化、跨区域化乃至全球化的传播,使得企业的危机为更多的人所关注,使得危机的处理难度呈几何级的变化。

(6)自然环境引发的危机

企业的发展历程不可能是一帆风顺的,所要考虑的因素非常多,任何一个因素都可能对企业造成不可逆转的影响。其中,最为难以预料且不可抗的就是自然环境变化所引发的企业危机。自然环境的变化最为激烈的莫过于自然灾害,比如2008年南方多地市的雪灾以及大地震以及后续流行疾病的爆发。这些危机的突发性以及不可抗性,使得处于其中的企业只能被动地等待环境趋向转好,从时间上来看,一旦危机爆发,企业需要用几个月甚至更长的时间来等待,还会经历后续很长时间的恢复期,在如此漫长的历程中,许多企业因为无力承担违约等风险以及高成本问题,可能最终引发企业倒闭。

(7)社会环境变化引发的危机

在网络时代,一个想要发展壮大的企业要想获得快速发展,就必须与社会环境好好相处。所谓好好地相处,即基本底线是不能和社会环境发生冲突,尤其是面对普通公众的冲突。因为一旦触犯了普通公众的容忍底线,就会受到社会的负面关注,也会受到大众的抵制消费。除此之外,社会环境,还包括竞争对手、消费者、政府等的主体,这些社会环境的变化也会影响企业经营,尤其是政府政策的改变,如最低工资限定、新劳动法出台等,都会对处于网络环境的企业产生巨大的影响;除此之外,银行停贷、员工罢工、供应商抬高价格、媒体的曝光、合作伙伴的突然退出等都会影响企业的经营成效,网络危机也往往无法规避。

2. 企业内部原因

网络时代企业危机的表现形式和原因都是多样的,具体原因主要包括以下几个方面:

(1)组织经营管理问题

企业作为社会基本细胞组成,大小规模不一。在企业的发展历程中,企业一定会经历初创期、成长期、成熟期以及衰退期四个历史阶段,企业在此过程中会不断发展壮大,导致企业部门林立、组织庞大而臃肿,就不免会爆发一系列的组织经营与管理问题,分析原因大致可归纳如下:

(2)领导层危机

首先,领导层问题的第一表现即缺乏合理的企业长远规划与战略。企业高层在企业的整个组织架构中至关重要,思考的都是关乎企业生死存亡发展的大事,要为企业把好舵并指明未来企业发展方向。企业长远规划与战略为企业未来制订了一个宏伟蓝图,并进一步明确企业每一阶段每一层次以至每个人的未来目标。但是,有关研究却发现只有70%的企业有这种发展战略,30%的企业只满足于目前的发展而停滞不前,这是领导层的一大失误。

其次,决策较为盲目,缺乏科学性。毋庸置疑,良好的企业决策会决定企业的命运,而一次决策的失误也可能会置企业于危险之地。而网络时代,企业面临的影响企业决策的因素越来越多,而且相互掺杂,难以分辨,就使得决策的难度越来越大,企业如果没有科学手段用于决策则会导致决策的盲目性,甚至会产生决策失误。

企业决策中最重要的决策就是中高层决策。而谈及到危机这一话题,就决策层面而言,往往与领导者的素质以及经营经验息息相关。一个优秀领导者可以保证企业发展蒸蒸日上,每一个决策都是明智而富有成效的,甚至可以让一个企业扭亏为盈、起死回生。但是,相反地,一个不称职的领导也可能使得一个企业陷入重重危机,甚至也可能会走上溃败之路。这就要求,作为一个企业的领导者必须具备必要素质以带领企业在科学决策下蒸蒸日上。

(3)管理体制陈旧

所谓管理体制,指的是一个企业经营组织的方式和管理模式,决定着企业如何实现经营管理,而管理体制的好坏会决定企业的生存和发展。尤其是处于网络时代,新的管理理念层出不穷,发展日新月异。好的管理体制能够使得每个人各司其职,工作有序进行,并进而会导致高效率、高效益并起到节约成本的目的。但与此相反的,一个落后的管理体制,则会导致人浮于事、部门间互相牵扯,管理成本增高、效率低下,与此同时可能会极大的降低员工工作的热情和创造力。这些问题都容易导致管理危机的发生。

(4)机构设置不完善

在企业管理中,组织结构的设置的目的就是各司其职,一旦企业某一环节出现问题,即有相关部门出来处理问题,并且使损失降到最低。而在日常的经营环节中,这样的部门能够对各自的职责很好的进行监管,能够保证企业良好运作。随着网路时代的到来,企业环境越来越复杂,甚至有很多企业在其原有的组织架构上增添了危机管理机构来应对这一外部环境的变化。有了专门的危机管理机构,制定一套危机预警预案,可以有效地预防危机的发生,一旦有危机出现也能有相应的应对措施。所以,每一家企业都需要有一个组织协调、运行高效、职能齐全的机构设置,各部门职能机构间相互协调、有效配合来更好地促进企业发展。

(5)财务管理危机

企业财务危机大致主要来源于两个方面,一个是企业完全依靠自有资金发展,另一个就是企业过度依赖负债经营。第一个极端在我国企业中还是比较常见的,企业固执地认为如果企业依靠自己资金进行发展,则不会陷入财务危机中。因为绝大多数的企业危机都来源于无力偿还企业债务。第二个极端是指企业过度依赖用钱生钱的理念。多度强调企业留有大量资金就是资源浪费,一旦有机会就扩张企业,导致企业缺乏资金就用渠道贷款,而一旦企业某一个链条出现失误,则会引发一系列危机,导致链条断裂,从而引发企业危机,这就是我们传统的企业危机。针对企业财务危机,企业最好的做法就是要在自有资金和贷款间寻求一种平衡,企业必须时刻关注企业发展和经营,避免财务危机,需要在资金的占有和使用上量力而行,在财务上游刃有余。

(6)人事危机

在企业当中,人们能够注意到各种危机,尤其是财务危机、信息危机、环境危机等,但是事实上企业也可能一时间爆发人事危机。对于企业而言严重的人才流失会造成企业大量的招聘、培训成本及在招聘等成本的上升。除此之外,尤其是企业核心员工的流失对企业来说更为危险。因为核心员工掌握着企业大量的商业机密,如果这样的核心人员为竞争对手所接纳,后果更糟,他会使得商业机密泄露,并且为自己企业培养了大量的竞争对手。

三、网络时代危机处理与应对原则

(一)前馈控制原则

按照控制论,控制可以分为前馈控制、现场控制以及反馈控制。所谓前馈控制目的是防患于未然,采取各种预防措施防止危机事件的发生;现场控制是在事件发生的过程中采取措施控制事态发展与蔓延;而反馈控制,指的是在事情发生之后采取措施予以补救。反馈控制不如现场控制,现场控制不如前馈控制。在网络时代,控制的第一原则就是在事情还没有发生之前就将问题扼杀在摇篮中。这就要求网络时代的企业上至高层下至员工的所有人,都应该有危机意识,时刻关注外部环境的变化,用较少的成本用于事前预防,而不是当事情发生之后再花大量时间、经历和成本去补救。

(二)责任担当原则

责任担当,这是企业面临危机时的首要态度。在做人方面,诚信担当是最重要的,这个问题放在企业中同样适用。不光是面临危机这个问题时,企业要想在激烈的市场竞争中脱颖而出,做大做强,就必须坚持企业使命的原则。企业使命就是企业在社会经济发展中所应担当的责任和义务。企业的面临危机时,如果一贯采用推诿责任、强硬公关这是不合适的,一个企业只有在危机过程中用于承担责任,展现给大众一个负责任的印象,才能扭转危机下的企业形象,更可能成为企业发展的转机。

(三)效率为先原则

在当今这个时代,速度成为决定企业成败的重要因素。企业的生命周期从几十年、几年过渡到年度甚至是几个月,所以危机解决的速度愈发重要,要秉承效率为先原则。效率为先原则要求企业在危机事件爆发后,要第一时间掌握实情发展缘由,第一时间澄清事实,把事态控制在最小的范围内,也就是把事件的负面影响减少到最小限度。进一步,对于企业各部门的具体要求就是各个相关部门形成速战速决的行事风格。其次,各个部门要密切配合,尤其企业要建立危机管理专门部门,专门负责危机公关,这有利于在危机处理中累积经验教训。

(四)全局掌控原则

全局掌控原则就是要求企业要有大局观,从企业整体利益出发考虑问题。企业是一个由许多层级、许多部门、更是许多职能和员工所组成的一个社会大系统,企业的利益与问题往往是牵一发动全身的,这就要求企业在处理危机时要有大局观。大局观在危机处理时讲求的就是要局部利益服从整体利益。避讳的问题就是为了局部利益而冒企业信誉和形象的风险。甚至在某些情况下,宁可舍去局部利益也要照顾整体利益,这也就是为什么很多企业面对危机宁肯抛出事件主要负责人也要保证企业利益的原因所在。

(五)有效沟通原则

冲突的发生往往来源于误会或者不理解,而有效地解决问题的原则就是沟通。企业的沟通对象包括与员工、与其他企业以及与媒体、普通民众的沟通。与员工的有效沟通就是强调员工需求,增强员工的满足感、归属感。与其他企业的沟通就是要公平竞争,诚信经营。与媒体的沟通,就是要采取合作态度,更要与媒体形成良好的关系。与普通民众的沟通就是要以负责人的态度诚信经营,绝对不做危害消费者利益的事情。

四、网络化环境下企业危机的应对策略

网络时代,网络成为企业危机的起源地,但是,处理网络危机,网络也可能成为网络危机的消弭方式。这是因为网络危机传播范围广、速度快的特征,同时也具有强互动性、高效性等特征,这可以成为企业利用网络来应对企业危机的契机。在目前的网络时代,网络技术应用以及遵循危机处理的上述原则,可转化为企业的实际应对措施。

(一)建立应对网络危机的预警体系

任何危机,尤其是网络危机的一大特点就是突发性、爆发性,这种危机往往是不可预测的,但是,企业一定要想方设法地将可能的危机淹没在萌芽之中,这需要建立一套完善的、实时的网络危机预警体系。网络危机预警体系的建立应该首先从查找危机信息源开始,也就是对于来自网络系统,论坛、博客、微信等渠道信息进行有效过滤,发现那些能够对企业造成潜在威胁的领域信息。其次,一旦发现有可能危及企业经营的信息,比如企业产品质量遭到投诉、自己担心企业存在的任何潜在威胁等,要严密监控这些信息,抓住问题根源,防患于未然。对于如上的一些信息,一定要提醒并警示相关人员引起重视,这是应对网络危机的核心环节。针对这个问题,企业也要有一种意识,不能草木皆兵。对于任何企业而言,负面信息是不可避免的,要对众多的负面信息进行过滤,但是,对于容易造成大趋势的信息而言,一定要将问题扼杀在萌芽中。

（二）面对危机临危不乱且要有责任担当意识

随着社会经济的发展，人们素质的普遍提高，消费者维权意识逐步增强，从某种意义上说，企业危机意识也需要增强。在如此纷繁复杂的社会中，出现对于企业的某些负面报道和负面信息也寻常，但是，在面临负面信息、负面报道时企业采取什么样的态度应对就显得尤为重要了。在所有应对危机的态度中，以责任担当为首要。在面对危机情境时，很多企业已经习惯用对抗、掩埋、粉饰、高调抗衡、置之不理的态度应对，但是在网路时代，这样的态度不再适合危机处理了。而如果企业一贯采取这种态度，一次次地将可能造成危机的事件平息，那么日积月累，千里之堤溃于蚁穴，当诸多负面效应累加到无以复加时，企业再想控制事态，可能已经不可能了。正确的应对危机的态度，应该是主动承担起自己的责任，只有这样，哪怕是暂时来看企业受到了损失，但是从长远看，良好的危机解决却可能成为企业形象宣传的良好契机。

（三）迅速控制事态，有效解决危机

凡是危机的发生必然是偶然事件所引导的，企业事先没有任何预兆，而且网络时代这样的事件传播速度呈几何式、蚁群效应明显，迅速控制事态防止事态进一步蔓延成为了危机解决的关键。在网络时代，危机处理最好的方式就是在危机爆发后迅速查找危机发生的原因，并且第一时间主动向外界公布事实的真相，澄清猜测和各种谣言。同时，企业要按照第二项处理危机的原则，企业要用于承担起自己的责任，并且适时地采取各种有效措施，争取公众和当事人的理解，再不济可以争取公众的同情，并且将事态控制在最小范围内，只要有了这样的态度，才能够有效解决网络时代的企业危机。

（四）要善于用网络手段解决网络危机

既然网络是网络危机的起源地，那么也要适时地利用网络的手段来解决这一危机。解决方式包括：首先，如果能够用后台操作的方式，删除某些不利于企业的信息，或者也可以采用后台回复功能等来解决这一危机，但这应该是最初级的危机处理方式。其次，也可以用网络形式向网民和公众澄清有关企业危机的某些事实，这是澄清事实的最快捷的手段。

（五）采取和媒体合作的态度而非强势抗衡

网络危机发生后，企业立刻就会成为媒体和网络的焦点，必然会受到更多的关注，企业的每一项举措、企业的任何信息都可能会成为企业危机进一步衍生的导火索，企业如果仅存侥幸心理,用侥幸态度来应对危机往往会导致更为严峻的结果。这一时期采取和媒体合作的态度有利于事态控制,阻止其进一步蔓延。首先,应该查找问题的来源,找到对口部门进行问题解决,主要通过深度沟通方式和具体负责人对话,最好通过网络技术方式解决。其次,和媒体合作将事实真相传递给消费者、普通公众等,以消除事件的负面影响。于此相反,如果选择和媒体强势抗衡,回避、采取强硬态度向媒体和有关部门施压是不合适的网路公关方式,也容易形成良好的企业信誉和形象。

(六)利用第三方企业进行危机公关

危机事件爆发后,消费者和民众对于企业的任何宣传、任何举措、任何话语的可信度大打折扣,这时候如果能出现第三方企业站出来为企业说话,效果比企业自身措施更有可信度,也有利于消除顾客的戒备心理。具体的举措包括:首先,如果有条件的话,可以邀请有关专家、社会名流、资深人士等撰写博客、文章等,或发表评论,这可以起到舆论导向的作用和效果。其次,首先从具有影响力人员入手,让他们首先了解事实的真相,发动他们来为自己澄清事实,使事态向着有利于企业发展的方向发展。甚至,企业也可以有意地聘用许多网络人士专门发布对于企业有利的信息,为企业营造良好的企业形象,这一点事实上目前许多企业也正在使用。

在当今的网路时代背景下,不计其数的企业实例告诉我们,网络能给企业创造了前所未有的市场机会、营销机会以及企业发展平台,但是同时也给企业的发展带来了严峻的挑战。网络时代的每个企业都要有一种意识,那就是既要利用网络提供的机会又要防备网络带来的新的企业危机,企业只有怀揣着这样的危机意识,才能正确地利用互联网来应对网络上的各种危机。其实,企业遇到危机在网络时代也是稀松平常,但是最可怕的就是企业处于危机下却没有危机意识,不了解危机的事实,缺少危机意识。所以,网络时代每一家企业都应该有危机的意识,防患于未然,才能使企业立于不败之地。

本节的主题为动态环境下企业组织变革趋向之五——网络危机管理。第一,分析了网络危机的内涵与特征,进而分析了网络时代危机公关面临的挑战与成因,指出网络时代危机处理与应对原则。网络时代危机处理与应对原则包括:前馈控制原则、责任担当原则、效率为先原则、全局掌控原则、有效沟通原则。第二,探讨了网络化环境下企业危机的应对策略,包括:建立应对网络危机的预警体系;面对危机临危不乱且要要有责任担当意识;迅速控制事态,有效解决危机;要善于用网络手段解决网络危机;采取和媒体合作的态度而非强势抗衡;利用第三方企业进行危机公关。

第二篇
顾客忠诚研究阚览

第四章　理论基础与研究方法

第一节　理论基础

关于顾客忠诚,目前主要依据的理论包括顾客购物旅程理论、整合营销传播理论以及计划行为理论。

一、顾客购物旅程理论

过去几十年,顾客体验的研究可被划分为三个研究领域:第一,关注过程、行为及结果价值:早期顾客购买行为过程模型、客户关系管理与顾客参与。第二,关注过程结果:满意、服务质量与关系营销。第三,以顾客为中心的研究关注顾客体验的内在组织层面。关注流程的第一种研究流派,为通过购物旅程产生顾客体验的理念奠定了坚实的基础。这种观点无论是在学术顾客体验文献(如 Pucinelli 等,2009;Verhoef 等,2009),还是以管理为导向的顾客体验文献(如 Edelman 和 Singer,2015;Rawson 等,2013)中都得到了广泛的认可。多渠道顾客管理模型认为顾客购物旅程管理是一个从问题识别到搜寻、购买及利用多渠道进行售后的全过程管理。Pucinelli 等(2009)和 Verhoef 等(2009)在他们的顾客体验研究中也采用购物旅程的观点。Schmitt(2003)基于过程方法,注意到"以接触点来追溯体验的关键目标是发展一种理解,即如何通过营销学者所谓的'顾客决策制定过程'来丰富顾客体验"。在购买路径过程模型(path – to – purchase models)与顾客体验管理中,所谓的购买或者营销漏斗已变得极为流行(如 Court 等,2009;De Haan 等,2016;Li 和 Kannan,2014)。上述这些模型为将顾客体验作为消费者必经的过程,即我们称之为"顾客决策旅程"或"顾客购物旅程"的全方位思考奠定了基础(Lemon 和 Verhoef,2016)。Lemon 和 Verhoef(2016)将顾客体验界定为与企业的顾客"旅程",在其购买周期中跨越多重接触点。我们也将全面顾客体验概念化为一个动态过程。顾客体验流程从购前(包括搜寻)、购买到购后,是一个反复而动态的过程,这一过程与过去体验(包括以前的购买),也包括外部要素相关。在每一个阶段中,顾客体验各接触点,只有少数处于企业控制之下。这一顾客体验过程理论的观点,可以作为检验整个顾客流程中顾客体验的指导,也可以实证随着时间的推移,建模不同接触点对顾客体验的影响效应(Lemon 和 Verhoef,2016)。

二、整合营销传播理论

整合营销传播理论起源于营销组合理论,1954 年,杰罗姆·麦肯锡(Jeronme McCarthy)提出著名的 4Ps 理论,即产品、价格、分销、促销营销组合理论。4Ps 理论提出之后,虽然也受到一些质疑,然而时至今日依然是营销学不可或缺的经典理论。1986 年,菲利普·科特勒(Philip Kotler)在《哈佛商业评论》上,在 4Ps 基础上将这一理论拓展到 6Ps 理论,加入政治力量(Political Power)和公共关系(Pulic Relations)两要素。此后,又有学者将这一理论进一步推演为 7Ps、11Ps 等。到了 19 实际 80 年代,随着技术的发展以及传播手段的日益多样化,越来越多的企业和学者发现对各种传播要素的整合的必要性,这一时期强调各种传播手段的协调效应,整合营销传播应运而生。19 世纪 90 年代,与 4Ps 理论对应,美国营销学家劳特朋教授提出了 4Cs 理论,即顾客、成本、便利和沟通成为新的营销组合要素。4Cs 理论的重大贡献之一就是将营销组合视角从企业转向了顾客,这是营销理论的一大进步。这一时期营销和传播紧密结合到一起。1991 年,Schultz 写作《整合营销传播:整合营销传播方案在美国的现状》一书,至此掀起整合营销传播理论研究的大幕。此后的 20 世纪的最后十年是整合营销传播理论获得迅速发展的十年。这一时期的研究呈现出一定特征:首先,人们开始真正关注整合营销传播的概念及其内涵,并就整合营销传播的概念作了诸多探讨。其次,学者们开始关注整合营销传播在各领域的实施。此后,21 世纪初期,整合营销传播才开始获得高速发展。此外,随着传播手段与技术的发展,学者们开始关注整合营销传播与企业管理与组织的结合,更加关注整合营销传播在企业的具体实施甚至超越了企业范畴。基于利益相关者视角,韩国学者申光龙(2001)构建了整合营销传播理论模型,系统地阐述了利益相关者视角下的企业整合营销传播。已有研究中,将整合营销视为一种企业战略是一种普遍的观点。申光龙(2010)的研究提出企业生存发展的 18 个战略工具,探讨了整合营销传播战略管理(申光龙,2013),并将整合营销传播应用到互益性非盈利组织当中,探讨了互益性非盈利组织的整合营销传播策略(申光龙,2014)。此后,整合营销传播与一些新兴研究领域结合出现互动式整合营销传播与体验式整合营销传播。

对于整合营销传播的定义,典型的代表是 Kotler 和 Armstrong(2000)的观点,将整合营销传播界定为企业为了给顾客提供清晰、一致并令人信服的信息,而对其众多传播渠道进行的协调与整合。随着营销理论以及网络技术的迅速发展,整合营销传播理论也获得新的发展。Ivanov(2012)的研究指出网络是 IMC 实施的最佳媒介,按照申光龙的利益相关者整合营销传播理论,这里的整合营销传播只涉及在线零售商、物流企业与在线消费者三方。与此同时,一些学者基于顾客体验视角,认为整合营销传播的最终目的是通过整合营销传播工具使顾客形成对一致性信息的顾客体验(Šerić 等,2012)。Tsai(2005)更明确地指出整合营销传播其实质就是向顾客传播一种全面的顾客体验,整合营销传播管理的终极目标就是管理顾客体验。Kim(2011)与 Ganguly 等(2010)认为,网络与其他营销传播的主要区别在于其具备互动性。本研究即从互动性与全面顾客体验的视角构建本研究理论模型。

三、计划行为理论

1975 年,Fishbein 和 Ajzen 提出理性行为理论(Theory of Reasoned Behavior,TRB),该理论认为某种特定的行为遵循信念—意愿—行为逻辑(Fishbein 和 Ajzen,1975)。理性行为理论框架如图 4-1 上半部分虚框所示,态度反映行为信念影响意愿,主观规范反映名义信念影响意愿,态度、主观规范通过意愿影响行为,前提假设是个体对特定行为具备完全意志控制力。然而,Ajzen 经进一步研究发现,人的行为并不是完全处于个人意志控制之下,因此他将 TRB 理论予以扩充,提出了计划行为理论(Theory of Planned Behavior,TPB),将感知行为控制作为行为意愿的前置变量(Ajzen,1991)。感知行为控制是对是否拥有充足资源和机会以实施特定行为的信念(Madden 等,1992)。1992 年经过实证分析和比较,Madden 和 Ajzen 等证实了计划行为理论相较于理性行为理论的优越性(Madden 等,1992)。目前,学者普遍使用的是计划行为理论,完整的模型,如图 4-1 所示。根据计划行为理论,当个体对特定行为有完全意志控制力时,感知行为控制不发生作用,通过行为意向直接预测和决定行为,此时理性行为理论更为适用。反之,当个体对特定行为不具备完全意志控制力时,加入感知行为控制因素将对模型预测提供重要信息,此时感知行为控制直接或者经由意愿中介间接作用于目标行为。间接效用基于这样一个假设:感知行为控制对行为意愿提供动力的隐含作用。该理论指出态度、主观规范以及感知行为控制间还可能存在两两作用关系。

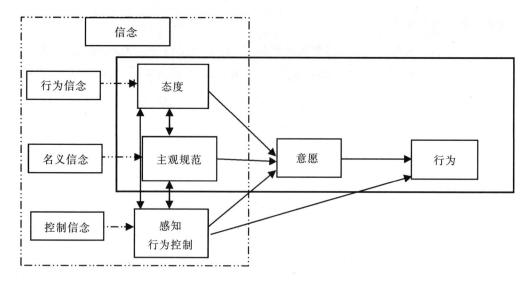

图 4 - 1　Ajzen 的计划行为理论

资料来源：AJZEN, I. The theory of planned behavior［J］. Organizational Behavior and Human Decision Processes,1991,50(4):179 - 211.

第二节　研究方法

本研究后续研究主要采用 SPSS20.0、AMOS23.0 和 bootstrap 软件对调研数据进行分析和统计,分析方法主要包括描述性统计分析、信效度检验与分析方法、结构方程模型(SEM)和 bootstrap 中介效应检验方法以及访谈法。

一、描述性统计与分析方法

描述性统计分析方法通常是对问卷所涉及的人文变量以及一些特殊设计主旨的变量进行的频次、比率分析。本研究中对一些人文变量,如性别、年龄、职业、受教育程度与收入等进行了描述性统计分析,以揭示问卷调查的一些人文特征,从而在一定程度上避免调查的偏颇。

二、因子分析

因子分析主要包括探索性因子分析(EFA)与验证性因子分析(CFA)两种。探索性因子分析(EFA)主要是为了找出影响观测变量的因子个数,以及各个因子和各个观测变量之间的相关程度,本研究在预调研阶段即运用了探索性因子分析对预调研数据进行了分析。在进行探索性因子分析过程中,运用主成分分析法提取特征根大于 1 的因子,并运用极大方差法对因子进行了旋转。

验证性因子分析是对探索性因子分析结果的进一步验证。在正式调研阶段本研究运用 AMOS23.0 软件对样本进行了验证性因子分析,以测试因子与相对应的题项之间是否符合本研究所设计的理论关系。运用验证性因子分析需要满足适配度要求,吴明隆(2009)提出的适配度指标检验标准:$1 < \chi^2/df < 3$,近似均方差误差 RMSEA 应该小于 0.1,小于 0.05 为优良。其他拟合指数包括:拟合优度指数(GFI)、调整后拟合优度指数(AGFI)、规范拟合指数(NFI)、比较拟合指数(CFI)、增量拟合指数(IFI)等均需大于 0.90。典型的验证性因子分析模型,如图 4－2 所示。

三、信度分析

信度(Reliability)是指测量工具所测得的结果的稳定性和一致性,量表的信度越大,其测量标准误越小。信度分析主要有两种类型:一种分析方法是组合信度系数(Composite Reliability,CR),它是模型内在质量的判别标准之一。组合信度系数是根据验证性因子分析中获得的标准化因子载荷值计算后获得的。组合信度系数应满足至少大于 0.6 的最低水平,一般应大于 0.7。

信度分析的另一种方法是计算样本的克朗巴哈系数值(Cronbach'α)。克朗巴哈系数值主要反映量表的内容一致性信度,数值越大,表示量表的内部一致性越高。吴明隆(2009)根据学者研究结果,提出 α 系数判断标准,认为 α 系数不应低于 0.60;当 $0.60 \leqslant α$ 系数 < 0.70 时,构念尚佳,整个量表信度勉强接受,最好增加题项或修改语句;当 $0.70 \leqslant α$ 系数 < 0.80 时,构念信度高,整个量表信度可以接受;当 $0.80 \leqslant α$ 系数 < 0.90 时,构念信度比较理想,整个量表信度高;当 $0.90 \leqslant α$ 系数时,构念信度非常好,整个量表信度也非常理想。

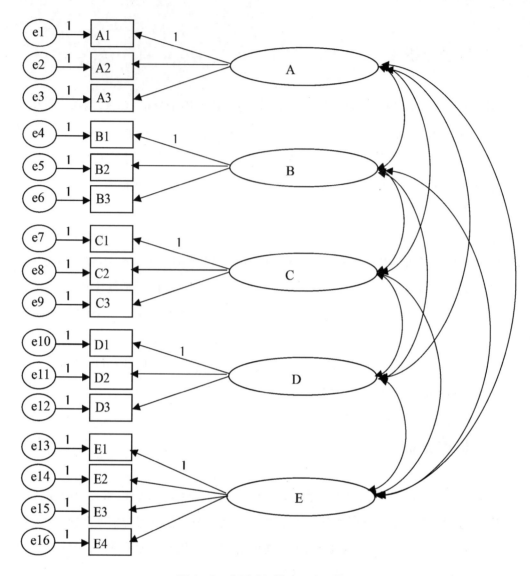

图4-2　典型验证性因子分析模型

四、效度分析

效度(Validity)即有效性,它是指测量工具或手段能够准确测出所需测量的事物的程度。效度分为内容效度(Content Validity)、准则效度(Crierion Validity)和结构效度(Construct Validity)三个类型。内容效度又称表面效度或逻辑效度,它是指所设计的题项能否代表要测量的内容或主题。准则效度又称为效标效度或预测效度。它是指量表所得到的数据与其他选择的变量(准则变量)的值相比是否有意义。结构效度是指测量结果体现出来的某种结构与测值之间的对应程度。

对内容效度常采用逻辑分析与统计分析相结合的方法进行评价。逻辑分析一般由研究者或专家评判所选题项是否符合测量的目的和要求。统计分析主要采用单项和总和相关分析法获得评价结果,即计算每个题项得分与题项总分的相关系数,根据是否显著相关判断是否有效。根据时间跨度的不同,准则效度可分为同时效度和预测效度。但在调查问卷的效度分析中,选择一个合适的准则往往十分困难,因而使用这种方法受到一定的限制。在对量表的结果效度分析所采用的方法是因子分析。

五、结构方程模型

结构方程模型(Structural Equation Modeling,简称 SEM),是在 20 世纪 70 年代在协方差分析基础上拓展形成的一种分析方法,综合运用验证性因子分析、路径分析以及多元回归分析而形成的统计工具。结构方程模型广泛应用于教育学、心理学以及社会科学等领域,具有可同时分析潜在变量和观测变量之间关系,可剔除随机误差等多个优点,典型的结构方程模型,如图 4 - 3 所示。

本研究运用结构方程模型主要解决研究中两个方面的问题。一方面是运用结构方程模型对大数据样本进行验证性因子分析,通过验证性因子分析来检验显变量与潜变量的假设关系,同时,也对变量构念的效度进行检验。另一方面是通过结构方程模型来进行路径分析。

六、Bootstrap 方法

本研究采用基于 SPSS 的 Bootstrap 分析方法进行中介效应的检验。Bootstrap 是由 Preacher 和 Hayes(2004)提出的中介效应检验方法。近些年,一些学者认为传统因果逐步回归的检验方法存在诸多方面的不足,他们认为因果逐步回归的检验方法缺乏有效性,而且检验的程序也不合理。相对于以往传统的因果逐步回归的检验方法存在检验程序不合理等问题,Bootstrap 方法不仅能够提高检验方法的有效性,同时也能够提高中介效应检验与分析的效度。因而,近些年,Bootstrap 分析方法在国外的心理学、消费者行为学、组织行为学等研究领域中的许多顶级学术刊文章中得到了广泛的应用。

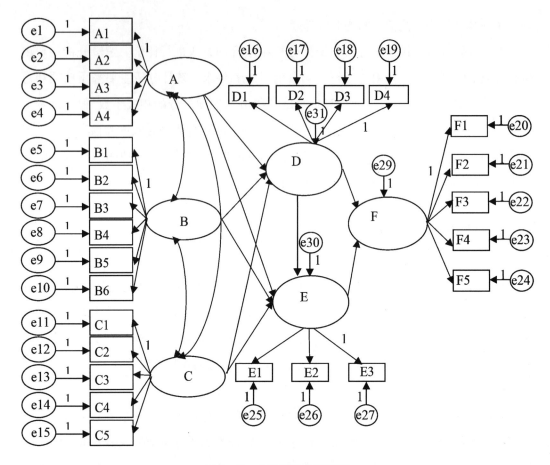

图4-3 典型结构方程模型

第三节 数据搜集方法

一、访谈法

(一)访谈法简介

访谈法(interview)又称晤谈法,是指通过访员和受访人面对面地交谈来了解受访人的心理和行为的心理学基本研究方法。因研究问题的性质、目的或对象的不同,访谈法具有不同的形式。根据访谈进程的标准化程度,可将它分为结构型访谈和非结构型访谈。访谈法运用面广,能够简单地收集多方面的工作分析资料。

（二）访谈法运用实例

1. 访谈提纲

本研究定性访谈提纲,见附录一所列。访谈内容共分为两部分:

第一部分是访谈对象的个人基本信息,包括性别、年龄、受教育程度、职业与收入。另外设置一个题项询问被调查者,是否在淘宝网购物过程中,在某家网店有一次以上,即重复购买经历? 设置此问题的目的是确认,是否在线顾客忠诚已成为一种新的购物趋势。

第二部分是半结构化在线顾客购物行为访谈,共设 10 题,访谈题目设置,如表 4 – 1 所示。

表 4 – 1　访谈题目设置

题目设置
1. 请描述您的网上购物过程?
2. 您觉得在上述购物过程中哪些因素对于您的购物决策最为关键?
3. 您购物过程中经常会与卖家进行沟通么? 什么情况下会选择沟通?
4. 您认为您选择购物的网络商店的页面与其他同类型店铺有优势么? 优势表现在哪些方面?
5. 在网络购物过程中您会查看在线评论么? 您对在线评论的大致态度是? 什么样的在线评论会促使您直接放弃购买?
6. 您信任网络购物么? 信任您所购物的网店么? 哪些因素会提升您对网店的信任?
7. 如果产生同种需求,您会首选重复光顾还是重新选择?
8. 如果对购物体验的某一方面不是很满意,您会重复光顾么?
9. 在您重复购物过程中,有没有您没有不满意感,但也不是特别满意,然而却最终决定重复购买的经历? 原因是什么?
10. 您有失败的网购经历么? 您判定的依据是什么?

2. 访谈对象与数量的确定

本研究探讨的是对特定网络商店在线顾客忠诚的行为,为了避免大型网站本身的信誉、品牌等对在线顾客忠诚行为的影响,本研究选择淘宝网顾客作为访谈对象。根据 Gubrium(2002)的观点,访谈的样本量以 28—40 人次为宜,这被认为具有较高的效度和集中度,有利于获取有价值的信息。访谈形式主要通过电话、QQ、面谈等形式进行,最终访谈人次 32 人(以某研究为例),其中男性 18 人,女性 14 人;职业分布广泛,包括学生、事业单位人员、企业单位人员;年龄集中在 25—40 岁,访谈对象大都具有本科学历。

3. 访谈收获与讨论

(1)在线顾客忠诚行为正在成为一种新的购物趋向

访谈中发现,绝大多数的被访谈者都有在特定网络商店重复购买的经历,重复购买的次数与产品类型相关。就衣物类产品,也包括如口红、洗护类用品等标准化产品而言,顾客重复购买次数较多。相反,对于衣柜、床品等产品重复购买率低。很显然,重复购买次数与产品本身的特性息息相关。

(2)各关键接触点

访谈过程中首先会让在线顾客阐述其购物的整个流程。访谈结果显示,本研究基本涵盖了在线顾客整个购物流程中的所有关键接触点。

访谈者 10:我的购物流程开始于自己产生了购物需求,比如说到了冬天,突然发现天气慢慢变得寒冷,自己还缺少羽绒服。我就首先想到了网络购物,在许多的购物网站中,我对从淘宝网购物还是比较偏爱的,我经常在淘宝网购物。在淘宝网站中输入关键词,如羽绒服,就会出现很多的搜索结果,选择自己比较满意的搜索词,或者也可以通过限定品牌、样式的方式来对商家和品牌进行筛选。然后就是查看图片,看图片中哪一款从样式、颜色、高档程度更符合我的需求,就点击进入网店的界面。重点查看网店对选择的产品的店面展示,观察图片、其文字介绍、尺码等是否大概符合我的标准。然后直接查看在线评论,看看其他购买过的顾客是怎么评价产品的,如果网络评价很好,再返回重点查看图片和介绍。在此之后,我会联系卖家,向他询问产品的质地、含绒量,并就自己应该选择的尺码进行咨询,尤其是我愿意通过咨询和沟通获取商家关于正品的承诺与是否可以退换货以及退换货的政策。如果一切都没有问题,那就购买,等待产品投递。收到物品后,如果没问题,会给予好评,尤其是感觉超乎我的期望时。如果对产品和服务不满意,就按照沟通中的店家承诺履行后续的退换货流程。感觉还是很方便的,而且商家有的时候还提供退运费保险,觉得这个政策很吸引我。

访谈者 16:我的购物流程简单,搜寻之后大概选择几个较为满意的,首先就会查看已有顾客的评论,如果评论很好,那就再对所选择的产品进行比较。大概产生偏好,我会直接通过客服进行咨询,提出自己所关心的问题,如果与商家沟通顺利,他们的承诺能够满足我的需求,就直接下单购买,然后等待收货了,后续就要看需不需要售后服务了。不需要,直接进行评价。很多时候我也不愿意进行评价,默认好评,除非感觉物品超值。但到目前为止,我对我的网购经历还是很满意的,觉得网络购物很划算,也值得信任。

上述两个被访者对购物过程交代的比较清晰,尤其是 10 号被访者。经过对 32 位访谈者的记录进行回顾、梳理。本研究发现一般顾客的购物流程大概是:首先通过浏览和搜索尤其是对选择的网店的产品展示进行查看,获得了感官体验;进而就是在线评论体验;接下来是与在线客服进行沟通,即互动性;而后,包括对产品和服务的初步判定,以进一步发展信任体验;对产品和服务的评价显示,如果获得良好的情感体验也会推动其在线评价行为。

(3)感知互动性对在线顾客忠诚的潜在影响

访谈结果显示,顾客产生对互动性的需求,主要基于如下原因:一是顾客购买过程,当对一些较专业性的产品,如床品进行购买时,需要与商家沟通来确定床品的硬度与售后保障等信息;二是基于物流信息与在线零售商的沟通,尤其是当物品投递延迟发生时;三是售后服务,尤其是错发、误投或者产品发生破损时。

访谈者 20:我感觉我经常与卖家客服进行沟通。例如,我购买衣服,因为对衣服的尺码和商家的尺码是否一致不确定,所以向商家进行询问。还有一些鞋子等东西,也是需要在售前与卖家沟通的,怕购买后不合适麻烦。另外一种情况就是物流,因为无法与物流企业进行直接沟通,一旦出现物流延迟,那么想要确定物流信息,就需要通过客服,一般客服会给予回复,如果实在无法沟通,那就只能等待了,有的时候也会对商家回复速度很不满意。另外的一种状况就是售后服务了,比如买到的东西不满意,需要退换货;又或者可能买到的东西有破损,和卖家进行沟通商量如何处理,如果卖家很负责任,答应马上重新补发,会很开心,在售后评价中也会给出很好的评价。

访谈者 7:我很少与卖家进行沟通,我认为没有必要。

访谈者 9:与客服的沟通我认为是一种常态,几乎每一笔交易都需要与卖家沟通。在与卖家的沟通中,得到卖家对于物流、发货信息以及产品是正品的承诺,对我来说很重要。从另一个方面,也可以确认,商家对自己产品的自信度,也包括如果一旦出现问题,负责任的商家往往对产品的售后也是负责任的。在我的购物过程中,也遇到对于售后保障和产品沟通时,卖家态度非常不好的情况,马上就会放弃购买,这样的服务态度其售后可想而知。对于我来说,沟通满意是继续购物的前提。

(4)顾客体验对在线顾客忠诚的潜在影响

对访谈结果进行整理发现,在线评论、商家信用评级、月销售量在在线顾客初次购物过程中最为关键,而再次购物过程中,已有购物的体验对于推动重复购买最为关键。

访谈者 11:我认为,与同类型网店相比,我所选择的网络商店网页设计没关,最重要的是对顾客关心的细节展示的非常细致,这也提升了我对店铺的信任。在线评论对我来说很重要,我一般都先查看在线评论,评论不错才会继续购买。如果我对购物过程中的任何一个环节不太满意,那么绝对不会再次购买了。当然,也有不是很满意,但是也没有特别不满意的情况出现,有的时候为了方便,也会选择直接购买。

访谈者 31:一般情况下,如果产生了同样的产品需求,在我没有不满意或是很是满意的情况下,下次直接购买就好了。

从访谈者的陈述中我们可以看出,顾客的重复购买决策中,以前的购物体验(即购后体验)的感受对于其重复购买的行为影响很大。

(5)在线顾客满意对在线顾客忠诚行为的潜在影响

经过访谈发现,访谈者对于"如果对购物体验的某一方面不是很满意,您会重复光顾么?"的回答都是否定的,可见已有研究显示顾客满意是在线顾客忠诚的前提的结论的坚实性。由此,也进一步确认在线顾客满意对在线顾客忠诚行为的前置作用。

(6)在线转换惰性对顾客忠诚的影响

对于"在您重复购物过程中,有没有您不是特别满意,然而却最终也决定重复购买的经历?原因是什么?"绝大多数访谈者都认同,不是特别的满意,然而也没有什么不满意,即没有强烈积极情感情况下,再次购物时却重复购买了。

访谈者 15:在购物过程中,会存在没有不满意,然而也没有出现强烈情感时却重复光顾的情况。如有一次我就是这种感受,当时我购买的产品是口红,只是觉得还好。可是下次购买的时候,觉得第一次购买就花费了我好长的时间,我还不断的和不同的卖家敲定颜色,最终选了这家。当再次购物的时候,觉得实体店贵,而再次上网上搜寻一圈又觉得浪费时间,就直接选购原来的卖家的了。

访谈者 21:如果我对产品没有觉得不满意,感觉不错,那当我产生重复购买的时候,我直接就去有购物经历的店铺直接拍下购买!

二、问卷调查法

(一)问卷调查法简介

问卷调查是指通过制定详细周密的问卷,要求被调查者据此进行回答以收集资料的方法。所谓问卷是一组与研究目标有关的问题,或者说是一份为进行调查而编制的问题表格,又称调查表。它是人们在社会调查研究活动中用来收集资料的一种常用工具。

(二)问卷调查法应用

作者系列定量研究均基于问卷调查法收集数据,样例见附录二所列。

第五章 顾客忠诚及其前置因素探析

第一节 顾客忠诚的界定及其维度

一、顾客忠诚的概念与内涵

在消费者行为的研究中,顾客忠诚一直是研究的热点问题之一。不同的学者基于不同的研究关注点对顾客忠诚给出了不同的概念界定。纵观顾客忠诚文献,目前主要存在三种观点:

(一)行为忠诚

行为忠诚的观点多为早期的一些研究者和实践者所采用,这些早期的研究和实践者简单地将顾客忠诚理解为一种行为,即重复购买行为,且强调行为层面的测量。如 Tranberg 和 Hansen(1986)的研究认为,顾客忠诚行为建立在对产品的购买数量或者购买金额之上。对顾客忠诚的测量往往是测量消费者对产品的购买频率与购买额度。Allenby 和 Lenk(1995)用指数平滑方法建立模型以此测度消费者的品牌忠诚,这些都是行为忠诚的典型代表。

(二)态度忠诚

自从学术研究从定性逐步走向量化研究,对顾客忠诚的测度成为研究探索的重点。然而,行为观点的顾客忠诚与重复购买无法区分,因此学者们认为,行为观点的顾客忠诚实质上是一个趋向操作化的观点,并没有明确的概念基础。当以消费者购买额度和购买频率对顾客忠诚进行测度时,很难确定高频率和高额度购买就是一种顾客忠诚。为此,许多学者开始深入探讨并思考顾客忠诚的内涵,并开始逐步关注顾客忠诚中的态度要素。Guest(1944)从品牌购买视角出发,定义品牌忠诚为"人们的偏好在某一时段的不变性"。Guest(1944)的"偏好不变性"界定即是态度忠诚的核心。Jones 和 Sasser(1995)指出,顾客忠诚是"对企业、人员、产品、服务等的归属感",也是一种典型的态度忠诚的观点。

(三)行为与态度复合观点

随着研究的不断深入,人们开始探讨行为忠诚与态度忠诚之间的关系。普遍的观点认为行为忠诚与重复购买无法区分,其测量可能也存在偏离。单纯的态度观点,只强调了对产品或者服务偏好的持久不变性,缺乏重复光顾的行为,似乎也谈不上顾客忠诚。现今,研究者普遍认为,单纯的行为忠诚或是单纯的态度忠诚都可能只是顾客忠诚的必要条件,然而却并非充分条件,越来越多的学者偏好行为与态度忠诚的复合观点。因此,Baldinger 和 Rubinson(1996)指出,单纯地关注顾客忠诚的行为层面或是态度层面都是片面的,提议将行为顾客忠诚与态度顾客忠诚进行综合考虑,认为复合观点才能够真正地反映顾客忠诚的内涵。近年来这种复合忠诚的观点得到了广泛的关注和采纳(范秀成等,2009;刘虹等,2016;唐塞丽等,2012)。此外,谈及行为与态度综合的观点,我们不得不谈及 Dick 和 Basu(2004)的观点。Dick 和 Basu(2004)认为,顾客忠诚是行为忠诚与态度忠诚的复合体。并且按照重复光顾的行为与所持的相对态度将顾客忠诚划分为:真正的顾客忠诚(高,高)、潜在顾客忠诚(低、高)、虚假顾客忠诚(高,低)与不忠诚(低、低)。

二、在线顾客忠诚的概念与内涵

为了对本研究中在线顾客忠诚的界定有一个清晰的认知,有必要在对已有研究简要回顾的基础上,明确在线顾客忠诚的界定,进而确定对在线顾客忠诚的测量。

前述关于顾客忠诚研究的回顾已经提及,界定顾客忠诚,目前主要存在三种观点:第一种观点可称为行为忠诚的观点,认为顾客忠诚其实质就是一系列重复购买的行为表现;第二种观点可称为态度忠诚的观点,认为顾客忠诚主要是指对企业、品牌等的一种情感依赖,也可称为是一种行为意愿;第三种是综合性观点,态度忠诚是一种行为意愿,行为忠诚是一种行为的实际表现,顾客忠诚是态度忠诚与行为忠诚的复合(El – manstrly,2016)。Chang 等(2009)认为顾客忠诚是对重复购买与正向口碑的一种持续性承诺。Anderson 和 Srinivasan(2003)定义顾客忠诚为"因对电商企业持有支持态度,进而导致的顾客重复购买行为"。本研究采用 El – manstrly(2016)的综合性观点,定义顾客忠诚为在线顾客的一种重复购买、推荐以及正向口碑等意向性行为。

三、在线顾客忠诚的测量

顾客忠诚的概念界定方式多样,决定着其测量方式也存在多种观点,鉴于本研究与El - manstrly(2016)的研究情境一致,观点一致,因而本研究对在线顾客忠诚的测量采用El - manstrly(2016)的成熟量表。顾客忠诚测量中,既涵盖行为忠诚的要素如重复购买,又涵盖态度忠诚的要素,如进一步的正向口碑与向亲友的推荐等。代表性条目包括"未来几年,我可能会主要依赖该网店购买(此类商品)""未来几年,我可能会主要依赖该网店购买(此类商品)""在网络评价中我很愿意对该网店给出积极正面的评价""如果有人向我寻求相关意见,我愿意推荐该网店"等六个条目,测量题项见表5-1所列。

表5-1　在线顾客忠诚的测量

变量	测量条目	来源
在线顾客忠诚	如果我有同样的需求,首先会考虑该网店	El - manstrly(2016)
	未来几年,我可能会继续在该网店购物	
	未来几年,我可能会主要依赖该网店购买(此类商品)	
	在网络评价中我很愿意对该网店给出积极正面的评价	
	如果有人向我寻求相关意见,我愿意推荐该网店	
	我将会鼓励亲朋好友使用该网店	

资料来源:作者研究整理。

第二节　顾客满意与顾客忠诚

一、顾客满意的概念与内涵

虽然顾客满意与顾客忠诚的研究非常广泛,然而对于二者概念的界定也依然存在不同的界定方式,甚至衍生出不同的流派。

根据满意产生的时间节点与具体原因的不同,满意可被概念化为两种方式:总体满意(或称累积满意)与交易特定满意。所谓交易特定满意,指的是满意情感的产生是基于特定的服务体验或者对具体服务体验的特征满意时,称为交易满意或者特定满意。而当消费者满意的产生是基于对过去累积起来的购物体验而产生的积极情感时,则称之为累积满意或者总体满意。Lin(2007)在其研究中将顾客满意界定为消费者在过去购物体验基础上,对产品或者服务的总体性评价。当对实际产品体验与服务的评价高于顾客期望时,消费者是满意的。反之,当顾客对产品和服务的评价低于顾客期望时,则会产生顾客不满。Levy(2014)的研究在服务情境下认为,顾客满意是消费者对服务供应商所提供服务的净价值的总体性情感,既可能是正向的也可能是负向的。随着 B2B、C2C、B2C 业务的迅猛发展,顾客忠诚领域的研究开始关注网络购物,顾客满意也随着转向电子满意或者在线满意范畴。值得注意的是,本研究的顾客忠诚行为,必然包含对特定网络商店产品和服务的重复购买,因而这里的在线顾客满意也意指对过去在特定网络商店重复购买中的累积的满意感,也是一种总体满意的观点。Chang 等(2009)的研究也认为,总体满意的概念界定方式是对顾客忠诚而言更好的预测变量。总而言之,本研究借鉴 Anderson 和 Srinivasan(2003)的观点,定义在线顾客满意为在线顾客在网络商店购物过程中或者持续购物过程中的总体满意感。

二、在线顾客满意的概念与内涵

关于顾客满意,主要有两种界定方式:总体满意与交易特定满意,通常是对期望绩效与实际绩效进行比较之后的一种评价。随着研究情境不断地变化,顾客满意的对象也在不断演进。Lin(2007)的研究中顾客满意是基于产品与服务评价的,Levy(2014)的研究中顾客满意是基于对服务的评价的,随着 B2B,B2C,C2C 业务的迅猛发展,顾客忠诚领域的研究开始关注网络购物,顾客满意也随之转向电子满意或者在线满意范畴。Chang 等(2009)认为,总体满意更好地预测了顾客忠诚。本研究中的顾客忠诚,必然涵盖在线顾客对特定网络商店产品和服务的重复购买,对于产品和服务的评价至少是基于一次以上的重复购买体验的,因此是一种总体满意的观点。本研究借鉴相同情境下 Anderson 和 Srinivasan(2003)的观点,并结合研究情境,定义在线顾客满意为在线顾客在网络商店购物过程中或者持续购物过程中所获得的总体满足感。

三、在线顾客满意的测量

由前述在线顾客满意的内涵界定可知,累积性的总体满意观点更加适合顾客忠诚的研究,因此本研究即采用累积总体满意的观点。对在线顾客满意的测量借鉴 Tsai 等(2006)的量表,代表性条目包括"总体而言,该网店的产品和服务能够满足我的期望""从该网店购物的选择是明智的"等 4 个条目,具体条目,见表 5 - 2 所列。

表5-2　在线顾客满意的测量

变量	测量条目	来源
在线 顾客满意	总体而言,该网店的产品和服务能够满足我的期望 总体而言,我对该网店提供的产品和服务满意 从该网店购物的选择是明智的 从该网店购物的决策令我很高兴	Tsai 等(2006)

资料来源:作者研究整理。

四、顾客满意与顾客忠诚

顾客满意一直是顾客忠诚的准前置变量,因此这里主要对顾客满意与顾客忠诚的关系进行文献回顾与研究述评。

(一)顾客满意与顾客忠诚关系的研究回顾

由于顾客忠诚的研究情境不断变化,最初在产业时代,关注对产品的忠诚或者是品牌忠诚。后转入服务时代,营销学者开始关注服务顾客忠诚。20 世纪 90 年代末期,随着网络的兴起,网络购物开始盛行,此时学者们开始关注在线顾客忠诚,尤其是对网站的忠诚研究颇多。由于顾客满意对于顾客忠诚的准前置关系,顾客满意度的概念也从产品满意、服务满意直到发展为在线满意或者在线顾客满意。谈及顾客忠诚,无论理论学者还是实践者都关注顾客满意的作用。然而,纵观顾客满意与顾客忠诚关系的研究,其结论却是莫衷一是的。

Chang 等(2009)的研究认为,相对于不满意的顾客,满意的顾客转换产品与服务提供商的可能性更低,也更可能会重复购买以及更倾向于正面口碑。Yanamandram 和

White(2004)持有不同观点,认为顾客转换会带来相应的消费成本,在许多情况下,即使消费者对产品和服务不满意也可能会继续维持与产品和服务供应商之间的关系,形成顾客保存或者顾客忠诚。我国学者李惠瑶等(2012)在银行业服务情境下采用复合忠诚的观点构建了企业形象对顾客态度忠诚与行为忠诚影响模型。郑秋莹等(2014)采用元分析方法对"满意—忠诚"之间的关系做了研究,认为之所以满意与忠诚之间的关系并不是简单而一致的结论,原因在于所采用的调查方法、选取的行业异同以及具体的文化特征都可能影响二者关系的强度。Agustin 和 Singh(2005)认为满意与忠诚之间是一种非线性的关系。Valvi 和 Frogkos(2012)的研究认为顾客惰性、转换成本、便利动机与购买规模可能会调节顾客满意与在线顾客忠诚之间的关系并进行了实证研究。

(二)顾客满意与顾客忠诚关系研究述评

如前述顾客满意与顾客忠诚的综述,虽然满意一直被认为是顾客忠诚的准前置变量,然而关于二者的关系的探讨的认知还是存在很大不同的。这一结论也为学者们从不同的研究情境、研究问题出发,对"满意—忠诚"之间的关系探讨提供了研究空间。本研究在在线情境下探讨在线顾客满意对在线顾客忠诚的影响作用,也是对这一问题的进一步探索。

第三节　顾客惰性与顾客忠诚

一、顾客惰性的概念与内涵

通过对顾客惰性的文献的系统回顾发现,已有研究中顾客惰性的界定方式多样,研究情境也不尽相同,很多研究甚至对顾客惰性的界定较为模糊,且不同情境下的界定也存在很大不同。因此,本研究首先将对顾客惰性的概念界定、应用情境以及不同情境下的不同研究方法进行较为系统的梳理,希望能够对顾客惰性的概念与内涵及其研究趋势有一个较为全面的把握,具体详见表5-3所列。

虽然不同的研究中,对顾客惰性界定的方式不一,然而总体来看,主要可划分为两种观点,一种观点将顾客惰性理解为一种行为,一种观点将顾客惰性理解为意愿。Huang 和 Yu(1999)的观点是典型的行为观点,定义顾客惰性为:"顾客下意识或者无意识的一种习惯性购买行为",并且认为这种由顾客惰性导致的对品牌的重复购买是一种虚假的顾客忠诚行为。此后的顾客惰性研究多采用这一界定,而且也大都认同这种顾客惰性的重复购买行为,只是一种表象忠诚,即虚假忠诚。Bozzo(2002)界定顾客惰性为:一种因替代选择吸引力不足、感知存在较高的转换成本以及面临其他转换障碍所导致的"缺少实际积极情感、常规而稳定的购物行为"。这一行为观点将顾客惰性重复购买理解为一种结果,但并不认为是行为忠诚的影响因素之一。Yanamandram 和 White(2006)的观点是一种意愿观点,将顾客惰性界定为缺乏目标引领,受控于时间与精力困扰而不愿意或者不能转换的"消费者的一种懒惰的、不活跃的或是消极的态度倾向"。表 5 – 3 中"行为/意愿"列显示的就是对应文献采用的顾客惰性行为或者顾客惰性意愿观点。

对表 5 – 3 顾客惰性概况进行梳理,还发现如下一些规律性特征:就顾客惰性的概念,目前研究大多采用的是行为观点,被认为是顾客无意识的重复光顾的行为,也就是说,在没有经过理性思考的前提下,做出的购买决策。只有少数的研究采用的是惰性意愿的观点,认为是顾客不积极或者消极的转换意愿;就研究方法而言,定性研究占据显著优势,缺乏实证研究,在这些实证研究中,大多采用顾客惰性的意愿观点;就研究情境而言呈现多样性,如产业情境、服务情境、品牌情境乃至在线情境,其中服务情境的研究居多,且顾客惰性研究的话题多与服务失误有关。

表 5 – 3　顾客惰性的概念界定、研究情境与研究方法

惰性概念	行为/意愿	研究情境	研究方法	文献及出处
由各种原因导致的消费者懒惰的、不活跃的或是消极的态度倾向。	意愿	B2B	定性	Yanamandram 和 White(2006)
惰性被定义为产业消费者的一种特定状态,在无任何实际强烈积极情感下的常规而稳定的购买行为。	无意识行为	产业	定性	Bozzo(2002)
消费者服务体验失误后的一种缺乏目标引领的不行为反应。	行为	服务失误	定性	Zeelenberg 和 Pieters(2004)
顾客无意识或者下意识下的一种购买习惯。	潜意识行为	品牌	定性	Huang 和 Yu(1999)
重购行为的发生是基于情境诱因的,并且反映了一种无意识的过程。	潜意识行为	服务	实证	Wu(2011)
未来惰性与过去惰性:过去惰性代表过去的行为;未来惰性用来测量未来一年内顾客重复光顾的意愿。	行为/意愿	品牌	定性	Yanamandram 和 White(2004)

惰性概念	行为/意愿	研究情境	研究方法	文献及出处
由于消极或不行动而维持现状的态度倾向。	意愿	服务	实证	Lee 和 Neale(2012)
没有明确说,测量条目为:"我不必为转换我的手机供应商而烦恼"。	意愿	服务	实证	Ranaveera 和 Neely (2003)
不转换行为。	行为	服务	定性	Yap 和 Sweeney (2007)
惰性是一种非意识、不经成本收益理性思考而导致的习惯购买行为。	行为	在线	实证	Anderson 和 Sriniva-san(2003)
由过去消费行为而导致的不考虑其他选择的重复购买行为。	行为	能源	定性	Wieringa 和 Verhoef (2007)
转换惰性主要指在消费者自身性情的作用下而懒于思考、搜寻、权衡现有品牌与替代品牌的利益,懒于做出选择的忠诚行为。	行为	无	定性	张言彩和韩玉启 (2007)
指消费者在权益受到侵犯时不愿意利用法律武器投诉索赔的现象。	行为	服务失误	定性	于秋芳和向洪金 (2004);生延超和刘铮(2007)

资料来源:本研究整理。

已有研究也按照惰性成因与惰性强度对顾客惰性进行了划分。Bozzo(2002)的研究认为,顾客惰性按其成因划分,有三种类型:一,纯粹惰性,潜在的内涵是消费者从本质上是懒惰的、不活跃的或是不积极的;二,不关心惰性,消费者了解自身在交易中处于劣势,但却并不介意;三,不知情惰性,产生的原因是顾客对于销售人员极其信赖,也因此不了解目前的交易并不是最优的,或者安于现状缺乏进一步探索的动力。Lee 和 Neale(2012)基于消费者调查,按照惰性强度将顾客惰性划分为高、低惰性。高惰性意,指具有较低倾向去积极搜寻或考虑转换;而低惰性的涵义反之,意指较高的积极搜寻或转换倾向(Zeelenberg 和 Pieters,2004)。此外,Lee 和 Neale(2012)还依据成因将顾客惰性分类为满意惰性、漠视惰性。满意惰性,指的是消费者对目前的服务提供商相对满意,进而不考虑转换;漠视惰性,则是对替代选择视而不见,无视竞争性替代服务商的存在,最终维持与原服务提供商之间的关系。

众所周知,顾客满意对顾客忠诚的影响作用早已被实践界和理论界所重视,相关研究成果也比较丰富。然而,在没有不满意情感情境下,顾客是否也会重复光顾、正面口碑与推荐?已有研究经过细致观察发现,即使在不满意的情境下,顾客依然会重复光顾和购买,相关研究多探究这种不满意的顾客重复光顾的原因。于在线顾客忠诚情境下,Anderson 和 Srinivasan(2003)的研究认为在线顾客忠诚一定是基于满意之上,甚至是信任之上的。本研究认同这一观点,因此排除在线情境下不满意顾客重复光顾的可能。然而,本研究也进一步地假设,在线顾客在对产品和服务并非不满意的情境下,由于一些客观因素,如在线转换惰性,也可能会导致重复光顾。因此,在正式开展研究工作之前,对顾客惰性的研究状况做一系统回顾,发现研究不足,并在某种程度上进行些许新的探索是必要的。

二、在线顾客惰性的概念与内涵

由关键变量的内涵与界定的文献回顾中可知,顾客惰性的研究广泛而呈分散性特征。这里有必要对本研究所采用在线转换惰性的概念界定予以澄清。

对于顾客惰性的概念界定,目前主要有两种观点:行为的观点与态度倾向的观点。Bozzo(2002)持行为观点,定义顾客惰性为一种替代选择不足、转换成本高或因其他转换障碍而引发的"缺乏实际的积极情感、稳定而惯常的购买行为"。Zeelenberg 和 Pieters(2004)持态度倾向观点,意指因消极或者不行动从而维持目前状态的态度倾向。Yanamandram 和 White(2006)的观点类似,定义顾客惰性为缺乏目标引领、受制于时间与精力的困扰从而不愿转换的"顾客的一种懒惰的、不活跃的或是消极的态度倾向"。本研究也持态度倾向观点,在线转换惰性是在线顾客面临在线购物重复决策时的一种懒惰的、不积极的、偏好现状的态度倾向。值得一提的是,在已有文献中,顾客惰性行为常被认为具备无意识属性,即这种惰性行为是顾客无意识或者是下意识的一种决策,没有经过理性思考。然而,本研究有不同看法,认为顾客惰性行为或者顾客惰性意愿,至少在在线情境下,都是顾客的一种偏理性决策,具备意识特征。在线转换惰性被界定为转换问题上,在线顾客的一种懒惰的、不积极的、偏好现状的态度倾向。

三、顾客惰性的研究回顾

"惰性"这一词汇源于化学领域,最初的涵义是特定的条件下,化学气体所处的一种相对稳定状态(张言彩和韩玉启,2007),此后,"惰性"这一词汇被延伸至医学、物理学等与化学关联性较强的领域,此后又进一步地被引入营销学、管理学等其他相关研究领域,就这一趋势而言,国内外大体一致。在我国营销学与管理学领域,惰性被广泛地引入各种研究问题中,如创新惰性(汪秀婷和戴蕾,2014;李中娟,2017)、员工惰性(吴佩强,2017)、学习惰性(陈莉娟,2016)组织惰性(白景坤,2017)、制度惰性(郭佩文,2014)等。也包括其他一系列相关的议题,如分享惰性(刘子莹和崔岐恩,2017)社会惰性(刘振华等,2015)、情绪惰性(徐慰等,2015)、就业惰性(许力文,2014)、认知惰性(何一清等,2015)等,在消费领域的研究中惰性并不常见(如生延超和刘铮,2007;姜宏等,2012;胡克南,2016;于秋芳和向洪金,2004;黄松和邱杰,2014)。于秋芳和向洪金(2004)定义"顾客惰性"为消费者在自身权益受到侵犯时,不愿意运用法律武器来进行投诉、索要赔偿的现象,其研究同时对顾客惰性的危害和治理措施做了探究。生延超和刘铮(2007)所采用的顾客惰性概念与于秋芳和向洪金(2004)的研究相同,在游客行为研究领域探讨了游客惰性行为并对游客维权措施进行了探讨。胡克南(2016)关注促销惰性,指消费者在过剩促销信息的影响下,减少购买行为甚至是停止购买行为并对参与促销具有较低的意愿。黄松和邱杰(2014)以及姜宏等(2012)在控制顾客惰性影响的前提下,分别对供应链定价策略与存货决策以及无理由退货政策进行了研究。王财玉等(2017)则关注到绿色创新消费,探索时间对"不行为惰性"的影响。张言彩和韩玉启(2007)对虚假忠诚与顾客转换惰性做了较为系统的对比分析。

就国外顾客惰性的研究而言,在网络营销、电子商务以及消费者行为领域,一直是研究的热点话题之一。研究者们就特定研究问题、特定的研究情境,对研究所采用的顾客惰性的概念进行定义和阐述,也因此研究呈现出了一定的分散化特征。除此之外,国外顾客惰性研究话题较为广泛,除了对顾客惰性的定义之外,学者们对顾客惰性的属性特征、顾客惰性的结果效应也进行了诸多探索,但是研究结论却缺乏一致性,因此急切需要对上述诸多问题进行较为系统的、全面的、详尽的分析,对于明确顾客惰性的认知,并以此推动顾客惰性研究具有着重要的意义。消费行为的研究中,无论从国内还是从国外来看,大都关注顾客满意(Taylor 和 Strutton,2010;郑秋莹等,2014;Blut 等,2015;李惠璠等,2012)、转换成本(Yanamandram 和 White,2006;El-manstrly,2016)等因素对顾客忠诚、顾客保持、重复购买等的影响与作用机制。顾客惰性的研究则通常是在探讨不满意的顾客保持的行为时才被提及,由于缺乏顾客忠诚的情感偏好,也因此较为一致地被认为是一种虚假的忠诚行为。也有一些研究将顾客惰性作为惰性重复购买的原因(Zeelenberg 和 Pieters 2004;Lee 和 Neale,2012)。从整体来看,无论采用哪种观点,顾客惰性研究多集中于不满意研究情境。当然,也存在其他不同的观点,如 Lee 和 Neale(2012)的研究认为,满意也可能产生惰性,定义为满意惰性。这些研究给我们带来的启示是,随着商业时代的迅速发展和更迭,保持发展、动态、批判的视野来看待研究,包括看待顾客惰性的研究是必要的,顾客惰性研究也急需新的探索。顾客惰性研究的重要性从实践意义上看也是重大的,作为营销从业者、管理者、经营者,仅仅看到顾客的重复购买就沾沾自喜,忽视由于顾客惰性导致的重复购买,尤其是忽略这种惰性购买行为背后的原因,那么很多营销工作可能无法有效开展,维护顾客的策略也可能会失效,因此,对于顾客惰性进行系统而深入的分析,无论从理论角度还是实践角度来看,都具有着重要的意义。

四、在线顾客惰性的测量

本研究中在线顾客惰性被界定为在线顾客的一种懒惰的、不积极的、偏好现状的态度倾向,因而内涵中涵盖的核心在于较低的转换意向,这里借鉴的是 Lee 和 Neale(2012)研究中对顾客惰性的测量,共 3 个条目,代表性题项包括"我不必为考虑转向其他网店购物而烦恼",具体题项见表 5 - 4 所列。

表 5 - 4 在线顾客惰性的测量

变量	测量条目	来源
在线顾客惰性	目前,我暂不考虑转向其他网店购物 我没有强烈意愿转向其他网店 我不必为考虑转向其他网店购物而烦恼	Lee 和 Neale(2012)

资料来源:作者研究整理。

五、在线顾客满意与顾客惰性是否会促动在线顾客忠诚?

顾客满意作为顾客忠诚的前置变量,早已在许多研究中得到证实(如 Chang 等,2009;Blut 等,2015;Chen 和 Rodgers,2008;Taylor 和 Strutton,2010;郑秋莹等,2014;李惠璠等,2012)。Yanamaram 和 White(2004,2006)的研究指出,顾客满意并不必然带来顾客忠诚,不满意的顾客也可能产生顾客忠诚行为。Anderson 和 Srinivasan(2003)认为顾客满意与顾客忠诚关系的强度因情境不同会有很大不同。其研究在在线情境下认为在线顾客满意是在线顾客忠诚的前提,甚至是建立在在线信任基础上的。沿着这一思路,在线顾客满意是否影响了对特定网络商店的在线顾客忠诚? Yanamram 和 White(2004)通过定性研究,在 B2B 服务供应商情境下认为,顾客惰性是造成顾客保持行为的影响因素之一。Wu(2011)对电信行业进行了消费者调查,调查结果证实了顾客惰性正向影响了顾客忠诚,但 Harris(2000)认为网络的诞生和运用会弱化消费者惰性。那么,在对特定网络商店的在线顾客忠诚研究情境中,在线顾客满意与顾客惰性是否都是在线顾客忠诚重要的驱动因素?

第四节　互动性与顾客忠诚

一、互动性的概念与内涵

虽然网络研究者早已关注感知互动性,对于互动的质量和结果,如对网络的态度及购买意愿的影响作用却缺乏一致性观点(Chu 和 Yuan,2013)。Chu 和 Yuan(2013)认为对互动的测量和操作化多样是造成这一现象的重要原因。Chu 和 Yuan(2013)的研究还进一步指出感知互动性、对网站的态度以及购买意愿的关系中,对网站的态度对于购买意愿具有最强的预测力。感知互动性是对网站的态度强有力的预测指标,所以未来的研究可以检测感知互动性是否对信任以及在线忠诚存在显著的间接效应。Sundar(2004)呼吁对互动的潜在机制进行研究。本研究认为,就互动的最初概念而言,指的就是"人—人"互动,在在线购物情境中,这种在"线零售商—在线顾客"之间的直接互动,无论对于在线购物决策前、中和后都具有重要意义。

二、互动性维度

互动性的维度存在两种观点。第一种观点从互动主体视角出发,代表性研究为 Cho 和 Leckenby(1997),其研究提出了网站互动三维度:用户—机器互动、用户—用户互动以及用户—信息互动。用户—机器互动即"人—机"互动,在网站情境下,即网站用户与网站界面的互动。从这个意义上说,如果网站设置了更多的有利于用户与网站的互动的功能与特征,那么该网站从系统特征上就具有了更高的互动性。用户—用户互动是采用人际沟通观点对互动的一种狭义的理解,在网络环境中,通过计算机媒介得以实现。从这种意义上说,用户之间的互动越多,那么互动性越强。互动性的第三个维度是用户—信息互动,这一互动在传统媒介下,受限很大,因为媒介渠道和信息都不够丰富。然而,在在线购物情境下却具有较高的用户—信息互动特征,因为在线用户对他们接收到的信息有更大的控制权,并且可以根据他们的偏好对信息进行定制化或者加工。进一步地,根据 Cho 和 Leckenby(1997)的维度,Cho 和 Cheon(2005)将上述三个维度应用于具体的在线购物情境中,他们将互动性的维度划分为:第一,顾客—信息互动性;第二,顾客—营销者互动性;第三,顾客—顾客互动性。第二种观点为技术特征与顾客感知观点。就互动性维度划分而言,无论作为技术特征还是作为顾客感知的观点,对于互动性维度的划分都较为一致。本研究将互动性两种观点进行整合,对互动性维度划分的代表性观点和成果进行整理,见表 5 - 5 所列。

表 5 - 5 互动性维度划分及其来源

序号	文献来源	维度数	具体维度	条目数
1	Cho 和 Leckenby(1997)	3	用户—机器互动、用户—用户互动以及用户—信息互动	—
2	Cho 和 Cheon(2005)	3	顾客—信息互动性、顾客—营销者互动性、顾客—顾客互动	—
3	Yim 等(2017)	1	互动性	4
4	Yoon 和 Youn(2016)	3	双向传播、积极控制、同步性	13
5	Chu 和 Yuan(2013)	4	用户控制、响应性、个性化、关联性	10
6	Chu 和 Yuan(2013)	1	感知互动性	4
7	Liu(2003)	3	双向传播、主动控制、同步性	15
8	Liu 和 Shrum(2002)	3	双向传播、主动控制、同步性	15
9	McMillan(2002)	3	双向传播、主动控制、同步性	19
10	Sohn(2011)	3	感官、语义(响应性,能有反馈的能力)、行为维度(控制权)	—
11	Song 和 Zinkhan(2008)	3	沟通、控制与响应性	21
12	Wu(2005)	3	感知控制、互动响应性、感知个性化	9
13	Kim 和 Lee(2013)	3	双向传播、及时性与用户控制	18
14	McMilla 和 Hwang(2002)	3	双向传播、及时性与用户控制	18
15	Noort 等(2012)	3	双向传播、积极控制、同步性	6
16	Yoo(2010)	3	双向传播、可控性、同步性	15
17	Kim(2011)	6	产品定制化、社会化、同步性、双向传播、有用性与信息定制化	19
18	肖轶楠(2017)	4	真诚、响应性、专业性、个性化	—

来源:作者研究整理。

　　持技术特征或者消费者感知观点的研究者中,有研究将互动性作为一个单维构念(Chu 和 Yuan,2013),绝大多数的研究认为互动性是一个多维构念。值得一提的是,对于互动性维度的命名与已有研究存在不同,然而对于互动维度的深入理解发现,不同研究中互动性维度的内涵本质上具有较大一致性。McMillan 和 Hwang(2002)认为,互动性包括双向传播,及时性与用户控制三个维度,共计 18 个条目;Liu 和 Shrum(2002)定义互动性为:"两个或两个以上的传播主体对彼此、对信息、传播媒介能够产生影响以及同步这些影响的程度。"他们提出了互动的三个维度:主动控制,描述了用户自主地参与并间接影响传播沟通的能力;双向沟通,信息的双向流动;同步性,互动的速度。Liu(2003)认为,在其研究之前的互动性量表存在局限性,主要体现在两个方面:一方面,量表开发过程不够严谨,难以保证量表的信度和效度;另一方面,渗入了过多顾客的情感成分。因此,在其 Liu 和 Shrum(2002)的研究基础之上,Liu(2003)开发了一套感知互动性量表,并得到了广泛的应用,因为它从更广泛的层面抓住了感知互动的多维度:(1)双向传播;(2)主动控制;(3)同步性。Liu(2003)的研究中,对于互动性各个维度的概念进一步细化。双向传播指的是在网站上信息的相互或者双向流动。这一维度可以由两个概念得到解释:信息的个体相关性与被网站识别(Sohn,2011)。当发现信息是个体相关的或者通过发送定制化信息而被网站识别时,使用者感知网站更具互动性(Song 和 Zinkhan,2008)。双向传播被认为与基于文本的互动很相似,需要处理信息的认知努力(Sohn,2011)。下述特征便利了这一层面的互动:反馈机制(如个性化的与标准化的),交易便利性(如在线订单),以及信息搜集(如调查、注册)(Song 和 Zinkhan 2008;Van Noort 等,2012)。主动控制指的是用户自主地决定去哪里、与谁对话,使用哪些特征以及如何使用网站的内容的程度(Liu,2003)。一些学者很重视对在线体验的实际控制感知,被认为是互动的行为层面(Sohn,2011)。主动控制被认为是相互的或双向传播的一种结果并反映了用户在与公司或者其他用户进行交互中对自身行为控制力的感知(Sohn,2011)。有观点认为主动控制可以被解释为用户对以其自身的节奏控制他们网站使用的自我效能的感知,即所谓的"自在基础效能"(Song 和 Zinkhan,2008)。便利于主动控制的互动特征包括浏览工具、搜索选择、网站地图以及语言选项等(Song 和 Zinkhan,2008;Voorveld 等,2013)。同步性代表用户对网站速度的感知以及网站是否快速地响应用户的请求(Liu,2003)。以沉浸理论为指导,Song 和 Zinkhan(2008)观察到两个与速度相关的特征—点击数量与反应时间—作为感知互动性的前置,并发现快速互动特征提升了用户的互动感知。与此同时,Noort 等(2012)与许多研究(如 Liu,2003;Liu 和 Shrum 2002;McMillan 和 Hwang 2002;Song 和 Zinkhan 2008)一致,认为互动具有多维度特征。第一个维度是双向传播,指代组织与网站使用者以及网站用户之间相互传播的可能性。讨论区与电子邮件的超链接等特征有助于品牌网站的双向沟通。第二个维度是主动控制,指代网站用户能够影响沟通过程的程度。如语言选择、下载以及发挥跟踪系统特征使用户对品牌网站能够积极控制。第三个维度是同步性,指代双向传播同时进行的程度并实时发生。同步性取决于速度与网络连接的可信度。基于 Wu(2005)、Florenthal 和 Shoham(2010)的研究,Chu 和 Yuan(2013)认为感知互动性包含四个维度:(1)user control,用户控制;(2)responsive-ness,响应性;(3)personalization,个性化;(4)connectedness,关联性。基于此维度划分,Chu 和 Yuan(2013)的研究结论为:用户控制、响应性与关联性正向影响感知互动性,感知互动性影响对网站的态度与在线信任。感知互动性通过对网络的态度影响网站使用和满意。感知互动性通过在线信任影响在线忠诚。然而,个性化影响感知互动性的研究假设却并未得到实证支持。

三、互动性研究回顾与研究述评

对关键变量的概念、内涵与维度进行系统回顾,有助于全方位把握关键变量的界定并进而衍生出本研究适用的观点。然而,为了进一步明确各关键变量的研究成果,并进而明确研究缺陷以及本研究对这些文献可能的贡献性,需要对各关键变量的研究状况进行进一步的回顾与评述。

本研究中互动性为关键变量,明确互动性研究目前所处的阶段,研究者持有的普遍观点,并发现研究不足,对于本研究而言是关键的基础工作。

(一)互动性研究回顾

为了对互动性的概念、维度及其研究状况有一个全面的了解,将主要围绕对互动性的理论探索,其前置影响因素及其结果效应三个方面对互动性研究进行回顾。

1.互动性的理论探索

关于互动性,许多研究认为对其概念及维度的探讨是推动这一领域理论发展最为重要的研究点之一,因此学者们做了许多探索。除了在互动性维度回顾中的一些主流的观点,已有研究对于互动性的维度还存在一些非主流的观点。Massey 和 Levy(1999)识别了互动性的双维度,一个维度是人际互动性,或者受众在为他们创造的空间下能够通过计算机为媒介开展对话的程度;另一个维度是内容互动性,新闻工作者技术性地授权顾客使用内容。Hoffman 和 Novak(1996)讨论了个体互动与机械互动。Carey(1989)将互动媒介定义为提供"人—人"互动与"人—机"互动的技术。大多数双重的界定方法都将"人—人"互动作为核心,而第二种互动类型就是内容互动或者机械互动。还有一些方式将双重方法进行拓展,考虑互动的三种类型。Szuprowicz(1995)识别了"用户—用户""用户—文件""用户—计算机"(或用户—系统)互动性。Kayany 等(1996)基于控制类型识别了三种类型的互动:关系(或人际关系的)互动、内容(或以文件为基础的)互动以及过程/顺序(以界面为基础的)互动。McMillan(2005)提出了三种类型:"人—人""人—内容""人—计算机"互动性。

2. 互动性的前置因素

关于互动性前置影响因素的探讨,多集中探讨各维度对整体互动性感知的影响,以 Chu 和 Yuan(2013)的研究为代表,在其研究中,互动性是一个多维构念,包括用户控制、响应性、关联性及个性化,除了个性化对互动性的影响关系没有得到支持之外,其余因素都正向影响感知互动性。其研究认为,感知用户控制、响应性以及关联性是感知互动性的直接前置变量,其含义在于适时的基于环境的营销传播是顾客对网站接受的关键因素,值得关注(Chu 和 Yuan,2013)。以沉浸理论为指导,Song 和 Zinkhan(2008)观察到两个与速度相关的特征—点击数量与反应时间—作为感知互动性的前置,并发现快速互动特征提升了用户对互动性的感知。除此之外,互动性常被作为前置变量,探讨其对结果变量的直接影响。

3. 互动性及其结果效应

互动性效应的研究集中于对网站、对顾客信任、对顾客忠诚的研究,当然也包含其他一些结果效应的探索。

(1)影响对网站的态度及其使用意愿

已有研究较为一致地认为互动性将直接影响顾客对网站的态度与购买意愿,并且集中地探讨了互动性对网站的态度和购买意愿的影响。对网站的态度导致的结果与早期关于态度的研究类似,即对广告的态度是广告有效性的良好指标(Batra and Ray,1986),对网站的态度将直接影响对网站的采用与购买。Ghose 和 Dou(1998)发现更高的互动性是专家对网站质量的评价的重要预测变量。采用实验研究,Yoo 和 Stout(2001)观察到顾客与网站互动的意愿正向影响他们对网站的态度及其购买意愿。McMillan and Hwang(2002)认为,感知互动性影响对网站的态度。Wu(2005)的研究认为,感知互动性正向影响传播的结果,如对网站的态度、对品牌的态度和购买意愿。Kim 等(2012)也指出,感知互动性正向影响对网站的态度,对品牌的态度以及购买意愿。Chu 和 Yuan(2013)的研究证实感知互动性通过对网络的态度影响网站使用和满意。

(2)对信任、在线忠诚的影响及其他效应

Lee(2005)发现,互动性要素(用户控制、响应性、个性化与关联性)与信任显著相关。Chu 和 Yuan(2013)认为,感知互动性影响对网站的态度与在线信任,并且证实感知互动性通过在线信任影响在线忠诚。除了上述常见结果效应,Noort 等(2012)的研究指出互动性提升了在线心流体验。

(二)互动性研究述评

1. 互动性概念界定亟待澄清

许多早期对互动性的概念化类似于是"渠道"驱动的。于在线购物中,如果一个网站能够让用户根据需求去搜寻并获取信息并且内容是可控的,那么就可被视为赋予了顾客更高的互动性。一些研究提出了很重要的话题,主要涉及互动性作为功能和作为感知之间以及互动性作为实际行为与作为感知之间的相倚性问题。McMillan 等(2003)的研究强调认真地对互动性进行操作化并提出合乎特定类型互动性的测量的重要性。当大多数互动要素都没有发生,只是单一的被高度重视的特征呈现出来时,都可能产生对高互动性的某种感知。反之,当大多数互动特征都具备,然而由于任何原因,参与者却并不使用他们,那么互动性感知也可能很低。McMillan 等(2003)认为,功能互动性与感知互动性并不取决于特定特征的出现与否。总而言之,在各种学科中,感知互动性被广泛界定,虽然被认为对于成功的网络营销非常关键(Suntornpithug 和 Khamalah,2010;Kim,2011),却并未很好地界定其范围与内涵(Chu 和 Yuan,2013)。至今,对于互动的概念研究者们并未达成一致,正如一些文献回顾所反映的那样(Liu 和 Shrum,2002;McMillan 和 Hwang,2002;Song 和 Zinkhan,2008)。

2. 量表多样从而导致对互动性结果的研究结论不尽一致

网络的关键优势,将其与其他媒介相区别,就是其具备互动的潜力(Kim,2011;Ganguly 等,2010)。虽然网络研究者早已关注感知互动性,然而相关研究结果对于互动的质量和结果缺乏一致性(Chu 和 Yuan,2013)。Chu 和 Yuan(2013)认为,研究者持有不同的互动性观点,以各种方式对该构念进行操作化和测量,进而对于互动性如何影响在线传播、对网络的态度及购买意愿并无定论就不奇怪了。这一现象也普遍存在于其他研究情境中。

3.缺乏感知互动性作用机制研究

纵观已有文献,研究者多探讨互动性的直接结果效应,如对网站的态度及其使用意愿(Wu,2005;McMillan 和 Hwang,2002)、对信任(Chu 和 Yuan,2013)、对顾客忠诚(Chu 和 Yuan,2013)及其他结果等(Noort 等,2012)的影响效应,然而缺乏对于互动性及其结果效应的作用机制研究。典型的研究是 Chu 和 Yuan(2013)的研究,证实感知互动性通过在线信任影响在线顾客忠诚,并通过对网络的态度影响网站使用和满意。由 Hoffman 和 Novak(1996)所提出的在线心流的概念模型认为,在浏览网站的过程中,心流中介了互动的作用。Noort 等(2012)认为,互动提升了在线心流体验,并通过心流的中介作用进而提升了认知反应(有关网络或者品牌的想法的数量与类型)、情感反应(对网站的态度、对品牌的态度)以及行为反应(推荐意愿、重复光顾意愿与购买意愿)。

四、感知互动性的内涵与维度界定

Suntornpithug 和 Khamalah(2010)和 Kim(2011)认为,感知互动性对于成功的网络营销非常关键。Tremayne(2005)认为,以往研究对互动性的概念和定义区别很大,并未取得一致。然而,Chu 和 Yuan(2013)的研究也明确指出,其内涵与范围没有得到很好的界定。除此之外,由于本研究在线顾客忠诚的研究情境,需要对感知互动性的概念、内涵与测量进行更为深入的研究。

(一)感知互动性的内涵

关于互动性的概念界定,目前主要是两种流派:第一种以互动主体为核心的概念界定,最初的是用户—机器互动、用户—用户互动以及用户—信息互动,而后被应用到网络营销范畴,则衍生为顾客—信息互动性;顾客—营销者互动性以及顾客—顾客互动性。第二种流派则是技术特征观点与消费者感知观点,技术特征观点强调通过改善网站的特性,如加入更多的互动设计特征与结构(如超链接、定制化反馈机制),就可被视为具有更高互动性。而另一种观点则强调相对于网站的互动特征,用户的心理感知更为重要,强调互动的个体参与和感知。本研究认同 Liu 和 Shrum(2002)的观点,定义互动性为:"两个或两个以上的传播主体对彼此、对信息、传播媒介能够产生影响以及同步这些影响的程度。"他们提出了互动的三个维度:主动控制,描述了用户自主地参与并间接影响传播沟通的能力;双向沟通,信息的双向流动;同步性,互动的速度。此种观点强调的是对网站互动特征的感知。本研究感知互动性与这种以网站为媒介的互动性观点有所不同,仅局限于网络购物中顾客对与在线零售商之间的互动的感知,即在"在线零售商—在线顾客"互动中,在线顾客的感知互动性。基于 Liu 和 Shrum(2002)的观点,结合"在线零售商—在线顾客"互动情境,本研究进一步界定为"在线顾客在与零售商通过网络即时传播媒介进行互动过程中,对自身对互动的进程、内容以及效果能够产生影响并且同步这些影响的程度的感知",见表 5 - 6 所列。

(二)感知互动性的维度与界定

网络技术的迅猛发展和普及,尤其是网络购物诞生以来,基于网络环境的消费者行为特征与传统购物相比区别很大,并且一直在演化。最初,在线顾客为网络提供的众多选择和低价格所吸引,纷纷加入网络购物的潮流中,衍生出许多新现象与新问题,也同时引领了研究关注点的转移。与 Iyengar 和 Lepper(2000)的研究一致,Lemon 和 Verhoef(2016)指出,由于为数众多的接触点以及随之而来的信息过载,需要考虑选择过载、购买信心以及决策满意等概念对消费者购买行为的影响。信息过载是网络环境下的新事物,可能致使消费者越来越偏好便利性。而网络商店提供的客服服务成为顾客便利购物的一个通道,同时也是消费者与商家沟通的重要渠道。本研究是对这一情境下的感知互动性的测量。网络的迅速发展,其接受性和使用率在过去十年中得到迅速的发展。营销传播的重塑与改进导致了 E - IMC 出现,并作为 IMC 的一个主要的构成原则。网络所具备的交互性、透明性以及可存储性,一方面使得在线受众对于网络所提供的信息拥有了更多的控制力,在线顾客积极地参与与网络信息的互动(Gurau,2008);另一方面,在线顾客在交互式双向传播过程中与组织连结更为紧密(Valos 等,2010)。与此同时,在信息过载、偏好便利购物的形势下,在线顾客希望在互动中获得即时响应,因此,对于在线零售商的快速响应也提出了更高的要求。由此可以看出,"在线零售商—在线顾客"之间的互动特征与网站互动性特征具有高度一致性。因此,本研究采用 Liu(2003)的观点将感知互动性划分为主动控制、双向传播以及同步性三维度。然而,与 Liu(2003)对于网站互动性的界定不同,本研究主要关注"在线零售商—在线顾客"互动中在线顾客的感知互动性,因此,有必要对这一情境下,感知互动性及其维度,如主动控制、双向传播以及同步性结合在线顾客忠诚研究情境,明确其基本内涵。本研究对感知互动性、主动控制、双向传播以及同步性的概念界定见表 5 - 6 所列。

表5-6 感知互动性及其各维度的概念界定

变量	维度变量	内涵
感知互动性		在线顾客在与零售商通过网络即时传播媒介进行互动过程中,对自身对互动的进程、内容以及效果能够产生影响并且同步这些影响的程度的感知。
感知互动性各维度	主动控制	意指在线顾客对互动进程与互动话题受控于自我的一种效能感知,即在线顾客可以自主决定话题的开始与终止,互动中话题始终围绕自身需求展开的一种认知。具体地,包括用户可以自主地决定是否与在线零售商沟通、沟通什么内容、何时进行沟通、何时终止沟通甚至是决定沟通能否满足自身需求的一种自我效能感。
	双向传播	指在线顾客对互动是否具有双向性,以及是否取得了期望的传播绩效的感知。具体地,包括对在线零售商的反馈是否便利、反馈是否受到在线零售商的欢迎,并且在双向互动过程中是否解决了自身疑问甚至是对回复是否具有专业性的一种感知。
	同步性	指的是在线客服对在线顾客咨询与释疑请求的响应速度。

五、感知互动性的测量

基于 Liu 和 Shrum(2002)的观点,结合在线顾客忠诚研究情境,本研究定义感知互动性为:"在线顾客在与零售商通过网络即时传播媒介进行互动过程中,对自身对互动的进程、内容以及效果能够产生影响并且同步这些影响的程度的感知。"与此同时,将其对网站互动性的三维度应用到"在线零售商—在线顾客"互动性研究中,定义主动控制为"意指在线顾客对互动进程与互动话题受控于自我的一种效能感知,即在线顾客可以自主决定话题的开始与终止,互动中话题始终围绕自身需求展开的一种认知。具体地,包括用户可以自主地决定是否与在线零售商沟通、沟通什么内容、何时进行沟通、何时终止沟通甚至是决定沟通能否满足自身需求的一种自我效能感。"定义双向传播为"指在线顾客对互动是否具有双向性,以及是否取得了期望的传播绩效的感知。具体地,包括对在线零售商的反馈是否便利、反馈是否受到在线零售商的欢迎,并且在双向互动过程中是否解决了自身疑问甚至是对回复是否具有专业性的一种感知。"定义同步性为:"在线客服对在线顾客咨询与释疑请求的响应速度。"对于感知互动性三个量表的测量采用 Liu(2003)的感知互动性量表。Liu(2003)的量表被广泛应用并被证实具有较高信效度

（Kirk 等,2015;Yoon 和 Youn,2016）。与 Liu（2003）以及其他互动性研究不同,本研究并非从网站所具备的互动特征入手,而是发现,在购物过程中,在线顾客非常重视与卖家,也就是在线零售商的"在线零售商—在线顾客"互动,即传统的人际沟通的观点。对"在线零售商—在线顾客"互动性进行深入分析发现,Liu（2003）的感知互动性维度在这一"在线零售商—在线顾客"互动情境下也具有着良好的适用性。所以,本研究在 Liu（2003）的互动性测量量表基础上结合"在线零售商—在线顾客"互动情境对量表做了适当的修正,维度与条目详见表 5 – 7 所列。

表 5 – 7 感知互动性维度及其测量

变量	维度	测量条目	来源
感知互动性"对于您重复购买且印象最为深刻的网店,如果您需要与在线客服进行沟通,您认为:"	主动控制（4）	自己有很大的控制权	Liu（2003）
		客服能够正确地理解我的需求,解决我的疑问	
		自己可以决定沟通进程	
		客服态度良好有耐心,沟通过程围绕我的需求展开	
	双向传播（6）	当沟通中断后,客服能够根据聊天记录与我继续沟通	
		当我有疑问时,可以很便利的与客服进行沟通	
		我与客服沟通很容易,我很乐意与该网店沟通	
		客服愿意倾听我的需求,给出专业性建议	
		客服鼓励顾客进行反馈	
		客服人员理解我的问题,回复能够解决我的疑问	
	同步性（5）	即时沟通很容易,客服人员很快响应并处理我的请求	
		沟通能够帮助我顺利地找到所需信息,简化购物过程	
		需要沟通时,我可以几乎无时间延迟地获得回复	
		客服能够及时的回答我的疑问和咨询	
		我的请求能很快得到响应和满足	

资料来源:作者研究整理。

第五节　顾客体验与顾客忠诚

一、顾客体验的概念与内涵

综观已有研究,顾客体验被划分为对客体的一种感知观点、品牌体验的观点以及综合性、整体性观点,也有少量研究从企业与顾客不同的视角看待顾客体验。

(一)作为对客体的一种感知观点

随着对产品到服务直至顾客体验的关注,Alderson(1957)指出:"人们真正需要的不是产品而是满意的体验。"遵循这一思路,20 世纪 80 年代的体验理论(如 Thompson 等,1989)鼓励了人类行为更广泛的观点,尤其是识别了顾客决策行为以及体验中的情感层面的重要性。Pine 和 Gilmore(1999)认为,体验是另一个层面的价值,超越了产品、物品与服务能够给消费者带来的经济价值。商品、物品与服务是公平地提供给所有消费者的,体验则是消费者的个体感知。体验是无形的,但是却存在于每一个顾客的意识中,与其自身的心理状态(如情感的、智力的)进行互动,因此,顾客的体验程度并不相同。关于体验的概念界定,最基本的形式是对客体的个人感知。Pine 和 Gilmore(1999)将体验界定为:"个体以个人的方式所从事的事件。"Singh 等(2000)将直接体验界定为与目标物(如网络)进行个体接触以及对目标物的试用。Schmitt(1999)采用顾客为中心的观点,体验是"对事件的直接观察与/或参与,无论是真实的、梦境的或是虚拟的"。

(二)品牌体验观点

在品牌情境下,Brakus 等(2009)将体验概念化为:"由品牌相关的刺激,如品牌设计、特性、包装、传播以及环境等引发的主观的、内在消费者反应(感官的、情感的或是认知的)与行为反应。"这一观点认为品牌体验并不是对品牌的一般整体性的反应,而是顾客对品牌的个人主观反应,其中网站是一个重要的品牌相关的促进因素。消费者通过五种感觉:视觉、听觉、触觉、味觉、嗅觉体验品牌,即感官品牌体验。感官品牌体验是第一层体验,主要依赖消费者的感官感知,基于对颜色、声音、气味、嗅觉、味觉以及触觉(如品尝飞机餐)等的实际体验。当品牌激发了顾客情感与感觉并培育了一种顾客情感连结时,则产生了情感品牌体验。消费者的情感体验范围包括从"温和的积极情绪"到"强烈的愉悦与骄傲的情感"(Schmitt,2008),情感品牌体验是感觉、情绪以及情感(如飞机乘务员的热烈欢迎)。行为体验是由品牌所引发的消费者实际活动,是对品牌的自身参与及行为导向特征,是身体体验及实际行为(如在宾馆的床上睡一觉)。品牌的知识体验包括与品牌相关的顾客认知与问题解决体验(Brakus 等,2009;Schmitt,2008;Zarantonello 和 Schmitt 2010),是思考、好奇心与问题解决等刺激(如对宾馆的智能设备好奇)。在服务主导逻辑框架下,Vargo 和 Lusch(2004)的研究显示顾客服务体验具备高主观性,是品牌实际价值的决定要素。当顾客搜寻并且购买某个品牌,他们将会接触各种品牌相关的刺激,进而影响他们的品牌体验(Brakus 等,2009)。Barnes 等(2014)与 Brakus 等(2009)认为,与一些其他相关构念不同(如品牌态度、品牌卷入度、品牌依恋、品牌愉悦、品牌个性),品牌体验暗含对特定品牌刺激的特定感官的、情感的、认知的以及行为反应。Xu(2011)认为,当豪华酒店的消费者感觉到一种脱离现实(摆脱了日常琐事)、放松、安全、自我提升与自我实现的感知时就是一种高质量体验。一个美妙的品牌名称与丰富多彩的店面都能够轻易的产生一种令人愉悦而印象深刻的品牌体验(Chapman,2010;Roswinanto,2011)。

在在线情境下,Alloza(2008)认为,品牌体验是"消费者对与品牌相关的接触的每一个时刻的顾客感知,无论是通过广告所投射的品牌形象,在首次人际接触中,或者是他们所接收到的人员处理的质量水平"。与此同时,许多研究认为在整个顾客购买决策过程中,包括信息搜寻,产品或服务的购买、接收与消费,都会引起顾客体验(Schmitt,1999)。Morgan－Thomas 和 Veloutsou(2013)将在线品牌体验界定为:"在与在线品牌进行接触的过程中,个体的内在主观反应"。在线品牌体验是改进体验质量以及与品牌使用者建立关系的更为直接的方式(Helm,2007)。为了对网络营销环境下的消费者行为进行研究,Ha 和 Perks(2005)对于以网络为基础的品牌体验的概念进行了界定和讨论。他们将网络为基础的品牌体验界定为:"对于某个特定网站,某个顾客的积极参与(如使用网络社区和参与事件)与感知(如饼干的吸引力,虚拟陈列的多样性与独特性以及货币价值)"。进而,Ha 和 Perks(2005)认为,顾客通常更偏好能够给他们提供积极体验而不是仅仅提供信息的网站。

(三)综合性、整体性观点

近期的研究多将顾客体验视为一种过程,是一种对事物整体的感知。Lemke 等

(2011)将顾客体验界定为"消费者在与企业的全面的直接和间接接触中产生的主观反应",包括传播接触、服务接触与消费接触(Meyer 和 Schwager,2007)。Lemke 等(2011)研究中,顾客体验质量被界定为"基于拓展服务期的总体顾客体验优越性与完美性的全面的感知判断"。更为宽泛的顾客体验观点是 Schmitt 等(2015),认为每一次服务交换都导致了一次顾客体验,无论其本质与形式如何。这一广泛观点认为顾客体验具有本质整体性,整合了所有与企业的互动的顾客的认知、情感、感官、社会的与精神反应(如 Bolton 等,2014;Lemke 等,2011;Verhoef 等,2009)。Meyer 和 Schwager(2007)将顾客体验界定为"在与企业或直接或间接的接触中,企业所提供的方方面面——顾客服务质量,也包括广告、包装、产品与服务特征、感知易用性与可信度等,是与企业的任意直接与间接接触的消费者内在主观反应"。顾客体验被概念化为一个心理构念,消费者在与零售商的接触中的一个整体的、主观反应,可能会包括不同水平的顾客卷入度(Lemke 等,2011)。

(四)不同视角下的顾客体验观点

可以从多种观点出发看待顾客体验的设计、传递与管理:从企业的观点出发,企业必然为顾客所接收的体验进行必要的设计与创造(Stuart 和 Tax,2004);从顾客的观点出发,或者从共创的观点出发,顾客体验被认为是顾客与处于更广泛生态系统中的其他主体进行互动的累积。一些研究也识别了体验共建中顾客的角色(Chandler 和 Lusch,2015;De Keyser 等,2015)。

二、顾客体验维度

顾客体验是企业成功和竞争优势的重要驱动力(Lemon 和 Verhoef,2016),在私有与公共部门、B2B 及 B2C 市场中得到了大量的关注。在营销、零售与服务管理领域,许多研究关注服务质量(Verhoef 等,2009),只有少数研究者关注顾客体验质量(Lemke 等,2011;Verhoef 等,2009),虽然实践界早已将顾客体验作为提升顾客忠诚的关键要素之一(Badgett 等,2007)。温韬(2007)对顾客体验理论做了较为系统的研究。Lee 和 Jeong(2014)与 Morgan – Thomas 和 Veloutsou(2013)的研究指出,在在线环境中提供一个独特的品牌体验也是至关重要的。随着顾客对在线技术越来越熟悉,对使用如网络等技术有更多的总体体验,探究体验对关键结果变量的影响变得日益重要。

探索消费者线上感知与总体服务质量感知的关系一直是传统在线学术研究的关注点(Gallero 等,2006)。顾客体验在服务营销文献中代表着一个正在成长的兴趣领域,尤其是在 B2C 关系中,B2C 研究中主要关注顾客反馈特征。在线研究情境下,正如服务营销研究中一样,研究关注点正转向在线顾客体验(Nambisan 和 Watt,2011)。这一转变的动因在于从电子商务网站最初的静态属性向更加动态与互动的属性转移。研究者认为,提供优异的在线体验将会积极影响顾客的在线购买行为(如 Bridges 和 Florsheim,2008)。Verhoef 等(2009)明确指出,探索顾客体验,尤其是在线渠道下顾客体验,无论对于商务界还是学术界都越来越重要。这些都为本研究提供了研究基础,探究感知互动性与顾客体验对在线顾客忠诚行为的作用机制。

基于不同的研究视角,已有文献对顾客体验进行了多种界定,因此,其维度划分的观点也很多样。

Kim 和 Choi(2016)将顾客体验质量作为一个单一构念而不是多维度构念,因为他们认为顾客体验本质上具有整体性,基于使用价值的主观性而不断变化。然而,综观顾客体验研究,多将其定义为一个多维构念。对于顾客体验的维度,大致可划分为五种观点。第一种观点将顾客体验理解为顾客全方位的体验与心理反应。首先,Schmitt(1999)持有一个多维的观点,并识别了体验的五个方面:感官的、情感的、认知的、物理的(行为)与社会身份体验。Gentile 等(2007)的研究将在线顾客体验划分为六个组成要素:感官的、情感的、认知的、实用的、生活方式与关系的体验。在品牌体验研究中,Verhoef 等(2009)在零售环境下明确地将顾客体验界定为多维度构念,并系统地阐述了顾客体验构念的本质整体性,包括对零售商的顾客的认知、情感、情绪、社会与物理反应。类似的研究还包括,McColl - Kennedy 等(2015)认为,顾客体验从本质上是全方位的,包括在整个顾客旅程中,对任何与服务提供商、品牌或多重产品接触点的直接或者间接接触而产生的顾客的认知、情感的、情绪的,社会的以及生理反应。对 McColl - Kennedy 等(2015)的定义以及其他一些工作(De Keyser 等,2015;Lemon 和 Verhoef,2016)进行概述,Zolkiewski 等(2017)认为,顾客体验由认知的、情绪的、情感的、生理的、感官的、精神的以及社会要素所组成。De Keyser 等(2015)将顾客体验描述为"由认知的、情感的、物理的、感官的、精神的与社会要素组成,它刻画了顾客与其他市场主体的直接与间接互动"。Brakus 等(2009)将品牌体验概念化为由作为品牌设计一部分的品牌——相关刺激所引发的顾客主观的、内在的(感官、情感与认知)以及行为反应。他们认为品牌体验由四个各不相同的但又紧密相关的维度组成:感官的、情感的、知识的与行为的。然而,体验可能与具体的事物有关,如品牌(Brakus 等,2009)、技术(McCarthy 和 Wright,2004),也包括企业与顾客接触,即所谓的接触点(Homburg 等,2015),体验通过顾客决策过程或购买旅程中的不同阶段的这些接触点的累积而得以构建(Pucinelli 等,2009;Verhoef 等,2009)。总之,许多研究都认同顾客体验是一个多维构念,关注对一个企业的产品和服务在顾客整个购物旅程中顾客的认知、情感、行为、感官与社会反应(Lemon 和 Verhoef,2016)。第二种类型的研究以 Grewal 等(2009)的研究最为典型,认为在零售情境下,顾客体验可以与零售组合的分类一致进行划分(如价格体验、促销体验、渠道体验等)。第三种类型,最为典型的是 Maklan 和 Klaus(2011)和 Verleye(2015)提出的顾客体验量表,包括享乐、认知、社会/个体、实用/经济体验四个维度。第四种观点是 Klaus 和 Maklan(2012,2013)的研究,提出了一种顾客体验质量测量方法。他们识别了顾客体验的四个方面:内心平静(与服务的情感方面高度相关,基于服务提供商的感知专业性以及在整个过程中所获得的引导)、关键时刻(强调当面临不可预见的问题时的服务补救以及灵活应对)、结果聚焦(与降低消费者交易成本,如搜寻并确定新的供应商资质等相关)以及产品体验(顾客对拥有选择以及比较选择的感知)[Klaus(2015)的观点相同]。第五种观点,如 Klaus 等(2013)的研究,通过顾客访谈将顾客体验划分为三个维度,品牌体验(购前体验)、服务体验(购买体验)与购后体验并实证了其对顾客体验质量与营销结果,如忠诚、顾客满意与口碑的作用。本研究在对文献进行系统梳理后,将顾客体验的维度进行总结,见表 5 -8 所列。

表 5 -8　顾客体验维度划分及其来源

序号	文献来源	维度数	具体维度	条目数
1	Kim 和 Choi(2016)	1	顾客体验质量	3
2	Klaus(2013)	8	环境熟悉度、可用性、产品呈现、社会呈现、传播、互动性、信任、货币价值	—
3	Chang 和 Lin(2015)	4	娱乐、教育、逃避主义、审美	12
4	Chang 和 Lin(2015)	3	搜寻体验、发现体验与使用体验	10
5	Klaus 等(2013)	3	品牌体验、服务体验与购后体验	12
6	Nambisan 和 Watt(2011)	4	实用体验、享乐体验、社交性体验与可用性体验	26
7	McColl - Kennedy 等(2015)	5	认知、情感的、情绪的、社会的以及生理反应	—
8	Zolkiewski(2017)	7	认知的、情绪的、情感的、生理的、感官的、精神的以及社会要素	—

序号	文献来源	维度数	具体维度	条目数
9	Gentile(2007)	6	感官的、情感的、认知的、实用的、生活方式与关系	18
10	Yoon 和 Youn(2016)	4	感官、情感、知识以及行为体验	12
11	Brakus 等(2009)	4	感官、情感、知识以及行为体验	12
12	Schmitt(1999)	5	认知的、情感的、行为的、感官的与社会要素	—
13	Grewal 等(2009)	—	与零售组合一致的价格体验、促销体验等	—
14	Verhoef 等(2009)	5	认知、情感、情绪、社会与物理反应	
15	Lemon 和 Verhoef(2016)	5	认知、情感、行为、感官与社会反应	
16	Klau 和 Maklan（2012,2013,2015）	4	内心平静、关键时刻、结果聚焦以及产品体验	19
17	Klaus 等(2013)	3	品牌体验(购前体验)、服务体验(购买体验)与购后体验	12
18	Verleye(2015)	4	享乐、认知、社会/个体、实用/经济体验	19
19	Maklan 和 Klaus(2011)	4	内心平静、关键时刻、结果聚焦以及产品体验	19
20	Noort 等(2012)	3	认知、情感体验与行为体验	—
21	梁宇轩(2017)	4	新奇感、安全感、认同感、舒适感	16

资料来源:作者研究整理。

三、顾客体验研究回顾与研究述评

明确顾客体验已有研究成果,一方面能够进一步确认顾客体验的内涵与维度;另一方面也有助于拓展研究思路。与此同时,还能够发现已有研究存在的不足以及本研究可能的创新及对顾客体验理论可能的贡献。

(一)顾客体验研究回顾

就体验而言,已有文献从不同的视角、或就关注的不同问题衍生出许多研究。Schmitt(1999)是强调顾客体验重要性的第一批学者之一。Pine 和 Gilmore(1998)指出,在当今社会下体验的重要性,以及通过创造有力而持久的顾客体验而从中受益的机会。综合已有研究成果,顾客体验早已在各种情境中得到许多关注(Homburg 等,2015;Lemon 和 Verhoef,2016)。

1.直接体验与间接体验

一个早期体验研究流派,强调在传统营销传播环境中,体验可能是一个重要的个体异同性因素,对直接和间接体验进行了探讨(Hamilton 和 Thompson,2007)。根据 Fazio 和 Zanna(1981)的观点,由直接体验产生的态度,相对于那些通过间接体验而得来的态度而言更为持久和坚韧。直接体验在态度与行为之间有更强的一致性(Fazio and Zanna,1981)。在互动式营销传播环境中,少数研究(如 Griffith 和 Chen,2004)关注直接体验作为调节变量。相反,大多数研究在互动环境下审视其前置作用,关注卷入度以及个性如何影响感知互动性及其结果,如对网站的态度与购买意愿(Sicilia 等,2005)。一些研究关注在线体验(Bridges 和 Florsheim,2008)与在线购物体验(Meyer,2008),研究结果显示出在互动式营销传播环境中,体验作为调节变量的不同结果。

2.产品、服务、消费与品牌体验

(1)产品体验

当顾客与产品进行互动就发生了产品体验——当顾客搜寻产品并对他们进行审视和评价时(Hoch,2002),就产生了顾客体验。产品体验既可能是直接的与产品发生实体接触,也可能是间接地,当产品以虚拟形式或是在广告中展示(Hoch 和 Ha,1986)。许多产品体验都是直接和间接体验的结合,探讨他们是如何影响产品判断、态度、偏好与购买意愿的。

(2)购物与服务体验

当顾客与一家店铺的实体环境、员工以及政策或实践进行互动时,即发生了购物与服务体验(Kerin 等,2002)。这一领域的研究,探究环境变量与销售人员对顾客购物体验的影响(Ofir 和 Simonson,2007)。Grace 和 O'Cass(2004)的研究探究了顾客与销售人员的互动以及体验如何影响了顾客感觉、品牌态度与满意。Edvardsson 等(2005)的研究也是基于服务研究情境的。

(3)消费体验

当顾客消费并使用产品即发生消费体验。消费体验是多维度的,包括享乐维度,如感觉、奇妙与乐趣。许多解释性研究对如博物馆、漂流、棒球与跳伞运动消费中或者消费后的享乐等目标进行了研究(Joy 和 Sherry,2003)。Palmer(2010)在 B2C 环境下对"顾客体验—顾客满意—长期关系"的影响机制进行了研究。Helkkula(2010)对服务体验进行了文献综述,描述了三种类型的服务体验:"现象性服务体验"(与服务主导逻辑与解释性顾客研究的价值争论有关)、"过程为基础的服务体验"(与服务作为一系列流程有关)以及"结果为基础的服务体验"（与其他变量或特征以及各种结果的服务体验相关）。Pucinelli 等（2009）与 Verhoef 等（2009）对零售情境下的消费体验进行了研究。Schmitt（1999）探讨了体验营销与顾客体验管理（CEM）。一些研究对顾客体验进行了概念化（Chang 和 Horng，2010；Schmitt，2008），探讨了消费体验对忠诚行为的影响以及直接和间接体验（Hamilton 和 Thompson，2007）。

（4）品牌体验

提供优异的品牌体验的重要性早已得到高度认可（Brun 等，2014；Rajaobelina 等，2013；Sunikka 等，2011）。Brakus 等（2009）认为品牌网站是资源最为丰富的渠道之一，消费者虚拟地从事一系列品牌体验，包括感知的、情感的、认知的以及行为体验，界定品牌体验为由品牌刺激所引发的的感觉的、情感的、认知的以及行为的反应，这些刺激是一个品牌的设计与特征、包装、传播与环境的一部分，并揭示了品牌体验与品牌个性和两个行为结果，顾客满意和忠诚的关系。Lee 和 Soo（2012）的研究证实品牌体验的情感和行为维度与承诺和信任正相关。Xie 等（2017）的研究证实品牌体验四维度通过品牌关系质量中介作用于顾客公民行为（包括对顾客与对组织的公民行为）。Hollebeek（2011a，b），Hollebeek 等（2014），Nysveen 和 Pedersen（2014）以及 Van Doorn 等（2010）的研究揭示了顾客品牌参与对品牌体验的潜在影响。Khan 等（2016）证实，顾客——品牌参与影响在线品牌体验；Nambisan 和 Watt（2011）在在线品牌社区情境下，对在线品牌社区体验（实用性体验、享乐性体验、社交性体验与可用性体验）对服务质量、顾客对产品以及对企业的态度的直接前置影响作用进行了探讨。Rose 等（2012）将在线顾客体验划分为认知与情感两个维度。认知维度的在线顾客体验前置因素包括互动速度、临场感（telepresence）、挑战与技术。情感维度的在线顾客体验的前置因素包括感知控制（易用性、定制化、连结性）与审美和感知收益。结果变量为在线购物满意、在线购物信任与在线重购意愿。在线顾客体验的两个维度作用于在线顾客满意与在线顾客信任，并且通过在线顾客满意与在线顾客信任中介作用于在线重购意愿。在线顾客满意与在线顾客信任直接作用于在线重购意愿，然而认知体验与情感体验能够提升顾客信任的假设并未得到验证。

3. 与其他主体的互动体验

顾客体验是复杂的、动态的、很难捕捉，从本质上而言是多维度的（Verhoef 等，2009；Lemon 和 Verhoef，2016），包括与企业所有互动中的消费者反应（Homburg 等，2015）。Schouten 等（2007）的研究主旨是在线情境下的顾客互动体验。与企业之外其他活动者和资源,包括其他顾客(Lemon 和 Verhoef,2016)、中间商(Payne 和 Frow,2004)以及更广泛的网络活动者进行互动,也能够营销顾客体验。

(二)顾客体验研究述评

顾客体验日益引起了研究的广泛关注,然而对于顾客体验的内涵与维度的认知却缺乏一致性,且已有研究多探讨如何提升顾客体验,对顾客体验的结果及其作用机制研究较少。

1.对顾客体验内涵与维度尚未达成共识

探索顾客体验,尤其是在线渠道顾客体验,无论对于商务界还是学术界都越来越重要(Verhoef 等,2009)。在线顾客体验构成的研究,被认为是网络营销研究中的热门话题之一(Schibrowskyet 等,2007),虽然已经历过研究初期,仍然需要进一步探索(Trueman 等,2012)。由于顾客体验很难捕捉,承诺、顾客满意和/或服务质量被广泛用来作为顾客体验的代变量(Homburg 等,2014)。此外,虽然大多数现有文献在服务情境下关注顾客体验,然而少有研究明确地考虑商务顾客体验(Payne 和 Frow,2004;Biedenbach 和 Marell,2010;Lemke 等,2011)。Lemon 和 Verhoef(2016)认为,目前还未形成一致而坚实的测量方法去评价整个顾客旅程顾客体验的方方面面,虽然是一种复杂而艰难的尝试,然而在整个顾客旅程中去识别对关键顾客结果发挥最显著影响的关键接触点是很重要的。Keiningham 等(2017)更明确地指出,管理者与学者们一直在尝试构建对于顾客体验的构成、如何测量以及与其他相似构念(如顾客参与、顾客价值等)的共识,然而却一直未能实现。结果,对于顾客体验的要素还需要评估,其特征以及顾客体验与其他已有的营销构念之间的关系都未达成一致意见。

2.顾客体验对顾客忠诚尤其是在线顾客忠诚作用机制有待挖掘

Lemon 和 Verhoef(2016)的研究指出,顾客体验对长期忠诚是有价值的。然而,已有研究对顾客忠诚尤其是长期忠诚的研究甚少,更谈不上对于顾客体验与顾客忠诚,尤其是对在线顾客忠诚作用机制的探讨。Khan 等(2016)实证了品牌体验部分中介在线品牌参与对顾客满意与顾客忠诚之间的关系,这可能是对顾客体验与顾客忠诚作用机制的初步探讨。

四、在线顾客体验的概念与内涵

Keiningham 等(2017)指出,管理者与研究者们一直在尝试,在顾客体验的构成、如何测量以及与其他相似构念(如顾客参与、顾客价值等)的区别等方面达成共识,然而却一直未能实现。又由于本研究情境与传统品牌、产品、服务情境下的顾客体验存在很大不同,因此,本研究的创新点之一就是在对特定网络商店在线顾客忠诚情境下基于已有研究对顾客体验的概念、维度做一探索。

顾客体验的内涵在第二章中已做过详细的阐述。纵观顾客体验的内涵,有以下四种观点:一是作为对客体的一种感知,Singh 等(2000)将直接体验界定为与目标物(如网络)进行个体接触以及对目标物的试用,在这里,客体可以是网络、电影、食物等各种客体。第二种是在第一种观点之上,强调对品牌的体验。如 Brakus 等(2009)将品牌体验概念化为:"由品牌相关的刺激,如品牌设计、特性、包装、传播以及环境等引发的主观的、内在消费者反应(感官的、情感的或是认知的)与行为反应"。这一观点主要以品牌为客体。第三种观点是从体验主体角度所做的界定。如从企业角度为顾客获得良好体验所做的努力、以顾客为中心的体验观点以及以商家与顾客为中心的共创体验观点。最后一种观点认为,顾客的体验,不仅仅是对所购买的产品、服务、品牌,还包括对购物过程的全方位体验。这一观点的典型代表是 Lemke 等(2011),将顾客体验界定为"消费者在与企业的全面的直接和间接接触中产生的主观反应",包括传播接触、服务接触与消费接触(Meyer 和 Schwager,2007)。本研究采用最后一种观点,认为顾客体验是以产品和服务获得为核心而展开的消费者的购前、购中以及购后体验。消费者拥有最初的资源组合并且以他们独特的方式利用这些资源(Chandler 和 Lusch,2015;De Keyser 等,2015)。他们通过资源匹配与整合,在更宽的服务网络中互动而创造价值(Gummesson 和 Mele,2010)。与以上观点一致,本研究认同顾客体验的感知观点。Meyer 和 Schwager(2007)的观点较有代表性,定义顾客体验为"在与企业或直接或间接的接触中,企业所提供的方方面面——顾客服务质量,也包括广告、包装、产品与服务特征、感知易用性与可信度等,是与企业的任意直接与间接接触中消费者内在主观反应"。基于 Meyer 和 Schwager(2007)的观点,结合对特定网络商店顾客忠诚研究情境,本研究将顾客体验界定为"在线顾客在整个顾客旅程中,对任何与产品和服务提供商、品牌或多重产品接触点的直接或者间接接触中产生的,消费者的认知、情感的、信任的、购后的以及在线评论的整体反应,是在线顾客对与企业的全面的直接和间接接触产生的主观反应,本质上具有全方位性"。

第三篇

动态环境下特定网络商店顾客忠诚研究——惰性视域

第六章　顾客惰性整合研究模型的构建与展望

第一节　引言

"惰性"一词源自化学,用来描述特定条件下化学气体的一种稳定状态(张言彩和韩玉启,2007),此后,"惰性"一词延伸至物理学、医学等与化学相关的领域,又进一步被引入到管理学与营销学等其他研究领域,这一趋势国内外大体相同。在我国管理学与营销学领域,惰性被引入各种研究情境中,如员工惰性、创新惰性、组织惰性、学习惰性、制度惰性等。此外,还引申出一系列相关议题,如社会惰性、分享惰性、就业惰性、情绪惰性、认知惰性(何一清等,2015)等,只有少数研究涉猎消费领域(王财玉等,2017;胡克南,2016;姜宏等,2012;黄松和邱杰,2014;于秋芳和向洪金,2004;生延超和刘铮,2007)。于秋芳和向洪金(2004)将"消费者惰性"界定为消费者在权益受到侵犯时不愿意利用法律武器投诉、索赔的现象,并进一步分析其危害与治理。生延超和刘铮(2007)采用相同概念探讨游客惰性以及消费者如何维权。胡克南(2016)的研究关注到促销惰性,指消费者在过多促销影响下购买行为减少甚至停止购买以及不参与促销的行为。姜宏等(2012)以及黄松和邱杰(2014)分别对考虑顾客惰性的无理由退货策略以及供应链定价与存货决策进行了研究。王财玉等(2017)以绿色创新消费为对象,探讨了时间对"不作为惰性"的影响。张言彩和韩玉启(2007)对顾客转换惰性与虚假忠诚做了对比分析。

综观国外顾客惰性研究,一直是消费者行为、网络营销、电子商务领域研究的热点问题。学者们在特定问题、特定研究情境下,对所使用的顾客惰性概念进行阐述,研究呈现一定的分散化特征。不同学者对顾客惰性的概念界定、属性特征及其结果效应的认知也存在很大异同,亟需对顾客惰性研究进行系统、详尽、全面的分析,以明确认知并深化研究。基于顾客惰性的国内外研究现状,后续对顾客惰性研究的文献回顾将主要围绕国外研究而展开。

众所周知,在消费者行为研究领域,无论国内还是国外,多关注顾客满意(Blut 等,2015;Taylor 和 Strutton,2010;郑秋莹等,2014;李惠璠等,2012)、转换成本(El - manstrly,2016;Yanamandram 和 White,2006;Colgate 等,2007)等因素对顾客保持、顾客忠诚等的影响及其作用机制。只是在探索不满意顾客保持时,顾客惰性常被用来描述不满意顾客保持行为,并被视为一种虚假忠诚,也有研究将其视为不满意顾客却重复购买的原因(Lee 和 Neale,2012)。无论采用哪种观点,共同的特征是聚焦不满意情境。近年来也有少数学者开始以不同的视角来看待顾客惰性,认为满意也可能产生惰性(Lee 和 Neale,2012)。这给我们一些启示,随着商业世界急剧而迅猛的发展,亟需以动态、发展、批判的眼光来看待顾客惰性问题,也亟待新的探索,然而,这一切都需要以对现有顾客惰性研究的系统梳理为基础才能够产生更为清晰的认知。从实践角度来看,营销工作者如果忽视由于顾客惰性而引发的顾客保持,并且忽略这种行为背后的动因,则可能使许多营销工作无的放矢,也因此无法有效开展。因此,对顾客惰性进行深入而系统的研究具有重要的理论和实践意义。综观国内外文献,还未有研究对顾客惰性进行过系统的梳理,现有研究存在概念界定不一、认知分歧等问题且呈现分散化、碎片化特征。本研究通过对顾客惰性的概念、分类与研究方法进行系统的梳理,对与其相似或者相关的概念进行辨析,较为系统地阐述了顾客惰性的引致因素,之后分析了顾客惰性的结果,并基于此设计了顾客惰性研究的整合理论模型,揭示了顾客惰性研究可能的作用机制,最后提出了未来研究的展望,以期能够建立顾客惰性整体研究框架,希望能够推动顾客惰性尤其是提请国内学者关注顾客惰性研究,并希冀能够对实践界提供一定的营销启示。

第二节　顾客惰性的概念、分类与研究方法

对顾客惰性文献进行回顾发现,以往研究对顾客惰性的概念界定不一、应用情境多样且存在模糊界定的现象,因而本研究首先对顾客惰性的概念、应用情境与研究方法进行梳理,以期明确概念、厘清认知并揭示顾客惰性研究的一些趋势,详见表 6 - 1 所列。就顾客惰性的概念界定而言,主要有两种代表性观点(如表 1 行为/意愿列所示):一种是行为观点,一种是意向观点。前者代表性观点是 Huang 和 Yu(1999),将顾客惰性界定为:"顾客无意识或者下意识的一种习惯购买行为",其研究同时认为由顾客惰性而引发的对品牌的重复购买行为是一种虚假忠诚。此后顾客惰性研究多沿用此定义,凡是沿用此概念界定的研究者也都认同,惰性重复购买行为是一种虚假忠诚。Bozzo(2002)将顾

客惰性界定为:一种由于备选吸引力不足、高感知转换成本或者其他转换障碍而导致的"缺乏实际积极情感、惯常而稳定的购买行为",认为是一种结果而不是行为忠诚的决定要素之一,亦是一种行为观点。后者代表性观点是 Yanamandram 和 White(2006)的观点,将顾客惰性理解为缺乏目标导向、受制于太多时间和精力困扰而不愿转换的"消费者一种懒惰、不活跃或是消极的态度倾向"。表 6-1 中"行为/意愿"列即是对应文献所采用的观点。现有研究中,顾客惰性多以"惰性"表述形式呈现,为了突出消费者行为情境,本研究后续内容阐述将统一采用顾客惰性这一表述。

表6-1　顾客惰性的概念、研究情境及研究方法

惰性概念	行为/意愿	研究情境	研究方法	文献及出处
由各种原因导致的懒惰的、不活跃的或是消极的态度倾向。	意愿	B2B	定性	Yanamandram 和 White (2006)
惰性被定义为工业消费者的一种特定状态,在无任何实际强烈积极情感下的常规而稳定的购买行为。	无意识行为	产业	定性	Bozzo(2002)
消费者服务体验失误后的一种缺乏目标引领的不行为反应。	行为	服务失误	定性	Zeelenberg 和 Pieters (2004)
顾客无意识或者下意识下的一种购买习惯。	潜意识行为	品牌	定性	Huang 和 Yu(1999)
惰性被描述为重购行为的发生是基于情境诱因的,并且反映了一种无意识的过程。	潜意识行为	服务	实证	Wu(2011)
未来惰性与过去惰性:过去惰性代表过去的行为;未来惰性用来测量未来一年内顾客重复光顾的意愿。	行为/意愿	品牌	定性	Yanamandram 和 White (2004)
由于消极或不行动而维持现状的态度倾向。	意愿	服务	实证	Lee 和 Neale(2012)
稳定的购买行为。	无意识行为	无	定性	Oliver(1999)
没有明确说,测量条目为:"我不必为转换我的手机供应商而烦恼"。	意愿	服务	实证	Ranaveera 和 Neely (2003)
因为银行业特殊情境,即使不满意也不能够转换的惰性保留行为。	行为	服务	定性	Colgate 和 Danaher (2000)
惰性是一种表面忠诚行为,重复购买。	行为	服务	定性	Hellier 等(2003)
无情感依恋的重复购买行为。	行为	品牌	定性	Odin 等(2001)
不转换行为。	行为	服务	定性	Yap 和 Sweene(2007)

惰性概念	行为/意愿	研究情境	研究方法	文献及出处
惰性是一种个体层面变量,是一种非意识、不经成本收益理性思考而导致的习惯购买行为。	行为	在线	实证	Anderson 和 Srinivasan(2003)
由过去消费行为而导致的不考虑其他选择的重复购买行为。	行为	能源	定性	Wieringa 和 Verhoef(2007)
转换惰性主要指在消费者自身性情的作用下而懒于思考、搜寻、权衡现有品牌与替代品牌的利益,懒于做出选择的忠诚行为。	行为	无	定性	张言彩和韩玉启(2007)
指消费者在权益受到侵犯时不愿意利用法律武器投诉索赔的现象。	行为	服务失误	定性	于秋芳和向洪金(2004);生延超和刘铮(2007)

资料来源:本文整理。

表6-1还揭示出如下一些研究特征:从顾客惰性概念界定上,多采用行为观点,将顾客惰性界定为消费者的无意识重复光顾行为,即未经理性思考的下意识决策,少数研究采用顾客惰性意愿观点;从研究方法上,多采用定性研究方法,实证研究极为匮乏,实证研究中多采用顾客惰性意愿观点;研究情境多样,如品牌情境、产业情境、服务情境乃至在线情境,服务情境居多,且话题多与服务失误相关。

一些研究基于成因与强度对顾客惰性进行了分类。Bozzo(2002)将顾客惰性划分为三种类型:一是纯粹惰性,意指消费者是懒惰的、不积极的或是不活跃的;二是不关心惰性,意指消费者了解自身处于交易劣势,然而并不介意;三是不知情惰性,指由于对销售人员极为信赖,消费者不知道目前交易并非最优交易,或者失去探究的动力。Lee 和 Neale(2012)在顾客调查基础上,将消费者惰性划分为高惰性与低惰性。高惰性就是对于积极搜寻或者考虑转换上持有较低倾向;而低惰性则是反之,有较高的倾向去积极搜寻或者转换(Zeelenberg 和 Pieters,2004;Colgate 和 Lang,2007)。此外,Lee 和 Neale(2012)还依据惰性成因将顾客惰性分为满意惰性与漠视惰性。消费者由于对现有服务提供商比较满意,进而不转换为满意惰性;对竞争性服务提供商漠视,因无视替代选择的存在而不转换则是漠视惰性。

第三节　顾客惰性与相关及相似概念辨析

一、顾客惰性与顾客满意

惰性是不满意消费者却不采取任何行动,如离开、抱怨、索赔等,然而却重复光顾,常见于服务失误情境(Colgate 和 Danaher,2000;Zeelenberg 和 Pieters 2004;Lee 和 Neale,2012)。在银行业服务失利情境下,Colgate 和 Danaher(2000)将即使不满意也不能够转换称之为惰性保持行为。Zeelenberg 和 Pieters(2004)认为惰性是消费者服务体验失利后的一种缺乏目标引领的不行为反应。从上述分析可以看出,顾客惰性常常与顾客满意高度相关,被认为是不满意顾客的无意识重复光顾行为(Yanamandram 和 White,2006)。对于顾客惰性与顾客满意的关系,现有研究大致持三种观点:第一种观点认为,顾客惰性是不满意顾客却重复购买的重要原因(Colgate 和 Danaher,2000;Zeelenberg 和 Pieters 2004;Lee 和 Neale,2012),即顾客惰性是不满意顾客的行为反应之一。第二种观点在在线购物情境下认为,惰性是顾客忠诚的驱动因素之一(Wu,2011),且这种顾客忠诚不仅是基于满意之上,更是基于信任基础上的(Anderson 和 Srinivasan,2003),言外之义即顾客惰性也是以满意为基础的。综合前两种观点,惰性顾客对于现有产品或服务提供商既可能是满意的(Anderson 和 Srinivasan,2003),也可能是不满意的(McNeilly 和 Barr,2006;Parasuraman等,1991)。第三种观点则认为,顾客满意与顾客惰性都是顾客保持、顾客忠诚行为的显著推动力(Colgate 和 Lang,2001;Wu,2001)。本研究认为,上述三种观点不存在实质性冲突,研究结论的不同与研究情境高度相关。由此也给我们一些启示,审视顾客惰性研究要高度区分研究情境。

二、顾客惰性与虚假忠诚

1994 年,Dick 和 Basu 按照相对态度与重复光顾行为将顾客忠诚划分为四种类型,相对态度高而重复光顾率也高是真正的顾客忠诚;相对态度高而重复光顾率低为潜在忠诚;相对态度不高但是却频繁光顾为虚假忠诚;相对态度不高重复光顾率也低为不忠诚。与 Chintagunta 和 Honore(1996)以及 Huang 和 Yu(1999)的观点相同,Ranaweera 和 Neely

(2003)认为,真正忠诚的效应在于经常而持续地重复购买倾向,而惰性效应则是即使有负面感知,也会不经更多思考的消极重复购买。由此可见,区别真正忠诚与惰性重复购买的关键是相对态度。Odin 等(2001)指出,虚假忠诚却高重复光顾水平可以由惰性来解释。Gupta 等(1996)则证实高惰性顾客更容易被促销或者其他竞争者所采取的手段吸引。Wu(2011)的研究进一步指出,如果管理者不能够将由满意而导致的顾客忠诚和由惰性而导致的虚假忠诚相区分,如果备选吸引力出现的话,消费者很可能转向新的服务提供商。按照 Dick 和 Basu(1994)的观点,顾客惰性行为符合相对态度不高然而却高重复光顾率的虚假忠诚特征。也因此,现有研究较为一致地认为顾客惰性重复购买是一种虚假的忠诚。综上所述,现有研究多采用顾客惰性行为观点,顾客惰性行为被视为具有虚假忠诚的属性(Dick 和 Basu,1994;Huang 和 Yu,1999;Bozzo,2002;Anderson 和 Srinivasan,2003;Odin 等,2001;Wu,2001),因此,顾客惰性与虚假忠诚常常被密不可分地联系在一起。然而,本研究也认同,顾客惰性与虚假忠诚存在显著不同(张言彩和韩玉启,2007)。虚假忠诚指代无态度偏好然而却高光顾率的行为,然而,顾客惰性不仅仅被理解为一种行为,还存在意向观点,即使采用行为观点,其行为属性也有待进一步探索。

三、顾客惰性与容忍区域

容忍区域与顾客惰性存在显著不同。首先,容忍区域是顾客可接受水平与理想水平的中间区域,在这个区间内,消费者维持原有购物行为,暗含期望的与合适的服务绩效评价之间的外显比较(Teas 和 DeCarlo,2004)。而惰性则意指消费者懒惰、不积极的消费变动倾向或不转换行为。其次,容忍区域评价不仅仅是对服务绩效的结果也涉及对于服务绩效过程的评价。而惰性被界定为不经过多思考的消极、习惯的重复购买行为(Yanamandram 和 White,2004),更倾向是一种行为结果。此外,许多研究发现容忍区域对顾客忠诚的正向作用是基于认知评价的(Boulding 等,1993;Zeithaml 等,1996),相反,惰性消极频繁光顾行为是无意识的(Huang 和 Yu,1999)。

然而,Colgate 和 Lang(2001)指出,在某种程度上容忍区域与惰性有很高的相似性。Wu(2011)的研究指出,容忍范围和惰性有形式相同的漠视行为。在容忍范围内,服务绩效的任何变动对顾客感知只会产生边际效应(Yap 和 Sweeney,2007),而惰性代表长期坚持现状,容忍区域是惰性的特殊形式(Johnston,1995;Liljander 和 Strandvik,1993;Yap 和 Sweeney,2007)。Mittal 和 Kamakura(2001)指出,在容忍区域内,惰性得以存在和发展,因为顾客对小幅度服务绩效的增减漠视(不敏感)(Bloemer 和 Kasper,1995;Liljander 和

Strandvik,1993；Odin 等,2001；Teas 和 DeCarlo,2004），行为也不会有显著的改变（Lil-jander 和 Strandvik,1993；Yap 和 Sweeney,2007）。其次,容忍区域与顾客惰性都是顾客忠诚的前置变量（Wu,2011）。再次,容忍区域可预测惰性水平（O'Loughlin 等,2004）。Johnston（1995）的研究显示,即使达到了顾客的预期期望水平,消费者对于服务绩效的感知依然落到容忍区域,进而导致了惰性,在这种情况下,容忍区域构建了一个权变情境容许惰性存在。一些顾客表示他们具有高水平惰性,因此他们更容易原谅糟糕的服务绩效。换句话说,惰性顾客对糟糕的服务绩效的容忍度相对较高。Wu（2011）认为,拥有较宽容忍区域的顾客缺乏转向其他服务提供商的动力,所以他们与目前服务提供商的过去经历使得惰性行为更为普遍。Hellier 等（2003）认为,在宽容忍区域下,惰性提升并导致了虚假忠诚。

第四节　顾客惰性的动因

综观顾客惰性,其促动因素主要包括:高转换成本、替代选择不足、高感知风险、满意、习惯与便利、熟悉等其他转换障碍以及法律法规及消费者维权意识不足等中国本土化因素。

一、高转换成本

顾客转换成本指的是转换产品与服务提供商给消费者带来的成本,主要包括时间、精力、思考成本以及原有产品与服务提供商提供的价格优惠以及一些机会成本等。Colgate 和 Lang（2001）认为时间与精力困扰是顾客惰性的主要原因；Kuo 等（2013）也认为减少消费时间是顾客惰性的主要考量因素；Bawa（1990）认为,消费者重复同样的购买行为以限制信息搜寻过程以及思考的成本。除此之外,一个惰性顾客还被描述为缺乏搜寻选择的动力（Mcmullan 和 Gilmore,2003）,目前的购买模式被重复只因需要付出较少努力（Yanamandram 和 White,2004）。即使是在线情境下,在线转换成本也日益变得不可小觑。随着生活节奏的加速,人们需要在工作、休闲、生活负担包括消费等各个环节分配人们有限的时间和精力。另一方面,随着网络技术的迅猛发展,能够提供消费者同种选择的商家不计其数,即使是同种商品,也存在许多商家,消费者需要花费大量时间用于产品和服务的比较,使得人们日益感知到网络转换成本。由此可见,学者们普遍认为高转换成本是顾客惰性产生的重要原因之一（Colgate 和 Lang,2001；Stanko 等,2013）。

二、替代选择吸引力不足

如果说转换成本代表的是顾客惰性的锁入因素,那么替代选择吸引力则代表的是顾客惰性的反向作用力。即如果产业环境或者消费环境提供给消费者足够的替代选择,且替代选择吸引力比较强势,则会促使消费者远离顾客惰性。反之,弱替代选择吸引力则是顾客惰性的又一驱动因素。Yanamandram 和 White(2006)在 B2B 情境下认为,缺乏替代选择吸引力是顾客保持的首要原因。Patterson 和 Smith(2003)指出,如果消费者没有意识到或者没有感知到替代选择更优,他们都可能继续保持,即使对现有关系并不满意。Kuo 等(2013)认为,造成顾客惰性的重要原因即目前店铺与替代选择感知异同性小。可见,从某种意义上说,顾客惰性也是顾客对消费状态权衡之后所做的一种偏理性思考,替代选择吸引力不足是顾客惰性重要的影响因素。

值得注意的是,在顾客惰性文献中,与替代选择吸引力高度相关的一个概念是漠视,即对替代选择吸引力不敏感或者无视替代选择的存在。Gounaris 和 Stathakopoulos(2004)指出,惰性可能来源于对竞争性服务提供商的漠视,是一种"缺乏目标指导的行为"。2006 年,Yanamandram 和 White 也指出,惰性可能源于缺乏目标导向而不愿转换。Lee 和 Neale(2012)的研究进一步明确存在漠视惰性。替代选择吸引力不足是消费者漠视惰性的产生的主要原因。

总而言之,就替代选择吸引力而言,如果消费者没有感知到或者感知到的替代选择吸引力较小,或者对替代选择吸引力不敏感甚至无视替代选择的存在,即使对目前产品和服务提供商不甚满意也可能会驱动顾客惰性。

三、高感知风险

消费决策中的感知风险,是一种机会成本的概念,主要源于对购物过程或者结果体验不满意的担忧,进而面临追踪决策以及现有决策的沉没成本。Bozzo(2002)的研究指出,惰性顾客多倾向于降低与糟糕选择相关的感知风险。具体地,如果供应商能够提供可接受水平的服务质量,即使消费者对服务提供商并没有任何实际强烈承诺或者依恋,消费者都不愿尝试其他选择,因为再次选择意味着可能遭遇更糟糕的服务绩效。对潜在服务绩效的担忧是顾客惰性的另一重要影响因素。消费者感知风险越高,越倾向于重复原有购物行为,形成顾客惰性进而避免由此而带来的风险。

四、满意

由前述可知,许多研究在服务失误框架下认为,惰性是不满意顾客保持的重要原因。具体而言,即使对目前产品和服务不甚满意,然而基于转换成本、感知风险等考虑,消费者依然选择重复购买。然而,正如 Lee 和 Neale(2012)的研究指出,惰性也可能来源于顾客满意,称之为满意惰性。其潜在的逻辑是,既然消费者对目前购物决策满意,有愉悦的购物体验,当面临重复决策时,在购物满意前提下,更惧怕转换决策失误,况且重复原有购物行为还可以节省购物时间、精力与思考成本,因此会促动顾客惰性重复购买。所以未来研究更可以从这一思路考虑,跳出顾客惰性不满意视角进入满意视角进行研究。

五、习惯、便利与熟悉等其他转换障碍

导致顾客惰性的其他转换障碍大致包括习惯、熟悉与便利等。Bozzo(2002)认为,顾客惰性是消费者的一种常规而稳定的购买行为,受习惯支配。既然已经了解供应商,消费者就不愿意花费额外精力去了解其它产品。Colgate 和 Lang(2001)指出,便利代表了惰性的其他决定因素。Wu(2011)则认为,惰性以习惯性依恋为特征,在很大程度上是非情感性以及便利驱动的(Gounaris 和 Stathakopoulos,2004;Lee 和 Cunningham,2001)。Kuo 等(2013)认为,熟悉是促使顾客惰性产生的重要因素之一。除此之外,惰性顾客似乎逃避做新的购买决策(Yanamandram 和 White,2004),避免学习新的服务流程和实践,并逃避价格比较,面对改变缺乏意识决策(Hang 和 Yu,1999),换句话说,惰性顾客倾向于维持现状(Ye,2005)。

六、中国本土化因素

依据研究情境与研究问题的视角不同,国外研究对顾客惰性的内涵进行了广泛的探讨和延展,其中较为普遍的一种观点即消费者服务体验失败后的一种缺乏目标引领的不行为反应(Zeelenberg 和 Pieters,2004),用来表示消费者面对服务失败却不采取任何行

为,如抱怨、投诉、索赔等,反而会重复光顾的一种行为。虽然国内少有研究涉猎顾客惰性,然而却高度一致地采用服务失误后消费者不作为行为的概念界定方式,与国外研究相比,研究不够深入,多集中于对"消费者惰性"原因的探讨。较为普遍的观点认为法律制度不健全是引起"消费者惰性"的客观原因,也是一个主要原因(于秋芳和向洪金,2004)。具体成因包括:相关法律依据不足,消费者维权难,诉讼成本高;消费者维权意识不强;投诉的收益与效果有限,即使胜诉,也仅仅是退款或换货,维权收益与成本严重失衡。

第五节   顾客惰性的影响效应

对顾客惰性的影响效应进行梳理发现,其行为表现上趋同,多专注于消费者重复购买的行为。然而不同研究所使用的专业术语是不一样的,其内涵也不尽相同。遵循原有文献研究关注点,本研究按照影响效应术语与内涵的不同对顾客惰性结果进行了汇总。根据已有文献,顾客惰性主要影响长期购买模式、顾客忠诚、重复购买以及顾客保持。

一、长期购买模式

Bozzo(2002)的研究认为,导致产业消费者维持长期购买模式的原因主要有三个:一是普遍提及的顾客忠诚,认为由顾客忠诚所导致的供需双方长期购买模式主要与积极情感相关,买卖双方通过长期合作在企业间已经建立了深厚的情感甚至是员工之间的友谊;二是消费者锁入状态(或称保持),主要源于客观存在(交易双方所处的地位、市场状况等客观状态)、情感依恋或高转换障碍所致的对特定供应商的依赖,强调的更多的是非情感因素的客观状况的限制;三即惰性状态,认为未来长期购买模式的预测中,其过去的行为即惰性重复购买可能是一种好的解释,产业消费者鉴于过去购买经历,逐渐形成了较为固定的购买模式,缺乏改变的动力。因此,顾客忠诚、顾客保持(锁入状态)以及顾客惰性并列,构成了长期购买模式的前置影响因素。Bozzo(2002)的研究强调的是长期购买模式形成的原因,若与积极情感高度相关,则是顾客忠诚;若是与行业转换障碍相关则为顾客保持;若是基于对过去购买模式的习惯性依赖则是顾客惰性。

二、重复购买/顾客保持行为与意愿

综观顾客惰性研究文献,目前多探讨其与消费者重复购买及顾客保持之间的关系,认为顾客惰性本身就是一种惯常而稳定的重复购买行为,或认为顾客惰性是这一重复购买模式的重要影响因素,结果变量为重复购买行为或意愿、顾客保持行为或意愿。Lee 和Neale(2012)认为高惰性顾客在考虑转换时是消极的,由此导致他们与他们的服务供应商维持现状。低惰性顾客积极的寻求并比较交易,结果导致他们的背离(Colgate 和Lang,2001;Zeelenberg 和 Pieters,2004)。Ranaweera 和 Neely(2003)认为惰性引发顾客保持的效应,且这种效应与产业的竞争结构息息相关。Wu(2011)认为容忍区域的存在使得惰性导致了顾客保持。一些顾客惰性与容忍区域的相关研究认为,惰性顾客有在容忍区域内顾客保持的倾向,因为顾客倾向于消极或者不行动(Beckett,2000;Bozzo,2002;Yap 和 Sweeney,2007)。对于顾客惰性、顾客忠诚与顾客保持的进一步探讨,Lee 和 Neale(2012)指出,惰性与态度忠诚都可能影响保持、顾客与服务供应商维持关系的态度倾向。然而,与惰性不同,态度忠诚以有意地支持某个服务提供商为前提(Gounaris 和 Stathako-poulos,2004)。相反,惰性源于两种心理状态:消费者即可能喜欢某个服务提供商也可能对于竞争服务提供商是漠视的(Yanamandram 和 White,2006)。Kuo 等(2013)证实顾客惰性正向影响顾客重购意愿,认为顾客惰性是一种固定购物模式,消费者基于过去消费体验,无意识地光顾相同的店铺或者购买相同品牌产品。Huang 和 Yu(1999)识别了两种重复购买的起因:品牌忠诚,为消费者内化的对品牌持续性购买的行为;惰性,随市场因素变化而变化。可见,顾客惰性是形成重复购买模式、顾客保持行为或意愿的重要影响因素。

三、顾客忠诚

顾客忠诚与顾客惰性行为表现极为相似,因而但凡顾客惰性研究都或多或少、或深或浅的提及顾客忠诚,普遍的认知是顾客惰性重复购买与保持行为是一种虚假忠诚。对于顾客惰性与顾客忠诚之间的关系进行梳理,本研究认为大致可划分为三种观点。第一种观点将顾客惰性与顾客忠诚并列,认为二者都是影响顾客重复购买行为或顾客保持的重要因素(Huang 和 Yu,1999;Bozzo,2002;Lee 和 Neale,2012;Zeelenberg 和 Pieters,2004;Yanamandram 和 White,2006)。如果与对供应商(品牌)的积极态度相关即为忠诚;如果受控于习惯则是惰性状态。第二种观点,将顾客惰性理解为消费者一种惯常性购买行为,多以定性形式对其成因进行猜想,探讨其忠诚的属性,并且认为顾客惰性行为是一种虚假忠诚(Yanamandram 和 White,2006；Kuo,2013；Colgate 和 Lang,2001；Anderson 和 Srinivasan,2003；Beckett 等,2000；Odin 等,2001；Roy 等,1996；Sheth 和 Parvatiyar,1995；Wieringa 和 Verhoef,2007)。第三种,实证顾客惰性对顾客忠诚的直接前置作用,同时对二者关系的调节作用做了进一步的探讨(Wu,2011)。

　　除此之外,一些研究探讨替代选择吸引力与容忍区域对顾客惰性与顾客忠诚的调节作用。替代选择吸引力定义为消费者对从替代选择关系中可能获得满意的一种评价(Ping,1993)。Wu(2011)与 Hellier 等(2003)的研究一致,认为宽容忍区域强化了惰性与顾客忠诚的正向效应。潜在的逻辑即常规以及习惯行为强化了顾客忠诚(Wieringa 和 Verhoef,2007)。备选吸引力则负向调节惰性与顾客忠诚之间的关系(Huang 和 Yu,1999；Jones 等,2000)。Anderson 和 Srinivasan(2003)还探讨了在线顾客惰性对在线满意与在线忠诚的调节作用。

第六节　顾客惰性整合研究模型与未来研究展望

一、研究述评

　　综观国内外文献,虽然国外顾客惰性研究取得了丰硕的成果,然而,也呈现出如下研究趋势与不足:第一,顾客惰性的构念最初用以描述消费者在面临不满意产品和服务情境下,却不采取如抱怨、索赔、背离等行为反而继续光顾的消费者行为反应。现有研究也多聚焦于这一顾客不满意情境下的重复购买行为,并且囿于这一情境而缺乏研究突破。第二,采用顾客惰性行为观点,将顾客惰性界定为消费者无意识重复光顾行为,以定性研究方法集中探讨了顾客惰性行为的成因,成果丰硕,不足在于本研究仍处于定性猜想阶段,缺乏实证研究。第三,已有研究采用一致口径认为,顾客惰性行为是一种虚假忠诚,然而也处于在猜想阶段,并未进行进一步探索以明确其忠诚属性。第四,断层式研究,已有研究要么探讨顾客惰性的前置因素,要么探讨顾客惰性行为或者意愿的结果效应,却未有研究对可能的顾客惰性中介作用进行过探索。第五,已有研究普遍认为,顾客惰性是顾客忠诚、顾客保持、顾客重复购买行为或意愿的影响因素之一,对顾客惰性对于顾客忠诚、顾客保持、顾客重复购买行为与其前置因素的调节作用的探索也较为有限,这些都限制了已有研究结论的深度与广度。

二、顾客惰性整合研究模型的构建

基于研究述评以及对顾客惰性概念、分类与研究方法的系统汇总,对顾客惰性前置因素与结果效应的探讨,本研究建立了顾客惰性整合研究模型,如图6－1所示。

第一,以顾客惰性行为/意愿作为研究关注点。如图6－1所示,借鉴已有研究对顾客惰性的两种概念界定方式,行为或意愿,本研究认为未来研究应该在特定情境、特定研究问题中根据研究关注点与研究问题适用性确定以顾客惰性行为还是以顾客惰性意愿作为研究关注点。

第二,识别顾客惰性积极与消极影响因素。对于顾客惰性行为或者意愿的前置因素,已有研究多聚焦于如转换成本、感知风险等消极因素或如习惯、熟悉、便利等中立情感因素,然而也有研究显示一些积极因素如满意度也可以影响顾客惰性,以此类推,如信任、承诺等积极情感因素也可能会影响顾客惰性。因此,本研究将顾客惰性的影响因素分为积极与消极因素两个层面。就顾客惰性前置因素而言,本研究认为,除了这些积极因素、消极因素对顾客惰性的直接影响作用外,也可能会存在这些因素之间的交互作用。替代选择吸引力的作用较为特殊,已有研究探讨了其对顾客惰性与其前置作用的调节作用,很显然它也是顾客惰性的重要影响因素,因而可探讨替代选择吸引力对顾客惰性的直接前置作用以及对顾客惰性及其前置因素的调节作用。

第三,以顾客惰性意愿为中介变量或调节变量。已有研究以定性研究方法探讨了顾客惰性的前置影响因素,亦有研究认为顾客惰性意愿影响顾客忠诚,那么顾客惰性意愿就可能在其前置影响因素与其结果变量间充当中介作用。因而在上述顾客惰性整合研究模型中,我们构建了顾客惰性中介的路径。除此之外,顾客惰性作为顾客保持、重复购买、顾客忠诚的影响因素,也可能在这些结果变量与其前置因素间发挥调节作用,未来研究可以对这些可能的作用机制进行实证。

第四,探寻顾客惰性边界条件。任何理论或者模型都不可能放之四海而皆准,影响消费者惰性行为或意愿的因素很多,这些要素未必都直接作用于顾客惰性,然而,却可能影响这些前置要素对顾客惰性作用的强弱及边界。以往研究认为人文变量,如年龄、性别以及收入,可能影响消费者在线购物行为(Homburg & Giering,2001),因而也可能对顾客惰性产生影响。在本研究构建的顾客惰性整合研究模型中我们纳入了这些人文变量。

第五,对顾客惰性的文献回顾发现,很多研究结论与产业消费、实体与服务消费、在线消费(B2B,B2C,C2C)情境高度相关,甚至在不同情境下会得出不同的结论。因而,在我们的整合模型中考虑了情境因素。

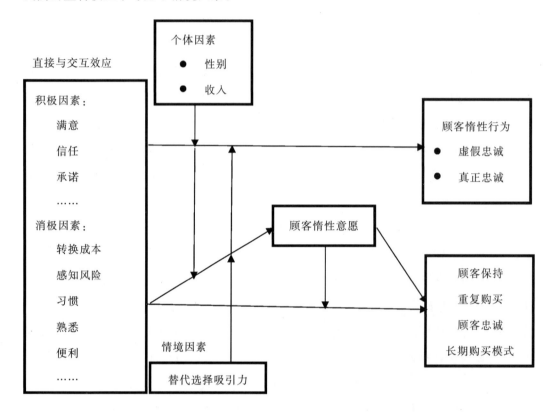

研究情境:产业消费、实体与服务消费、在线消费(B2B,B2C,C2C)

图 6 - 1　顾客惰性整合研究模型

资料来源:本文绘制。

三、未来研究方向与展望

(一)可进一步拓展惰性研究领域

Ranaweera 和 Neely(2003)认为,顾客忠诚与惰性习惯购买之间的区别在于意识参与程度,顾客忠诚是一种有意识的决策,惰性是一种无意识决策。Huang 和 Yu(1999)认为,除了关注意识决策忠诚外,更应该关注一些无意识或者非自觉性的顾客关系,即顾客惰性购买。我国学者对于惰性的界定多沿用"不作为"之义,因而将其应用到学习、分享、就业、创新等领域。只有张言彩和韩玉启(2007)的研究涉及顾客惰性,顾客惰性研究可作为进一步研究的关注点,从而拓展新的研究领域或视角。

(二)探讨顾客惰性行为的前置因素及其忠诚属性特征

已有研究认为重复购买作为惰性的结果是不稳定的,只反映了很小的甚至毫无品牌承诺,因而容易受市场因素的影响而导致顾客转换,被认为是一种虚假忠诚(Dick 和 Basu,1994;Huang 和 Yu,1999;Bozzo,2002;Anderson 和 Srinivasan,2003;Odin 等,2001;Wu,2001)。Huang 和 Yu(1999)认为,顾客惰性是消费者无意识或者下意识的一种购买习惯,其对于如价格促销等市场行为非常敏感。Dick 和 Basu(1994)与 Gounaris 和 Stathako-poulos(2004)的观点一致,认为由于惰性而导致的对品牌的重复购买极易引发品牌转换。Wu(2011)指出,如果管理者不能够将由满意而导致的顾客忠诚和由惰性而导致的虚假忠诚相区分,如果备选吸引力出现的话,消费者很可能转向新的服务提供商。然而,顾客惰性行为是不是就等同于虚假忠诚,会不会存在研究情境适用性问题值得进一步探究。

随着我国商业经济的迅猛发展,尤其是"互联网 + "概念的提出,互联网与各种经营实体高度融合,必然带来商业领域,随之是消费领域的巨大变革,消费者面临更多的购物选择。顾客惰性的成因,是否已经跳出无奈、容忍的范畴,成长为消费者的一种理性决策;重复购买是否成为消费新趋向;顾客惰性是否摆脱了虚假忠诚的属性特征,研究者可以沿着这一思路进一步探讨。

(三)挖掘中国情境下顾客惰性意愿的前因、后果并实证

Miravete 和 Ignacio(2014)指出,在审视顾客重复购买行为中,应关注顾客惰性。Re-inartz 和 Kumar(2000)提出,应该高度关注顾客惰性对顾客忠诚的影响。Wu(2011)则在服务情境下认为,虚假忠诚却高重复光顾水平可以由惰性来解释。惰性被界定为常规而习惯的购买行为,并实证满意、惰性与顾客忠诚正相关关系,认为惰性是除了满意之外顾客忠诚另一驱动因素。可见,学者们普遍认为顾客惰性是影响消费者重复购买、顾客保持、顾客忠诚的驱动因素之一。此外,已有研究集中探讨了顾客惰性行为或者意愿的影响因素,因此,顾客惰性就可能在其前置因素与结果变量(顾客忠诚)间发挥中介作用。中国有着与国外非常不同的情境,随着"互联网 + "的提出,我国经济正经历着巨大的变化,涌现出许多消费新现象与新问题,因而,关注中国情境下的顾客惰性可能会引发新的研究思路,对顾客惰性影响因素、结果效应以及中介作用机制的实证研究可能存在较大空间。

（四）顾客惰性意愿对顾客忠诚与其前置因素的调节作用

对于顾客保持、顾客忠诚而言，长久以来集中于探讨其前置变量且成果丰硕，然而，随着顾客惰性逐渐进入我们的研究视线，探讨顾客惰性对顾客忠诚、重复购买、顾客保持与其前置因素的调节作用，将充实和深化已有研究对消费者购买行为的认知。Anderson和 Srinivasan(2003)探讨了惰性对在线顾客满意与在线顾客忠诚的调节作用。Lee 和 Neale(2012)实证了满意惰性、漠视惰性对转换成本与顾客保持、正负向口碑关系的调节作用，未来的研究可以沿着这一思路进一步探索。

（五）个体与情境因素的调节作用

如图 6-1 所示，已有研究结合研究者的认知，一些积极因素如满意、信任与承诺，消极因素如转换成本、感知风险、熟悉等要素都是顾客惰性行为与顾客惰性意愿的前置影响因素，就这些前置因素与顾客惰性意愿与行为的关系而言，有两个方向可进一步深化研究：一是这些积极因素与消极因素之间除了直接前置作用之外的交互与调节作用研究。二是探讨一些个体因素，如年龄、收入、性别等，以及研究情境因素如替代选择吸引力对上述前置因素与顾客惰性之间关系的调节作用。

第七章　消费者缘何忠实于特定网络商店
——在线顾客惰性的视角

第一节　引言

互联网的应用和普及,引发了传统商业模式的变革,催生出网络商店这种新兴业态形式,它以便利性、价格优势以及多样化选择赢得了前所未有的经济优势。与此同时,在传统顾客忠诚影响因素,如信任、承诺、企业规模与信誉等信息缺失条件下,消费者对众多提供相同或者相似产品中的某家网络商店(特指利用平台型电子商务企业提供的网络平台从事经营的网络商店,以下简称特定网络商店)存在重复光顾、正向口碑及推荐行为。面对网络平台提供的多样化选择,消费者为什么会忠诚于特定网络商店? 这一现象背后是否存在特殊的动因与作用机制? "黑箱"的突破是否具有重要的理论和实践价值?

网络技术的发展带来消费者消费环境与消费心理的显著变化:首先,企业同质化现象日益加剧,消费者网络购物决策影响因素早已超越产品和服务本身,上升到对整个购物过程的全方位体验,对购物决策的过程和结果越来越重视,即在线卷入度提升。其次,"万众创业、全民创新"的时代,越来越多的企业顺应这一趋势,积极利用网络开展经营,甚至涌现出众多中国"淘宝村",成为"万众创业、全民创新"的重要前沿阵地。与此对应的是,消费领域过多的决策信息选择(蔡国良等,2016),使得消费者感知到信息过载(Lee和Lee,2004)。此外,互联网不仅推动了商业领域的变革,更深刻地影响着人们的生活,人们的生活节奏越来越快,时间压力越来越大。调查显示,网民与移动电话使用者报告了更高的时间压力分数,显然这些用来便利沟通的媒介并不能够减轻时间负担(Garhammer,2002)。在线转换成本主要涉及在线消费者转换中的时间、精力损失成本(Tsai 等,2006),日益引起消费者的关注。在线顾客忠诚是解决上述消费者困惑的有效途径。以往研究中,卷入度并不被认为是顾客忠诚的重要前置因素,感知信息过载从未被引入顾客忠诚研究中,在线情境下,转换成本也并不被认为是影响在线顾客忠诚的重要因素。

Fox – all 和 Pallister(1998)认为,决策行为中的卷入度(in – volvement)对消费者购买行为有显著的影响,Colgate 等(2007)呼吁在审视消费者转换行为中关注顾客卷入度。Lee 和Lee(2004)认为,信息过载影响决策质量,许多研究者认为决策质量很难界定和测量,Chen 等(2009)认为,研究信息过载对消费者主观状态的影响更为实际可行,然而却止步于此。Tsai 等(2006)的研究关注到在线转换成本通过在线转换障碍中介影响顾客重购意愿。上述研究虽然预示了各要素对消费者行为的潜在影响,然而却并未真正深入到消费者行为层面进行研究。

本研究拟基于计划行为理论,探索在线卷入度、感知信息过载以及在线转换成本对在线顾客忠诚的作用机制。首先,探索互联网迅速发展情境下,在线卷入度、感知信息过载以及在线转换成本对在线顾客忠诚的直接前置作用。其次,破解在线卷入度、感知信息过载及在线转换成本对在线顾客忠诚作用的"黑箱",探究在线顾客惰性的中介作用。最后,进一步探讨在线顾客惰性态度倾向影响下的在线顾客忠诚行为的本质。

第二节　理论基础与研究假设

一、在线顾客忠诚的概念及维度划分

对于顾客忠诚类型,学者们广泛引用的是 Dick 和 Basu(1994)的观点,按照相对态度与重复光顾行为,顾客忠诚被划分为四种类型:真正顾客忠诚、潜在忠诚、虚假忠诚与不忠诚。对于顾客忠诚的概念界定,主要有三种流派:行为忠诚流派,指代顾客重复光顾行为;态度忠诚流派,主要指对品牌、企业等的情感依赖;复合忠诚流派认为顾客忠诚是行为忠诚与态度忠诚的有效融合(El – manstrly,2016)。复合忠诚的概念在研究中得到广泛的认可与应用(El – manstrly,2016;范秀成等,2009)。从消费者行为角度来看,虚假忠诚主要指代高重复光顾率低相对态度,区别虚假忠诚与真正忠诚的关键是态度忠诚(Colgate 等,2007;El – manstrly,2016;范秀成等,2009;Anderson 和 Srinivasan,2003)。范秀成等(2009)运用元分析方法,将顾客忠诚划分为行为忠诚(包括重购、转换与抱怨)、态度忠诚(包括信任、价格容忍、推荐和口碑)与复合忠诚(涵盖上述两种元素)。虽然有研究认为推荐和口碑也是顾客的一种行为表现,但是本研究与范秀成等(2009)的观点一致,认为口碑与推荐是顾客基于自身体验之上的态度忠诚体现。Anderson 和 Srinivasan(2003)

将在线顾客忠诚界定为,消费者对于电子商务企业所持支持态度而导致的重复购买行为。El-manstrly(2016)定义在线顾客忠诚是一种在线消费者基于满意之上,重复购买、在线正向口碑以及推荐行为。可见对于在线顾客忠诚而言,研究者们广泛认同复合忠诚观点。甚至有研究指出,在线顾客忠诚不仅是基于满意,更是基于信任之上的(Dick 和 Basu,1994)。本研究采用 El-manstrly(2016)对在线顾客忠诚的概念界定,并基于为学者们普遍接受的关于顾客忠诚的划分,将在线顾客忠诚划分为在线行为忠诚与在线态度忠诚两个维度,以进一步探究在线顾客惰性视角下,在线顾客忠诚(作为复合忠诚概念,涵盖在线行为忠诚与在线态度忠诚,下同)的本质。

二、在线顾客惰性观点

在重复购买以及顾客保持研究中,顾客惰性被学者们广泛关注。Huang 和 Yu(1999)认为有意识的品牌忠诚与无意识的顾客惰性是顾客重复购买行为产生的两个主要原因,二者的区别在于决策中意识参与的程度。顾客惰性被界定为:"顾客无意识或者下意识的一种习惯购买行为",认为对品牌的惰性重复购买行为是一种虚假忠诚。Bozzo(2002)认为,三种原因导致产业消费者维持长期购买模式:一是常被提及的顾客忠诚,主要与积极情感相关;二是处于锁入状态(或保持),源于客观存在、情感或强烈转换障碍的对供应商的依赖(Bozzo,2002);三是惰性状态,其未来购买行为的最好解释似乎是其过去购买行为。惰性被定义为产业消费者一种特定状态,是缺乏实际积极情感、常规而稳定的购买行为,可被划分为三种类型:纯粹惰性(懒惰的、不积极的),不关心惰性(了解处于交易劣势,然而并不介意)以及不知情惰性(对销售人员的信赖,使得他们并不了解目前交易并非最优交易)(Bozzo,2002)。顾客惰性行为发生,可能的原因包括:高感知风险、高转换成本、信息搜寻及思考成本较高、替代吸引力不足或者其他转换障碍等。2006 年,Yanamandram 和 White 在 B2B 服务情境下,以定性方式探索并认为惰性是不满意顾客却选择保留的重要原因之一(Yanamandram 和 White,2006)。惰性被界定为"消费者的一种懒惰、不活跃或是消极的态度倾向",可能源于缺乏目标导向、受制于太多时间和精力困扰而不愿转换。Lee 和 Neale 将由于消极或不行动而维持现状的态度倾向定义为顾客惰性(Lee 和 Neale,2012),认为惰性与态度忠诚都可能影响保持,与惰性不同,态度忠诚以有意地支持特定服务提供商为前提。惰性源于两种心理状态:消费者既可能是喜欢(满意惰性)也可能对于竞争服务提供商是漠视的(漠视惰性),认为漠视惰性与虚假忠诚很类似。文章进一步实证了满意惰性、漠视惰性对转换成本与顾客保持、正负向口碑关系的调节作用。Wu 则在服务情境下认为,虚假忠诚却高重复光顾水平可以由惰性来解释。惰性被界定为常规而习惯的购买行为,并实证满意、惰性与顾客忠诚正相关关系,认为惰性是除了满意之外顾客忠诚另一驱动因素(Wu,2011)。Kuo 等(2013)等证实顾客惰性正向影响顾客重购意愿,认为顾客惰性是一种固定购物模式,消费者基于过去消费体验,无意识地光顾相同的店铺或者购买相同品牌产品。顾客惰性的产生主要有三个原因:一是减少消费时间;二是熟悉;三是目前店铺与替代选择感知区别小。Anderson 和 Sriniva-san(2003)探讨了惰性对在线顾客满意与在线顾客忠诚的调节作用。除此之外,顾客惰性还被描述为需要较少努力、不经更多思考、便利驱动(Gounaris 和 Stathakopoulos,2004)的行为。惰性消费者似乎逃避做新的购买决策,避免学习新的服务过程和实践,避免在选择间进行价格比较。换句话说,惰性顾客偏好现状。

综上所述,关于顾客惰性主要有两种代表性观点:一种是行为观点,一种是态度倾向观点。前者具有代表性的是 Huang 和 Yu(1999)的观点,后者具有代表性的是 Lee 和 Neale(2012)观点。本研究采用第二种观点,在线顾客惰性是在线消费者一种懒惰、消极或不行动而维持现状的态度倾向(Lee 和 Neale,2012)。顾客惰性研究还呈现出如下特征:首先,顾客惰性多被理解为消费者一种习惯性重复购买行为,是一种行为结果(Bozzo,2003),认为并不是行为忠诚的前置因素。也因此,少有研究将顾客惰性作为顾客忠诚的影响因素。其次,顾客惰性行为被认为是消费者一种或无意识(Huang 和 Yu,1999;Bozzo,2003)、或有意识(Yanamandram 和 White,2006;Lee 和 Neale,2012)的重复购买行为。在这一前提下,以定性描述形式探索消费者惰性行为产生的原因,但仍处于理论探索层面,缺乏实证研究。再次,探讨顾客惰性的忠诚属性,认为顾客惰性行为是一种虚假忠诚(Anderson 和 Sriniva-san,2003;Huang 和 Yu,1999;Bozzo,2003)。只有少数研究采用惰性态度倾向观点,认为其影响顾客忠诚并实证二者之间正相关关系(Wu,2011),但并未探究顾客惰性态度倾向影响下的顾客忠诚行为属性。可见,对于顾客惰性前置变量、结果变量的实证及其可能的中介作用机制研究存在较大空间。

三、在线卷入度、感知信息过载、在线转换成本对在线顾客忠诚的影响

计划行为理论(Theory of Planned Behavior,TPB)(Ajzen,1991)认为某种特定的行为遵循信念—意愿—行为逻辑,被认为具有很强的理论坚实性(Kautonen 等,2015)。该理论认为,态度信念、感知行为控制信念影响特定行为,并且作用机制不同。

对于行为的态度是"个体对特定行为进行评价或评估之后其偏好倾向"(Ajzen,1991)。卷入度是"基于内在需求、价值观及兴趣,个体感知到的(品牌、物品、决策等)相关度"(Zaichkowsky,1994)。鉴于对特定网络商店在线顾客忠诚的研究情境,本研究称为"在线卷入度",界定为"顾客网络购物中,基于内在需求、价值观及兴趣,对于购物决策过程以及结果——所购买的最终产品感知到的个体相关度"。消费者在线卷入度越高,认为所购买产品和服务对自身越重要,在初次购物体验满意前提下(Dick 和 Basu,1994),愈惧怕因重新选择失误而带来的风险(Kuo 等,2013),愈倾向于在线顾客忠诚,即在线卷入度反映消费者对在线顾客忠诚持偏好态度倾向。根据计划行为理论,态度通过且仅通过意愿中介作用于行为。因而,本研究假设在线卷入度并不会直接影响在线顾客忠诚。

感知行为控制是"对实施行为难易程度的感知并假设它反映了过去的经验与预期的障碍"(Ajzen,1991),在线购物情境中,指的是消费者对自身能够决定在线顾客忠诚行为的感知控制力。根据计划行为理论,当感知行为控制准确且行为并非处于完全意志控制时,感知行为控制对目标行为预测提供了重要信息(Ajzen,1991)。感知信息过载与在线转换成本是网络环境下消费者无完全意志控制因素,对在线顾客忠诚行为起直接预测作用。

网络购物以消费者网络信息搜寻为起点。然而,一方面在线零售商充分利用网络,向人们传递大量信息。另一方面,消费者信息处理能力是有限的,一旦超越消费者信息处理能力,反应速率将会下降(Chen 等,2009),即出现信息过载现象。本研究沿用 Chen 等(2009)对于感知信息过载的定义,指"在进行购物决策时,感知到需要处理太多关于产品的信息"。消费者每一次网络购物都要经历广泛的信息搜寻,复杂的网络信息使得消费者决策信息过剩(Garhammer,2002),感知到信息过载。为了降低因重新搜寻而带来的不便及可能的风险,在体验满意前提下(Colgate 等,2007),感知信息过载成为阻碍消费者转换(Colgate 等,2007)的障碍,将促使消费者积极考虑原有网络商店购物。由此,提出如下假设:

H1a:感知信息过载正向影响在线行为忠诚。

H1b:感知信息过载正向影响在线态度忠诚。

转换成本与顾客满意是研究者们最为关注的两个顾客忠诚前置变量,近年来更多的学者探讨转换成本对顾客忠诚的作用(Colgate 等,2007;El – manstrly,2016;Burnham,2003)。结合在线顾客购物过程成本项目划分,本研究认为,消费者转换供应商,必然重新面对在线消费决策一系列流程,重新搜寻、甄选、与在线零售商沟通、物流监管、对新产品的担忧及议价优势缺失等。在此过程中,时间和精力、已有优惠损失是消费者主要考量因素。与 Tsai 等(2006)的观点一致,本研究将"在线转换成本"界定为"转换决策中,在线消费者主要考虑的时间、精力以及原有产品和服务提供商提供的价格等优惠政策损失成本"。美国银行客户报道显示,如果顾客感知时间与精力成本以及不确定性远超于从银行转换获得的潜在收益时,他们选择保留(Panther 和 Farquhar,2004)。可见消费者决策过程也是一个基于成本—收益平衡分析的理性决策过程。大量研究证实转换成本是顾客保留、顾客忠诚的重要影响因素(Tsai,2004;Dick 和 Basu,1994;Park 等,2014)。本研究假设:

H2a:在线转换成本正向影响在线行为忠诚。

H2b:在线转换成本正向影响在线态度忠诚。

四、在线顾客惰性对在线卷入度、感知信息过载、在线转换成本与在线顾客忠诚关系的中介作用

(一)在线卷入度、感知信息过载、在线转换成本对在线顾客惰性的影响

消费者卷入度有高低之分,对消费者购买行为的影响主要体现在两个方面,信息搜寻动力强度与消费决策依据的多寡。低卷入度消费者缺乏寻求并比较购物选择信息的动力,并且并不追求最优选择,偏好便利(Gounaris 和 Stathakopoulos,2004);具有较高卷入度的消费者被描述为受到激励去搜集产品信息,比较产品并愿意购买某种特定类型的产品。Foxall 和 Pal-lister 的研究显示,低卷入度消费者依赖一个或几个要素做出购买决策,高卷入度消费者购买决策更为复杂,许多要素都会影响购买行为(Foxall 和 Pallister,1998)。上述分析意味着,高卷入度消费者在初次决策中一定非常审慎,全方位考虑各种要素,如力求信息搜寻全面、全方位比较并与卖家沟通以做出购买决策等。在线顾客忠诚是消费者面临再次购买类似产品时,是否转换原有网络零售商的决策。本研究认为,与初次购物相反,消费者会对繁杂的购物决策过程感到厌倦,降低消费者转换意愿。在线顾客惰性代表顾客维持现状,较低的转换意愿(Lee 和 Neale,2012)。本研究假设:

H3:在线卷入度正向影响在线顾客惰性。

互联网时代,消费者在线购物面临大量选择,甚至使消费者感知到信息过载,在初次购物满意体验基础上,感知信息过载会促使消费者排斥过多信息,倾向于简单策略(重复购买)来摆脱信息过载的负面影响,有研究显示惰性顾客通常是多样化选择规避者(Bozzo,2002;Mcmullan 和 Gilmore,2003)。一个惰性顾客被描述为缺乏搜寻选择的动力(Mcmullan 和 Gilmore,2003),目前的购买模式被重复只因需要付出较少努力。Colgate 和 Lang(2001)指出,便利代表了惰性的其他决定因素。另据计划行为理论,感知信息过载

作为消费者无完全意志控制力因素,也将正向影响特定行为(在线顾客忠诚)意愿(在线顾客惰性)。由此,本研究假设:

H4:感知信息过载正向影响在线顾客惰性。

转换成本对顾客忠诚作用的研究多聚焦于前置和调节作用且成果丰硕。El－man-strly 探讨了转换成本对信任、顾客感知价值与顾客忠诚关系的调节作用(El－manstrly,2016);Nagengast 等(2014)探讨了不同类型的转换成本对满意与重购行为关系的非线性调节作用。Lee 和 Neale(2012)在服务情境下,探讨了转换成本与顾客保持正相关关系;Tsai 等(2006)证实在线转换成本通过转换障碍中介显著影响顾客忠诚;Park 等(2014)实证转换成本与顾客忠诚正相关。Burnham 等的研究指出,在信用卡业务中,转换成本对顾客忠诚的解释力为 13%,而在远程电信服务中解释力达到 30%(Burnham 等,2013)。Tsai 等(2006)的研究证实,在线转换成本对在线顾客忠诚有高达 59%的解释力,在线转换成本提供了竞争优势,降低了消费者转换意愿。Colgate 和 Lang(2001)与 Stanko 等(2014)认为,转换成本是顾客惰性的决定因素之一。由此,本研究假设:

H5:在线转换成本正向影响在线顾客惰性。

(二)在线顾客惰性对在线顾客忠诚的影响

Lee 和 Neale(2012)指出,惰性有高、低之分。高惰性顾客在考虑转换时是消极的,由此导致他们与其服务供应商维持现状。低惰性顾客积极地寻求并比较交易,结果导致他们的背离(Colgate 和 Lang,2001)。Yanama-ndram 和 White(2006)通过质性研究发现,惰性是不满意顾客保持的重要因素。Kuo 等(2013)证实顾客惰性正向影响顾客重购意愿。Wu(2011)则在服务情境下实证顾客惰性显著影响顾客忠诚。

顾客对于特定网络商店所表现出来的行为有两个方向,要么选择保持,进而顾客忠诚,要么背离形成顾客转换。在线顾客惰性是消费者懒惰、不积极、不行动而维持现状的态度倾向(Lee 和 Neale,2012),代表顾客较低的转换意愿,使消费者忠实于原有网络商店。根据计划行为理论,对特定行为(在线顾客忠诚)的意愿(在线顾客惰性)将影响行为。

综合上述分析,依据计划行为理论,本研究假设:

H6a:在线顾客惰性正向影响在线行为忠诚。

H6b:在线顾客惰性正向影响在线态度忠诚。

(三)在线顾客惰性的中介作用

综上所述,消费者在线卷入度越高,在初次购物体验满意前提下(Dick 和 Basu,

1994),愈惧怕因重新选择失误而带来的风险(Kuo 等,2013);复杂的网络信息使得消费者决策信息过剩(Garhammer,2002),导致情感上对于过多信息的排斥(Chen 等,2009),顾客忠诚不失为一种好的选择;转换成本作为一种转换障碍因素(Yanamandram 和White,2006;Lee 和 Neale,2012;Colgate 和 Lang,2001),阻止消费者转换。可见,在线卷入度、感知信息过载与在线转换成本都促使消费者转换意愿降低,倾向于维持原有购物行为,即对原有网络商店顾客忠诚。在线顾客惰性是在线消费者一种懒惰的、消极的或不行动而维持现状的态度倾向(Lee 和 Neale,2012)。一些研究经定性或定量分析认为顾客忠诚是惰性的结果[Yanamandram 和 White,2006;Wu,2011;Kuo 等,2013;Colgate 和 Lang,2001]。可见,在线顾客惰性可能中介在线卷入度、感知信息过载、在线转换成本与在线顾客忠诚之间的关系。Anderson 和 Srinivasan(2003)的研究认为,由便利驱动的顾客更不可能通过重复搜寻新的零售商而使他们变得不便利,因而更可能显示出高忠诚水平,行为忠诚甚至是态度忠诚。本研究假设:

H7a:在线卷入度通过在线顾客惰性中介正向影响在线行为忠诚。

H7b:在线卷入度通过在线顾客惰性中介正向影响在线态度忠诚。

H8a:感知信息过载通过在线顾客惰性中介正向影响在线行为忠诚。

H8b:感知信息过载通过在线顾客惰性中介正向影响在线态度忠诚。

H9a:在线转换成本通过在线顾客惰性中介正向影响在线行为忠诚。

H9b:在线转换成本通过在线顾客惰性中介正向影响在线态度忠诚。

总之,经上述分析,结合计划行为理论,本研究建立了研究模型,如图 7 - 1 所示。

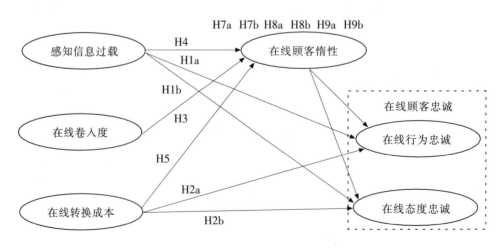

图 7 - 1　研究模型

第三节　研究设计

一、样本选择

为了契合研究情境,排除品牌、企业规模、企业信誉、经营产品类别等可能对特定网络商店顾客忠诚形成影响的因素,本研究以中国淘宝网顾客为调查对象(问卷如附录 C 所示)。针对在线顾客忠诚,因调查对象首先要在特定网络商店有过重复购物经历,因而问卷中设计了一个题目,询问被调查对象是否在淘宝网的某个网络商店有一次以上,即重复购买经历。为了排除地域、年龄、性别、受教育程度、收入、职业等人文因素影响,问卷设计中对这些消费者特征都进行了调查。本研究数据来源于两部分:一部分是工作人士,地域分布于北京、天津、青岛、上海及黑龙江省一些城市,职业分布广泛,包括公务员、公司职员、工程师、个体创业者等;另一部分主要针对东北部某高校在校大学生。共回收问卷 446 份,剔除了无淘宝网购物体验、无重复购买经历及一些无效问卷后,剩余有效样本 372 份。372 份样本中,频率分析显示男性占比 40.1%,女性占比 59.9%;19—29 岁样本占比 52.4%,30—39 岁样本占比 35.5%,40—49 岁样本占比 10.5%,50 岁以上样本占比 1.3%;婚姻状况已婚未婚样本大致各占一半;大专及以下学历样本占比 21.6%,本科学历占比 73.4%,研究生学历占比 5%;收入在 3000 元以下样本占比 36.2%,3000—5000 元样本占比 40.3%,5000—10000 元样本占比 20.0%,10000 元及以上占比 3.5%。上述分析显示样本很好地避免了样本偏误。

二、测量工具

本文构念测量均采用成熟量表,Likert7 点测量方法,"1" = 完全不同意,"7" = 完全同意。

1. 在线卷入度

采用 Zaichkowsky(1991)提出的 10 条目量表,被证明有着很高的效度和信度(本研究中 Cronbach's α = 0.910)。举例题项:网络购物过程和结果对我来说,"极其重要—

非常不重要(反向)""极其无聊—非常有趣""与我极其相关—与我毫不相关(反向)""毫无意义—非常有意义"。

2.感知信息过载

采用 Chen 等(2009)提出的 3 条目感知信息过载量表(本研究中 Cronbach's α = 0.776)。举例题项:"有太多信息,在购物过程中让我感到很有负担""因为有太多网站和网络商店,我感到要找到所有相关信息非常困难。"

3.在线转换成本

本书研究对象是对特定网络商店在线顾客忠诚行为,因而采用相同在线情 Tsai 等(2006)提出的在线转换成本量表(本研究中 Cronbach's α = 0.774)。题项包括"转向其他网络商店将会花费大量精力""转向新网络商店的过程会花费大量时间""转向一家新网络商店,会失去价格、积分等现有网络商店提供的优惠"。

4.在线顾客惰性

采用 Lee 和 Neale(2012)提出的顾客惰性量表(本研究中 Cronbach's α = 0.804)。举例题项"我不考虑转向其他网络商店购物""我不必为考虑转向其他网络商店购物而烦恼"。

5.在线顾客忠诚

目前对于在线顾客忠诚的研究还很不深入,测量方法也很多样。鉴于在线顾客忠诚与传统顾客忠诚在行为表现上高度一致,如重复光顾、积极的正面口碑,甚至向自己的亲友推荐等,这里采用 El - manstrly(2016)成熟量表。该量表包括在线行为忠诚(3 条目,本研究中 Cronbach's α = 0.886)、在线态度忠诚(3 条目,本研究中 Cron-bach's α = 0.853)两个维度,共计 6 个条目。

第四节　实证分析

一、共同方法偏离度检验

本研究通过一系列过程控制方法,如匿名调查法、设计反向题项、问卷题项间隔分布、调查对象多样化、时间间隔等进行问卷设计与数据搜集,以降低可能存在的共同方法偏离度。借鉴杨勇等(2015)研究中为学者广泛采用的 Harman's 单因素检验法对数据进行共同方法偏离度检验,未旋转主成分分析结果显示,第一公因子提取方差为 29.991% ,低于 40% 临界标准,说明共同方法偏离度并不明显。

二、信度与效度分析

为了确认在线顾客忠诚的具体维度,本研究首先对在线顾客忠诚量表进行了探索性因子分析。选择特征值大于 1 的主成分分析方法,结果显示样本适宜做因子分析(KMO值为 0.806,Bartlett 球形检验近似卡方值为 1198.316,显著性水平为 0.000)。运用主轴因素法对因子进行旋转,因子分析结果,见表 7 - 1 所列。探索性因子分析显示:量表题项可被划分为两个维度,题项因子载荷均大于 0.5,且不存在多重载荷,所提取的共同因子方差均大于 0.6,两个因子累计解释全部题项 79.581% 的信息。

表 7 -1　在线顾客忠诚量表探索性因子分析结果

题项	因子 1	因子 2	共同度
	在线行为忠诚	在线态度忠诚	
购买此类商品,我将会首先考虑该网络商店	0.936	- 0.062	0.830
未来几年,我可能会继续使用该网络商店购物	0.882	0.043	0.813
未来几年,我可能会主要依赖该网络商店购买(此类商品)	0.885	0.031	0.807
在网络评价中,我很愿意对该网络商店给出积极正面的评价	- 0.003	0.877	0.767
如果有人向我寻求相关意见,我愿意推荐该网络商店	0.013	0.894	0.810
我会鼓励亲朋好友光顾该网络商店	- 0.006	0.867	0.748

为了进一步验证模型拟合度,判定聚合效度与区分效度,本研究运用 AMOS24.0对模型做了验证性因子分析。结果显示所有条目都如期在相应的因子上有显著的因子载荷,并基于此计算组合信度(CR)及平均提取方差(AVE)值。验证性因子分析中使用了 Landis 等(2000)提出的条目打包技术,基于推荐使用的随机打包方法对在线卷入度条目进行了打包操作。验证性因子分析结果显示:$\chi 2 = 217.27$,df = 120,$\chi 2/df = 1.811 < 2$,GFI = 0.940,CFI = 0.973,TLI = 0.966,RMSEA = 0.047,均在临界标准以内,表明结构模型拟合度较好。Cronbach's α 值介于 0.774—0.910 之间,组合效度介

于 0.776—0.918 之间,说明量表具有良好内部一致性。AVE 值介于 0.537—0.789 之间且因子载荷均大于 0.5,表明量表收敛效度符合要求。量表的判别效度见表 7-2,各变量的平均提取方差平方根均大于该变量与其他变量的相关系数,说明量表的判别效度也达到可接受水平。

三、主效应检验

为了验证在线卷入度、感知信息过载、在线转换成本对在线顾客惰性与在线顾客忠诚的影响以及在线顾客惰性对在线顾客忠诚的影响,本研究采用结构方程模型软件 AMOS24.0 对结构模型进行分析。结果显示:$\chi2 = 198.735$,df = 121,$\chi2/df = 1.642 < 2$,GFI = 0.944,CFI = 0.979,TLI = 0.973,RM-SEA = 0.042,均在临界标准以内,表明结构模型拟合度较好,可以进行路径分析。由图 7-2 可知:除了感知信息过载对在线行为忠诚(假设 H1a,$\beta = 0.029$,$t = 0.478$)与在线态度忠诚(假设 H1b,$\beta = 0.056$,$t = 0.946$)的直接影响不显著外(图 7-2 中虚线所示),其余直接作用路径均通过假设检验。在线卷入度($\beta = 0.205$,$t = 3.727$)、感知信息过载($\beta = 0.212$,$t = 3.104$)、在线转换成本($\beta = 0.433$,$t = 5.527$)均显著正向影响在线顾客惰性,假设 H3,H4,H5 得到实证支持。在线转换成本正向影响在线行为忠诚($\beta = 0.258$,$t = 3.573$)与在线态度忠诚($\beta = 0.600$,$t = 7.279$),假设 H2a,H2b 得到验证。在线顾客惰性显著正向影响在线行为忠诚($\beta = 0.546$,$t = 7.429$)与在线态度忠诚($\beta = 0.227$,$t = 3.333$),假设 H6a,H6b 得到数据支持。

表 7-2 均值、标准差及判别效度检验

变量	均值	标准差	1	2	3	4	5	6
1. 感知信息过载	4.377	0.920	0.734					
2. 在线卷入度	4.722	0.865	0.118**	0.888				
3. 在线转换成本	4.445	0.945	0.383**	0.297**	0.733			
4. 在线顾客惰性	4.539	0.924	0.353**	0.343**	0.487**	0.762		
5. 在线行为忠诚	4.520	1.09	0.333**	0.255**	0.520**	0.615**	0.850	
6. 在线态度忠诚	4.934	0.967	0.375**	0.367**	0.626**	0.516**	0.437**	0.815

注:*、**、*** 分别表示 $p < 0.05$、$p < 0.01$、$p < 0.001$(下同),对角线值为 AVE 的平方根。

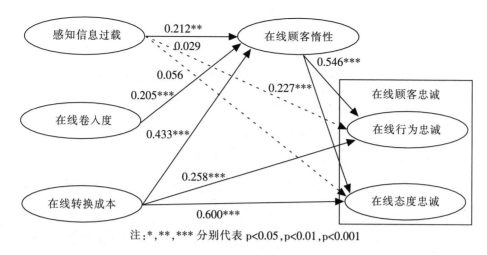

注:*,**,*** 分别代表 p<0.05,p<0.01,p<0.001

图 7 - 2　主效应检验结果

四、中介效应检验

本研究采用 Zhao 等(2010)和陈瑞等(2013)提出的 bootstrap 方法,运用 SPSS 22.0 软件对在线顾客惰性中介效应做进一步检验。近几年 Zhao 等(2010)所提出的中介检验程序已经得到了广泛认可,在心理学、组织行为学、消费者行为学等领域的顶级学术期刊中有较多的引用。本研究 bootstrap 分析样本量选择 5000,设定 95% 置信区间,采用偏离度校正的非参数百分位法,对在线顾客惰性中介作用及中介类型进行了检验,见表 7 - 3 所列。

表 7 - 3　中介效应与中介类型 bootstrap 检验结果

中介路径	间接效应	中介效应置信区间	中介类型置信区间
在线卷入度→在线顾客惰性→在线行为忠诚	0.249	0.173,0.342	-0.009,0.210
在线卷入度→在线顾客惰性→在线态度忠诚	0.174	0.113,0.246	0.155,0.362
感知信息过载→在线顾客惰性→在线行为忠诚	0.217	0.142,0.304	0.052,0.255
感知信息过载→在线顾客惰性→在线态度忠诚	0.159	0.099,0.225	0.139,0.322
在线转换成本→在线顾客惰性→在线行为忠诚	0.245	0.178,0.319	0.219,0.422
在线转换成本→在线顾客惰性→在线态度忠诚	0.136	0.089,0.199	0.425,0.603

在线顾客惰性对在线卷入度与在线顾客忠诚中介效应检验结果表明:在95%的置信区间水平下,在线顾客惰性对在线卷入度与在线行为忠诚之间的中介效应检验的结果未包含0(LLCI=0.173,ULCI=0.342),表明在线顾客惰性对在线卷入度与在线行为忠诚中介作用显著,其效应大小为0.249。此外,在控制了在线顾客惰性中介作用后,在线卷入度对在线行为忠诚的直接作用不显著(LLCI=-0.009,ULCI=0.210),说明在线顾客惰性中介在线卷入度与在线行为忠诚,且是唯一的中介变量。在95%的置信区间水平下,在线顾客惰性对在线卷入度与在线态度忠诚的中介检验的结果未包含0(LLCI=0.113,ULCI=0.246),表明在线顾客惰性对在线卷入度与在线态度忠诚中介作用显著,其效应大小为0.174。在控制了在线顾客惰性中介作用后,在线卷入度对在线态度忠诚的直接作用依然显著(LLCI=0.155,ULCI=0.362),说明除了在线顾客惰性中介之外,还存在其他中介路径,在线顾客惰性对在线卷入度与在线态度忠诚起部分中介作用。

在线顾客惰性对感知信息过载与在线顾客忠诚中介效应检验结果表明:在95%的置信区间水平下,在线顾客惰性对感知信息过载与在线行为忠诚之间的中介检验的结果未包含0(LLCI=0.142,ULCI=0.304),表明在线顾客惰性对感知信息过载与在线行为忠诚中介作用显著,其效应大小为0.217。此外,在控制了在线顾客惰性中介作用后,感知信息过载对在线行为忠诚的直接作用依然显著(LLCI=0.052,ULCI=0.255),说明在线顾客惰性在感知信息过载与在线行为忠诚之间起部分中介作用。在95%的置信区间水平下,在线顾客惰性对感知信息过载与在线态度忠诚的中介检验的结果未包含0(LLCI=0.099,ULCI=0.225),表明在线顾客惰性对感知信息过载与在线态度忠诚中介作用显著,其效应大小为0.159。在控制了在线顾客惰性中介作用后,感知信息过载对在线态度忠诚的直接作用依然显著(LLCI=0.139,ULCI=0.322),说明在线顾客惰性中介为部分中介作用。

在线顾客惰性对在线转换成本与在线顾客忠诚中介效应检验结果表明:在95%的置信区间水平下,在线顾客惰性对在线转换成本与在线行为忠诚之间的中介检验的结果未包含0(LLCI=0.178,ULCI=0.319),表明在线顾客惰性对在线转换成本与在线行为忠诚中介作用显著,其效应大小为0.245。此外,在控制了在线顾客惰性中介作用后,在线转换成本对在线行为忠诚的直接作用依然显著(LLCI=0.219,ULCI=0.422),说明在线顾客惰性中介在线转换成本与在线行为忠诚,且为部分中介作用。在95%的置信区间水平下,在线顾客惰性对在线转换成本与在线态度忠诚的中介检验的结果未包含0(LLCI=

0.089,ULCI=0.199),表明在线顾客惰性对在线转换成本与在线态度忠诚中介作用显著,其效应大小为0.136。此外,在控制了在线顾客惰性中介作用后,在线转换成本对在线态度忠诚的直接作用依然显著(LL-CI=0.425,ULCI=0.603),说明在线顾客惰性起部分中介作用。

五、实证结果分析

第一,在线卷入度、感知信息过载以及在线转换成本都是在线顾客惰性重要的前置因素,并且都存在通过在线顾客惰性中介的路径正向影响在线行为忠诚与在线态度忠诚,然而作用机制是不同的:其一,对于在线行为忠诚而言,在线卷入度通过且仅通过在线顾客惰性中介正向影响在线行为忠诚;在线转换成本、感知信息过载除了经在线顾客惰性中介作用机制之外,还存在其他中介变量作用机制。其二,对于在线态度忠诚而言,三者经在线顾客惰性中介作用机制趋同,都存在其他中介变量作用机制。除此之外,在线转换成本还直接显著影响在线顾客行为与态度忠诚。感知信息过载对在线顾客忠诚的直接作用未得到数据支持,可能的解释是:目前消费者感知的信息过载水平不足以直接导致消费者行为与态度忠诚,但确实使顾客转换网络商店的意愿降低,从而间接影响在线顾客行为与态度忠诚。

第二,理论与实证数据显示,在线卷入度、感知信息过载对于在线顾客行为与态度忠诚均不存在直接作用路径,需要通过在线顾客惰性中介,并且在线顾客惰性完全中介在线卷入度与在线行为忠诚关系。除此之外,在线转换成本也存在通过在线顾客惰性对在线行为与态度忠诚的间接作用机制。可见在线顾客惰性对在线卷入度、感知信息过载、在线转换成本与在线顾客忠诚关系的关键中介作用。

第五节 结论与启示

一、研究结论

本文关注互联网情境下,消费者面对多样化选择却忠实于特定网络商店这一看似矛盾的现象,基于计划行为理论,探索在线卷入度、感知信息过载以及在线转换成本对在线顾客忠诚的作用机制,得出如下具体研究结论。

第一,互联网不仅助推了产业发展,也推动了消费环境、消费者心理与消费者行为的改变。互联网的飞速发展,带来消费环境的变化,促使消费者不再偏好多样化选择转而忠实于特定网络商店。消费者行为动因也发生了变化,消费者在线卷入度提升、感知信息过载、关注在线转换成本,实证结果证实上述各要素都显著地影响对特定网络商店的在线顾客忠诚行为。

第二,在线顾客惰性在在线卷入度、感知信息过载以及在线转换成本与在线顾客忠诚关系中发挥关键中介作用,为在线顾客忠诚研究提供了新的视角。实证检验证实,在线顾客惰性对在线顾客忠诚的影响作用不但存在,而且是不可或缺的关键机制。

第三,从在线顾客惰性视角审视在线顾客忠诚行为,仍然是一种真正的顾客忠诚。在线顾客惰性不仅显著正向影响在线行为忠诚,也显著影响在线态度忠诚,由在线顾客惰性促动的在线顾客忠诚是真正的顾客忠诚。

第四,在线顾客忠诚是消费者基于过去购物体验满意前提下,综合考虑其他因素,如感知信息过载水平、在线转换成本、自身对购买决策的个体卷入度等,经简单收益—成本、风险分析基础上的一种理性决策,其实质是体验经济的体现。

二、管理启示

本研究对于中国具体情境下政府政策制定、电子商务发展与在线零售商经营等具有重要的实践指导意义。

第一,政府应采取积极措施保障消费者权益并优化电子商务经营环境。网络经营虚拟性,决定了消费者对电商经营资质、信誉以及安全问题充满质疑,政府应采取有力措施促进网络安全与公平竞争机制构建。一是通过新闻报道、公益宣传等方式提升消费者网络购物安全与防范意识。二是制定网络安全、电子商务、个人信息保护及反垄断等法律法规。三是建立科学有效的市场监管方式,查处并打击互联网企业垄断行为,营造公平竞争环境。四是建立产品质量追溯机制,建设电子商务售后服务质量检测云平台,解决消费者退货难、维权难、产品责任追溯难等问题。

第二,在线零售商应拓宽经营思路,积极利用"互联网+"与"丝路电商"发展契机,拓展全新的国际化进入模式。研究揭示,在线顾客惰性态度倾向影响下的在线顾客忠诚是一种真正的顾客忠诚,消费者锁入效应明显,争夺竞争对手资源不再是良好选择,利用"互联网+"与"丝路电商"发展契机进军国际市场是一条可取的发展路径。尤其是近年来,我国电子商务发展迅速,取得了可喜的经营业绩,在线零售商应积极利用"丝路电商"作为跨境经营的契机,为自身发展寻求新的思路。政府要完善相关政策:鼓励各类跨境电子商务服务商发展,尤其要完善跨境物流体系,拓展全球经贸合作;推进跨境电子商务通关、检验检疫、结汇等关键环节综合服务体系建设;创新跨境权益保障机制,推进国际互认。

第三,在线零售商应树立动态经营意识。研究证实,随着网络经济的迅猛发展,在线卷入度、感知信息过载与在线转换成本对在线顾客忠诚的影响作用逐渐凸显。这些消费心理的转变,提请网络经营者时刻关注消费环境、消费心理与消费行为的改变,契合顾客需求。"万众创新、全民创业"预示着我国经济增长方式的转变,互联网平台将成为重要前沿阵地,在线零售商以及电子商务新进入者都应树立动态经营意识。

第四,电子商务企业应强化"体验经营理念"。研究揭示,受在线顾客惰性倾向影响的在线顾客忠诚是真正的顾客忠诚,是体验经济的体现。作为电子商务企业应树立体验经营理念。一是支持实体零售商利用网络商店、移动支付、智能试衣等新技术,打造体验式购物模式。二是利用大数据分析技术,向消费者推送相关推荐,推动精准营销。三是从最初的与在线消费者的互动,到订单确定、物流环节及产品与服务本身及售后各个环节提升顾客体验。此后,尤其是面对顾客重复购买,良好的顾客关系维护是必要的。四是积极构建"滚雪球式"隐性营销模式。在线忠诚消费者不仅自身重复购买,还倾向于在线正向口碑以及向亲友推荐,是网络商店不可忽视的营销资源,应以顾客为中心,发挥顾客口碑与推荐辐射作用,实现"滚雪球式"隐性营销。

第五,在线零售商应采取相应措施发现并强化顾客惰性态度倾向以促进消费者在线忠诚。鉴于研究结论,在线转换成本不仅通过在线顾客惰性中介间接影响,而且直接作用于在线顾客忠诚,所能采取的措施包括提升面向老顾客的顾客优惠、积分、重视售后服务、与顾客建立良好关系等举措。就感知的信息过载要素而言,可以预测未来消费者感知的信息过载水平只可能逐步攀升。在线零售商可以在利用这一优势的同时,尽量简化本商店的商品选择流程,提高信息获取与沟通的便利性,这一层面上良好的在线交互或许是一有效途径。就在线卷入度而言,其本身就直接加剧了在线消费者惰性倾向,在线零售商要力求使消费者获得满意的初次购物体验。

第四篇

动态环境下特定网络商店顾客忠诚研究——动态权变视域

第八章　在线顾客满意、顾客惰性与顾客忠诚的一种动态权变作用机制

第一节　引言

维护老顾客比赢得新顾客需要更少的营销资源,探求顾客忠诚的原因、方式及其情境依然是重要而有趣的课题(Ha 和 Park,2013)。近年来对顾客忠诚的研究从传统制造业向服务业、零售业等领域延伸,随着网络时代的到来,许多研究也转向网络购物这一新兴领域。网络购物除了可以低成本地向顾客传递产品和服务之外,与传统购物相比,一个至关重要的因素就是为消费者提供了更为广阔的选择空间。然而,本研究关注到一个新现象,越来越多的消费者不再为多样化选择而欣喜,反而表现出对众多提供同类商品的某一家网络商店的重复购买、在线正向口碑以及推荐行为,即对特定网络商店的在线顾客忠诚。团队成员自身购物经历结合在线消费者访谈发现:大多数消费者都有在特定网络商店重复购买的经历,且对所购买的产品和服务满意度较高;许多消费者表示,重复目前购物模式简单而便利,认为没必要考虑转换。就消费者购物特征而言,一些消费者在购物之前倾向于多样化搜寻,对于无效的购物体验,情感更为强烈,一旦购物体验满意,也更倾向于重复购买;一些消费者在重复购买的同时,会不定期地搜寻同类商品,如果发现更优的交易机会,会选择尝试。结合文献回顾,本研究认为,在线顾客满意与顾客惰性可能是在线顾客忠诚的两个重要的影响因素,与此同时,卷入度代表顾客对购物过程和结果更为关注,在初次购物中也多倾向全面的信息搜寻,而消费者是否持续忠诚,替代选择吸引力将发挥重要作用。本研究即从对特定网络商店在线顾客忠诚这一现象的前置因素与权变因素的挖掘而展开。

第二节　理论回顾与述评

一、在线顾客忠诚流派及观点

顾客忠诚一直是营销学者关注的研究课题,成果丰硕。关于顾客忠诚,代表性的概念界定是对重复购买偏好产品/服务以及正面口碑的一种持续承诺(Chang 等,2009)。综合已有研究发现,对于顾客忠诚概念界定主要有 3 种流派:第一,行为忠诚流派,认为顾客忠诚表现为一系列行为,称之为行为忠诚。第二,态度忠诚流派,主要指对品牌、企业等的情感依赖,是一种行为意愿。第三,综合流派,态度忠诚反映行为意愿,行为忠诚反映实际行为(El-Manstrly,2016)。Anderson 等(2003)在电子商务情境下研究了顾客满意对顾客忠诚的影响,顾客忠诚被界定为:"顾客对电商企业持支持态度进而导致的重复购买行为。"本研究采用 Ei-Manstrly 等(2016)所提出的契合网络购物情境的顾客忠诚概念,将顾客忠诚界定为一种意向性行为。本研究认为,无论将在线顾客忠诚理解为行为表现还是仅仅理解为是一种态度都无法表达在线消费者一系列行为倾向与实际行为,在线顾客忠诚是意向与行为表现的融合。结合在线购物情境消费者行为表现,本研究将在线顾客忠诚界定为一种在线消费者重复购买、在线正向口碑以及推荐等意向性行为。

二、在线顾客满意

已有研究成果广泛关注顾客满意对顾客忠诚的重要前置作用。Lin(2007)的研究指出,好的服务质量将真正满足消费者多样化需求,顾客满意是消费者基于过去体验对产品和服务的总体评价。当服务提供商提供的实际服务高于顾客服务期望,消费者就会非常满意,反之,消费者不满,顾客满意是顾客期望与体验比较的结果。根据不同时间点,满意又有两种概念化方式:交易满意与总体(累积)满意。当满意被视为对特定服务体验具体特征的情感反应时,可被概念化为交易特定满意。当满意基于重复交易时,被概念化为累积或者总体满意(Shankar 等,2003)。已有研究认为,总体满意可能是对顾客忠诚更好的预测变量(Chang 等,2009)。随着研究的不断深入,学者们开始关注服务情境,顾客满意被界定为对服务提供商所提供服务净价值的总体正向或负向情感(Levys,2014)。伴随着 B2B,B2C 业务的蓬勃发展,学者们也开始关注在线购物情境顾客忠诚,一般称为在线顾客忠诚。本文借鉴 Anderson 等(2003)的观点,将在线顾客满意界定为消费者对于特定网络商店源于以前购买体验的满足。消费者在线顾客忠诚行为是消费者对是否重复光顾某家网络商店的决策,基于消费者过去对产品、服务等的满意,基于过去累积购物体验,亦是一种总体满意概念化方式。总体满意概念化方式相较于交易特定满意概念化方式更加适用于在线顾客忠诚研究情境。

三、在线顾客惰性观点

关于顾客惰性有两种代表性观点:行为观点与态度倾向观点。行为观点将顾客惰性界定为:一种由于备选吸引力不足、高感知转换成本或者其他转换障碍而导致的"缺乏实际积极情感、惯常而稳定的购买行为"(Bozzo,2002)。后者代表性的观点有:由于消极或不行动而维持现状的态度倾向(Zeelenberg 和 Pietersr,2004);Yanamandram 和 White(2006)将顾客惰性理解为缺乏目标导向、受制于太多时间和精力困扰而不愿转换的"消费者一种懒惰、不活跃或是消极态度倾向"。本研究采用第二种观点将在线顾客惰性界定为在线购物情境中懒惰、不积极、偏好现状的一种态度倾向。行为观点认为导致顾客忠诚的惰性前置具备无意识特征,并非消费者有意识的行为,然而,本研究持有不同观点,在线顾客惰性是消费者在转换问题上的一种自主态度倾向。

四、在线卷入度概念与特征

Zaichkowsky(1994)将卷入度分为产品卷入度、广告卷入度以及购买卷入度,将其界定为"基于内在需求、价值观及兴趣,个体感知到的(品牌、物品、决策等)相关度",反映了个体对物品的兴趣与重要性或者物品处于个体自我结构的中心化程度。此后关于卷入度的研究大都沿用此概念界定,如 O'CASS(2000)将卷入度视为个体与对象交互关联的构念,指的是消费者认知结构对核心对象的相对强度等。学者们认为卷入度具备本质稳定性,环境特征以及消费者所面临的购买情境并不会直接影响或改变卷入度水平,卷入度水平只会因消费者价值体系的改变而变化(O'CASS,2000)。

五、替代选择吸引力及其重要性

替代选择吸引力定义为消费者从替代选择关系中可能获得满意的一种评价（Robert 和 Pingjr，1993），有 4 个维度的特征：可得替代选择数量，替代选择异同性，理解这些替代选择困难程度，比较替代选择困难程度。即如果替代选择数量多、异同性大、理解和比较替代选择比较容易，替代选择吸引力就是强势的。

因服务失败而不满意的顾客有动力去寻求替代服务提供商，但也可能因为替代选择不可得或者无法感知而选择维持（Robert 和 Pingjr，1993）。Yanamandram 和 White（2006）经定性研究发现替代选择吸引力是决定顾客保持的第一要素。Colgate 等（2007）的研究发现，缺乏替代选择吸引力是顾客保持的重要原因。可见替代选择吸引力对顾客保持和顾客忠诚的重要作用。

第三节　研究模型与研究假设

一、研究模型

关于顾客忠诚前置因素的探讨一直都是学术研究的重点。从最初研究者关注消费者对传统企业的顾客忠诚，到对服务企业、零售业的顾客忠诚，直至目前对网络商店的在线顾客忠诚，根据承诺信任理论、认知、情感、行为理论，大量研究显示顾客满意是至关重要且不可或缺的因素（Chang，2009；Blut，2015；Chen，2008；Taylor 和 Strutton，2010）。然而，一些研究也显示顾客满意对于提升客户忠诚是必要但非充分条件，二者关系的强度在不同情境下区别很大（Anderson 和 Srinivasan，2003）。本研究认为，对于在线购物情境而言，顾客满意依然是不可或缺甚至更为重要的促进在线顾客忠诚的前置因素。

商业世界企业行为与消费者行为从来都是在互动中动态发展着。随着网络时代的到来，改变了商业世界的企业行为，同时也改变着消费者行为，消费者顾客忠诚行为背后的原因也正发生着悄然变化。以往文献中，顾客惰性被认为是不满意顾客保留的因素（Yanamandram 和 White，2006），是基于习惯的一种无奈行为，少数学者将其作为顾客忠诚的前置变量（Wu，2011）。然而本研究认为，在在线顾客忠诚情境下，顾客惰性是消费者在线情境因素驱动下的一种自主行为,日益成长为在线顾客忠诚的又一至关重要的因素。

在线顾客忠诚行为是消费者在线购物情境下对网络商店重复购买、在线正向口碑以及推荐等意向性行为(El-Manstrly,2016)。在线顾客忠诚行为除了受控于顾客满意、顾客惰性等因素影响,因为是消费者自身行为,也受控于消费者本身特性——在线卷入度影响。卷入度被广泛用于各种研究情境,如产品卷入度(徐国伟,2012;Xie 和 Jia,2016;Atkinson 和 Rosenthal,2014;Bian 和 Moutinho,2011)、广告卷入度(刘世雄等,2013)以及决策卷入度等(刘翠翠等,2013;沈璐等,2015)甚至是话题卷入度(王丹萍等,2013),探讨其对新产品研发、销售量、广告效果等的影响。本研究认为,消费者在线购物个体卷入度这一消费者特质因素,将会对消费者在线顾客忠诚行为发挥着不可小觑的作用。

毋庸置疑,消费者的行为是复杂的,受控于多种因素影响,包括行业环境、企业因素与消费者特质等。传统购物情境中,学者关注到替代选择吸引力对消费者顾客忠诚行为的作用(HA 和 PARK,2013)。在网络时代,消费者之所以从线下转到线上购物,至关重要的因素就是网络为其提供了传统购物无法匹敌的多样化替代选择。因此,本研究认为在线购物情境下,替代选择吸引力依然对企业顾客忠诚起着至关重要的作用,替代选择吸引力对消费者在线顾客忠诚行为将发挥更为显著的影响。

在已有顾客忠诚研究文献中,主要探讨顾客满意前置作用(Chang 等,2009;Blut 等,2015;Chen 等,2008;Taylor 和 Strutton,2010),少数研究探讨顾客惰性作为顾客忠诚的前置因素(Wu,2011)。本研究认为在在线购物情境下,在线顾客满意与顾客惰性都是在线顾客忠诚重要的前置变量,因而同时探讨在线顾客满意与在线顾客惰性对在线顾客忠诚的前置作用更为合理。与此同时,本研究认为替代选择吸引力作为行业环境要素,个体卷入度作为消费者个人特质因素将同时调节在线顾客满意、顾客惰性与在线顾客忠诚之间的关系,因而,本研究根据权变理论视角建立了图 8 - 1 的理论模型,以期揭示在线购物情境下消费者在线顾客忠诚动态作用机制。主要关注在线顾客忠诚的关键前置变量和界定在线顾客忠诚边界条件。本研究试图回答如下问题:第一,在线情境下,在线顾客满意、顾客惰性是否是促进在线顾客忠诚的重要前置要素? 第二,在线卷入度作为消费者特质要素是否会强化在线顾客满意、顾客惰性对在线顾客忠诚正向效应? 第三,替代选择吸引力作为竞争要素是否会弱化在线顾客满意、顾客惰性对在线顾客忠诚正相关效应?

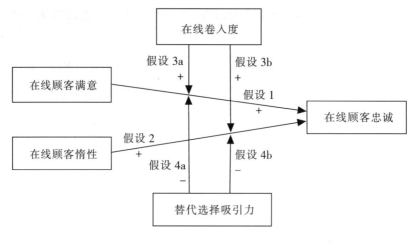

图 8-1 研究模型

二、研究假设

(一)在线顾客满意与在线顾客忠诚

从传统企业顾客忠诚、对服务企业顾客忠诚,直至在线情境顾客忠诚,顾客满意都被认为是不可或缺的前置变量。就顾客满意这一要素而言,已有研究显示,不满意的顾客更可能发生转换行为,反之,满意顾客转换可能性更低;满意顾客更可能重复购买和正面口碑(Chang 等,2009)。一些研究探讨惰性、便利动机、转换成本、购买规模对满意与在线顾客忠诚之间正相关关系的调节作用(Valviac 和 Frogkos,2012)。传统购物情境研究显示由于转换成本的存在,即使不满意的顾客也可能选择顾客保持或忠诚(Yanamandram 和 Whitel,2004)。然而,在在线购物情境中,在线顾客面对的转换成本相较于传统购物情境要小得多,基于此,本研究认为,在线情境中不满意顾客选择顾客保持的可能性极低,在线顾客忠诚基于在线顾客满意,许多研究也证实顾客满意与顾客忠诚(郑秋莹等,2014;李惠璠等,2012)、在线顾客满意与顾客忠诚正相关(Chang 等,2009,Blut 等,2015;Chen 等,2008;Taylor 和 Strutton,2010)。基于认知、情感、行为理论,结合上述分析,本研究假设:

假设 1 在线顾客满意与在线顾客忠诚正相关。

(二)在线顾客惰性与在线顾客忠诚

根据计划行为理论,顾客实施特定行为(在线顾客忠诚)的意愿将影响特定行为

（Madden 等,1992）。顾客对特定网络商店（网络零售商）所表现出来的行为有两个方向,要么选择保留可能最终发展成为忠实性顾客,表现出在线顾客忠诚的一系列行为,正向口碑、推荐、重复购买等;要么背离原有网络零售商,形成顾客转换。顾客保持或转换决策取决于意愿,即消费者转换在线产品或服务提供商意愿的强度,顾客惰性代表顾客转换意愿较低。根据计划行为理论,消费者对于转换网络商店表现出的不积极、不主动、懒惰的意愿（在线顾客惰性）,将正向影响行为（在线顾客忠诚）。Zeelenberg 等（2004）在服务情境中将顾客惰性进行了高低惰性划分,认为高惰性顾客在考虑转换时是消极的,由此导致他们与其服务供应商维持现状,低惰性顾客积极寻求并比较交易,结果导致背离。Leer 和 Neale（2012）认为,高惰性即是对积极搜寻或者顾客转换有较低倾向;反之,低惰性则有较高倾向去积极搜寻或者转换。Yanamandram 和 White（2004）经定性研究发现,在线顾客惰性是在线顾客忠诚重要的影响因素,消费者似乎逃避做新的购买决策,避免学习新服务过程和实践,避免在选择间进行价格比较,容忍区域内惰性顾客选择保持是因为顾客倾向于不行动或者消极（Yapkb 和 Sweeney,2007）。Wu（2011）通过实证研究证实顾客惰性与顾客忠诚正相关。基于计划行为理论,结合上述分析,本研究假设:

假设 2　在线顾客惰性与在线顾客忠诚正相关。

（三）在线卷入度、顾客满意、顾客惰性与顾客忠诚

卷入度作为一种消费者特质,被应用到各种研究情境,如新产品开发、品牌忠诚、购买决策等。卷入度被认为会影响消费者对决策重要水平的感知,Colgate 等（2007）呼吁未来的研究应该审视卷入度对转换行为的影响。消费者卷入度有高低之分,具有较高卷入度的消费者被描述为受到激励去搜集产品信息,比较产品并愿意购买某种特定类型的产品,其购物决策更为复杂,许多因素都会影响购买行为（Hansen,2005）。换言之,相对于低卷入度消费者,高卷入度消费者将在购物过程中花费大量的时间、精力及情感,由此,对所购买的产品和服务效果也更为关注。值得注意的是,本研究情境为顾客忠诚研究,欲探求卷入度对消费者购物决策的影响,借鉴管理学按决策解决问题的性质,将决策分为初始决策（初次购买）与追踪决策（在线顾客忠诚）是必要且重要的。上述对高低卷入度消费者的行为分析,均适用初始决策情境,即对于高卷入度消费者而言,其在线购物初始决策非常审慎,全方位考虑各种要素以做出购物决策,将比他人付出更多的时间和精力在众多替代选择中进行比较。然而,本研究认为,在面对如顾客忠诚这样的追踪决策,基于对所获得的产品和服务满意前提下,消费者将不愿意付出与初始决策同样的时间和精力,会偏好简单决策——对原有网络商店顾客忠诚。

受惰性倾向驱动的在线顾客忠诚行为与受满意驱动的在线顾客忠诚行为作用机制趋同。高卷入度顾客在惰性驱动下也会偏好简单决策——在线顾客忠诚。这一分析的逻辑是,无论对于由在线满意还是由于在线惰性而导致的在线顾客忠诚,相较于低卷入度顾客,高卷入度顾客特征都会强化这一在线忠诚倾向。基于上述分析,本研究假设:

假设 3a 在线卷入度正向调节在线顾客满意与在线顾客忠诚之间的关系。

假设 3b 在线卷入度正向调节在线顾客惰性与在线顾客忠诚之间的关系。

(四)替代选择吸引力、在线顾客满意、顾客惰性与在线顾客忠诚

就顾客满意而导致的顾客忠诚而言,Sharma 和 Patterson(2000)的研究指出,如果低竞争存在或者服务提供商之间的消费者感知异同性过小,那么消费者就很可能选择保留在原有服务提供商,即使他们对目前的服务提供商不甚满意。反过来说,即使顾客对目前服务提供商比较满意,如果替代选择具有很强吸引力,消费者也会在目前满意与将来可能的满意间作比较,即替代选择吸引力负向调节满意与顾客忠诚之间的关系。本研究认为这种逻辑无论在任何消费情境下都适用,当然也适用于本文在线研究情境。

就顾客惰性而引发的顾客忠诚而言,Cheng 等(2011)的研究指出,从以往消费中体会到收益,进而形成转换惰性,最后使重复购买行为得以继续。在缺乏强势替代选择或者没有强势多样化选择动机前提下,消费者就会继续维持与现有商家的关系;然而若竞争对手提供较低价格,就会提升消费者转换可能性,将会侵蚀消费者对原有企业的消费惰性。言外之意,顾客惰性与顾客忠诚之间正相关关系将大大受控于替代选择吸引力。Lee 等(2012)的研究也指出顾客只是出于习惯(惰性)而对于服务提供商维持,结果,这样的顾客关系脆弱且易受竞争对手影响从而打破习惯行为。由此可以推断,替代选择吸引力将负向调节顾客惰性与顾客忠诚之间的关系。

下面从替代选择吸引力概念界定入手,进一步阐述替代选择吸引力对在线顾客满意、顾客惰性的负向调节机制。替代选择吸引力定义为消费者对从替代选择关系中可能获得满意的一种评价(Robert 和 Ping,1993),有 4 个维度的特征:可得替代选择数量,替代选择异同性,理解这些替代选择的困难程度,比较替代选择的困难程度。即如果替代选择数量多、异同性大、理解和比较替代选择比较容易,替代选择吸引力就是强势的。在在线购物情境中,能够满足消费者同种需求的网络商店可谓众多,造就了足够的品类宽度和广度,且网络便利了消费者对替代选择的比较,可见在在线购物情境中,替代选择吸

引力是强势的。如果说在线顾客满意与在线顾客惰性代表顾客锁入效应驱动因素,那么替代选择吸引力则代表顾客转换驱动因素。由此,本研究认为替代选择吸引力将负向调节在线顾客满意、顾客惰性与在线顾客忠诚之间的关系。

假设 4a 替代选择吸引力负向调节在线顾客满意与在线顾客忠诚之间的关系。

假设 4b 替代选择吸引力负向调节在线顾客惰性与在线顾客忠诚之间的关系。

第四节 研究设计

一、问卷设计

本研究构建了在线顾客满意、在线顾客惰性、在线顾客忠诚、替代选择吸引力与在线卷入度五因子研究模型,构念测量均采用成熟量表,Likert 7 点测量方法,"1"= 完全不同意,"7"= 完全同意。契合研究情境,采用 TSAI 等(Tsaih 等,2006)提出的在线顾客满意 4 条目量表;借鉴以往学者研究成果,采用 Leer 和 Neale(2012)提出的惰性量表;目前在线顾客忠诚研究还很不深入,测量方法也很多样。鉴于在线顾客忠诚与传统顾客忠诚在行为上表现高度一致,如重复光顾、积极的正面口碑甚至向自己的亲戚朋友推荐等,这里采用 El-Manstrly(2016)的成熟量表。替代选择吸引力定义为消费者对从替代选择关系中可能获得满意的一种评价,依据替代选择吸引力四个特征,结合在线购物情境,强替代选择吸引力可能来源于有很多替代选择、替代选择可以提供更为优异的产品和服务、替代选择可能比目前的网络商店离消费者更近,进而能够满足消费者积极消费需要等,这里采用 Sharma 和 Patterson(2000)的 5 条目量表;采用 Zaichkowsky(1994)提出的 10 条目量表对在线卷入度进行测量,该量表被证明有着很高的效度和信度。因量表均来自国外文献,为了保证量表的信效度及其适用性,通过如下步骤形成最终问卷:第一,邀请两位营销专业精通英语的博士研究生对量表进行翻译,对语言语义进行反复核对校正,最终确定语言表达。第二,根据研究情境对量表从语义上进行细化修改。第三,邀请 3 位相关研究领域专家对问卷从内容、语言及结构上进行指导,之后交给营销从业人员进行探讨修正,同时邀请普通消费者对问卷表达提出意见和建议,形成初始问卷。选取 30 名研究生对初始问卷进行了前测,根据反馈以及对量表信效度的初步统计并修改,形成最终调研问卷。具体题项,见表 8 - 1 所列。

表 8 - 1　测量量表、Cronbach's α、组合信度与 AVE 值

潜变量	题项	α	组合信度	AVE
在线顾客满意	总体而言,该网络商店的产品和服务能够满足我的期望 总体而言,我对该网络商店提供的产品和服务满意 从该网络商店购物的选择是明智的 从该网络商店购物的决策令我很高兴	0.817	0.831	0.555
在线顾客惰性	我不考虑转向其他网络商店购物 对于从其他网络商店寻找更有吸引力的交易机会,我没有强烈意愿我不必为考虑转向其他网路商店购物而烦恼	0.772	0.766	0.522
在线顾客忠诚	我将会一直考虑使用该网络商店作为我继续购买此类商品的首选未来几年,我可能会继续使用该网络商店购物 在网络评价中,我很愿意对该网络商店给出积极正面的评价 如果有人向我寻求相关意见,我愿意推荐该网络商店 我会鼓励亲朋好友光顾该网络商店 未来几年,我可能会主要依赖该网络商店购买(此类商品)	0.808	0.796	0.567
替代选择吸引力	总体而言,其他的网络商店可能比目前的网络商店购买成本更低新的网络商店可能会提供更为齐全的产品和服务选择 与现在的网络商店相比,新的网络商店在地域上可能离我更近新的网络商店可能更能满足我对产品和服务的需求 与目前的网络商店相比,我可能会对新的网络商店更为满意	0.801	0.796	0.573
在线卷入度"购物过程及所购买的产品和服务于我而言"	极其重要——非常不重要(R) 极其无聊——非常有趣 与我极其相关——与我毫不相关(R) 令人兴奋的——单调乏味(R) 毫无意义——非常有意义 非常有吸引力——毫无吸引力(R) 令人着迷的——琐事(R) 毫无价值——极其珍贵 沉迷其中——毫不沉迷(R) 没必要——非常必要	0.923	0.928	0.811

注:R 表示反向题项。

二、样本选择

本文研究对象为在线顾客忠诚,其必要要素是在线重复购买行为,因而在问卷中设置了一个题目,询问被调查对象是否在淘宝网某个网络商店有一次以上,即重复购买经历。同时为了排除品牌、企业规模、企业信誉、经营产品类别、行业等可能对在线顾客忠诚造成影响的因素,契合特定网络商店在线顾客忠诚研究情境,本研究以中国典型 B2C兼 C2C 平台企业淘宝网用户为调查对象。以往研究认为人文变量,如年龄、性别以及收入,可能影响消费者在线购物行为,因而本研究问卷设计中对这些消费者特征也进行了调查。本研究数据来源于两部分:一部分是工作人士,地域分布于北京、天津、青岛、上海及黑龙江省一些城市;职业分布广泛,包括公务员、公司职员、工程师、个体创业者等。另一部分主要针对东北部某高校在校大学生。共回收问卷 411 份,剔除无淘宝网购物体验、无重复购买经历及一些无效问卷后,剩余有效样本 354 份。354 份样本中,频率分析显示男性占比 35.6%,女性占比 64.4%;19—29 岁样本占比 55.4%,30—39 岁样本占比32.8%,40 岁以上样本占比 11.9%;已婚样本占比 54.7%,未婚样本占比 45.3%;大专及以下学历样本占比 16.1%,本科学历占比 78.8%,研究生学历占比 5.1%;收入在 3000元以下样本占比 44.4%;3000—5000 元样本占比 37.9%,5000—10000 元样本占比16.5%,10000 元及以上占比 1.1%。上述分析显示样本很好地避免了样本偏离度。

第五节　实证结果与分析

一、共同方法偏离度检验

本研究通过一系列过程控制方法进行问卷设计与数据搜集,以降低可能存在的共同方法偏离度,如匿名调查法、问卷题项间隔分布、设计反向题项、时间间隔、调查对象多样化等。借鉴杨勇等(2015)研究中为学者广泛采用的 Harman's 单因素检验法对数据进行共同方法偏离度检验,未旋转主成分分析结果显示第一公因子提取方差为 27.709%,低于 40% 临界标准,说明共同方法偏离度并不明显。

二、信度与效度分析

为了进一步验证模型拟合度,判定聚合效度与区分效度,本研究使用结构方程模型软件 AMOS23.0 对模型做了验证性因子分析。结果显示所有条目都如期在相应的因子上有显著的因子载荷,并据此计算组合信度(CR)及平均提取方差(AVE)值(见表 8-1)。验证性因子分析中使用了 LANDIS 等(2000)提出的条目打包技术,基于 LITTLE 等(2002)推荐使用的随机打包方法对在线顾客忠诚、在线卷入度以及替代选择吸引力条目进行了打包操作。验证性因子分析结果显示:$\chi 2 = 155.413, df = 85, \chi 2/df = 1.828, CFI = 0.975, GFI = 0.950, TLI = 0.964, NFI = 0.947, IFI = 0.975, RMSEA = 0.048, SRMR = 0.036$,均在临界标准以内,表明结构模型拟合度较好。Cronbach'sα 值介于 0.772—0.923 之间,组合信度介于 0.766—0.928 之间,说明量表具有良好内部一致性。AVE 值介于 0.522—0.811 之间且因子载荷均大于 0.5,表明量表收敛效度符合要求。量表的判别效度见表 8-2,各变量的平均提取方差平方根均大于该变量与其他变量的相关系数,说明量表的判别效度也达到要求。

表 8-2　均值、标准差及判别效度检验

变量	均值	标准差	1	2	3	4	5
1. 在线顾客满意	4.843	0.718	0.744				
2. 在线顾客惰性	4.447	0.800	0.355**	0.723			
3. 在线顾客忠诚	4.751	0.679	0.556**	0.633**	0.753		
4. 在线卷入度	4.405	0.743	0.128**	0.055	0.010	0.901	
5. 替代选择吸引力	4.821	0.906	0.362**	0.149**	0.335**	0.092	0.757

注:** 表示 $p < 0.01$,* 表示 $p < 0.05$,对角线值为 AVE 平方根。

三、主效应检验

为了验证在线顾客满意、顾客惰性对在线顾客忠诚的直接影响,本研究采用结构方程模型软件 AMOS23.0 对结构模型进行分析。结果显示:$\chi 2 = 101.165, df = 55, \chi 2/df = 1.839, CFI = 0.974, GFI = 0.958, TLI = 0.963, NFI = 0.946, IFI = 0.974, RMSEA = 0.049, SRMR = 0.035$,均在临界标准以内,表明结构模型拟合度较好,可以进行路径分析。路径分析结果如表8-3所示:在线顾客满意、顾客惰性均显著正向影响在线顾客忠诚,假设1与假设2得到验证。

表8-3 直接效应检验结果

假设	路径	路径系数	T值与显著性	检验结果
假设1	在线顾客忠诚←在线顾客满意	0.319	5.538**	支持
假设2	在线顾客忠诚←在线顾客惰性	0.735	9.370**	支持

注:** 表示 $p < 0.01$, * 表示 $p < 0.05$。

四、调节效应检验

本研究使用SPSS22.0对在线卷入度、替代选择吸引力对在线顾客满意、顾客惰性与在线顾客忠诚之间的正相关关系的调节作用进行检验,层级回归结果如表8-4所示。模型1中将一些人文变量对在线顾客忠诚做回归。模型2加入了本研究中两个前置变量和两个调节变量对在线顾客忠诚做回归。模型3中再次加入两个前置变量与两个调节变量的乘积项对在线顾客忠诚进行回归。回归结果显示:在线顾客满意与替代选择吸引力乘积项($\beta = -0.129$)、在线顾客惰性与替代选择吸引力乘积项($\beta = -0.076$)与在线顾客忠诚显著负相关,即替代选择吸引力负向调节在线顾客满意、在线顾客惰性与在线顾客忠诚之间的关系,假设4a和假设4b得到了验证。同时回归结果显示,在线顾客满意与在线卷入度乘积项与在线顾客忠诚显著正相关($\beta = 0.082$),即在线卷入度正向调节在线顾客满意与在线顾客忠诚的正相关关系,假设3a得到了验证。然而,在线顾客惰性与在线卷入度乘积项与在线顾客忠诚并未呈现显著相关关系,即在线卷入度正向调节在线顾客惰性与在线顾客忠诚正相关关系的假设3b,没有得到数据支持。

在模型检验过程中,本研究同时对数据多重共线性依据VIF进行了检验,VIF值均低于2,说明基本上不存在多重共线性问题。

表8-4 调节效应检验结果

变量	在线顾客忠诚		
	模型1	模型2	模型3
Times	0.073	0.021	0.025
Sex	−0.069	−0.071**	−0.058
Age	−0.047	−0.009	−0.012

变量	在线顾客忠诚		
	模型1	模型2	模型3
Marriage	−0.071	−0.030	0.002
Edu	−0.039	−0.044	−0.040
Income	0.245***	0.086*	0.070
SAT		0.323***	0.249***
INT		0.484***	0.457***
ALT		−0.084**	−0.094**
INV		0.167***	0.177***
SAT*ALT			−0.129***
INT*ALT			−0.076*
SAT*INV			0.082**
INT*INV			−0.022
R^2	0.033	0.554	0.581
ΔR^2	0.050***	0.517***	0.031***
F	3.003***	44.270***	35.487***

注:*** 表示 $p<0.01$, ** 表示 $p<0.05$, * 表示 $p<0.10$。Times:重复购买次数;SAT:在线顾客满意;INT:在线顾客惰性;ALT:替代选择吸引力;INV:在线卷入度。

第六节　结论

一、研究结论与讨论

至此,本研究得出如下结论:第一,在线情境下,与假设相一致,在线顾客满意、顾客惰性都是促进在线顾客忠诚的重要前置要素。第二,在线卷入度作为消费者特质要素会强化在线顾客满意对在线顾客忠诚正向效应,但是会强化在线顾客惰性与在线顾客忠诚之间关系的假设没有通过数据检验。第三,替代选择吸引力作为竞争要素会弱化在线顾客满意、顾客惰性对在线顾客忠诚正相关效应。

本研究证实,顾客满意对于 B2C 与 C2C 情境下的在线顾客忠诚是必不可少的前置变量,甚至是在线顾客忠诚的前提,原因在于网络购物的选择多样性、便利性与对特定网络零售商低依赖性。

本研究认为,随着网络购物的兴起,在线顾客惰性将日益成为在线顾客忠诚的重要前置因素,并且随着未来网络技术进一步发展,在线顾客惰性会进一步增强,其对在线顾客忠诚的前置作用也会进一步强化。至此,本研究发现,无论在线顾客满意还是顾客惰性都是在线顾客忠诚的重要前置变量。

根据目前所拥有的知识,本研究首次并同时探讨在线卷入度对在线顾客满意、顾客惰性与在线顾客忠诚的调节作用。本研究证实,在线情境下,在线卷入度正向调节在线顾客满意与在线顾客忠诚正相关关系。但是在线卷入度正向调节在线顾客惰性与在线顾客忠诚正相关关系的假设并未得到实证支持。可能的解释是:在线卷入度作为一种消费者特质,在面对是否重复光顾原有网络商店的购物决策时,会倾向于选择简单方式(在线顾客忠诚)来解决这一问题(Yanamandram 和 Whitel,2004),即高卷入度消费者更容易形成在线顾客转换惰性,或者说在线转换惰性倾向中已涵盖高卷入特质因素,因而在线卷入度不再能够显著调节在线顾客惰性与在线顾客忠诚之间的关系。

就替代选择吸引力对在线顾客满意、顾客惰性与顾客忠诚的调节作用而言,本研究假设无论消费者是由于在线满意或是在线惰性而导致在线顾客忠诚,只要外部替代选择足够强势,都会瓦解在线顾客满意、顾客惰性对在线顾客忠诚的锁定效应,实证结果也验证了本研究假设(假设4a,假设4b)。由此可以推断,高替代选择吸引力是在线消费者转换强有力的驱动力,显著弱化在线顾客满意、顾客惰性对在线顾客忠诚的锁入效应。

二、研究局限

本研究存在一些局限:第一,问卷数据本身的局限。横截面数据很可能会产生共同方法偏离度问题,也很难做出因果性推论。在研究条件具备且对研究问题适用前提下,未来研究应该考虑采用不同数据源。对于在线顾客忠诚,如能找到更好的客观替代指标,采用客观二手数据可能更具说服力。第二,未来研究也可以考虑纵向研究以揭示在线顾客忠诚模型动态长期趋势,从而揭示出潜变量间因果关系,这可以作为进一步研究方向。

参考文献

[1]白景坤.组织惰性生成研究——环境选择、路径依赖和资源基础观的整合[J].上海:社会科学,2017,(3):55-65.

[2]蔡国良,陈瑞,赵平.消费者产品知识和信息推荐代理对品牌忠诚度的影响研究[J].中国软科学,2016(10):123-134.

[3]常亚平,刘艳阳,阎俊,张金隆.B2C环境下网络服务质量对顾客忠诚的影响机理[J].系统工程理论与实践,2009,29(6):94-106.

[4]陈红萍.基于内外环境不确定的供应链多目标决策模型研究[D].北京交通大学硕士论文,2010.

[5]陈莉娟.浅谈学生学习中的惰性习惯及矫正策略[J].教育探索,2016,304(10):28-33.

[6]陈瑞,郑毓煌,刘文静.中介效应分析:原理,程序,Bootstrap方法及其应用[J].营销科学学报,2013,9(4):120-135.

[7]陈小雨.北京小米科技有限责任公司的整合营销传播研究[D].河北贸易大学,2015.

[8]陈颖慧.物流统计及评价指标体系的构建[J].世界海运,2008(8):28-30.

[9]陈震红,董俊武.战略联盟伙伴的冲突管理[J].科学学与科学技术管理,2004(3):106-109.

[10]池信云.国有企业职代会制度脆弱性探因及对策[J].中国职工教育,2006(12):48-49.

[11]崔征.企业战略联盟的伙伴选择[J].北京理工大学学报:社会科学版,2006,(2):74-75.

[12]戴德宝,刘西洋,范体军."互联网+"时代网络个性化推荐采纳意愿影响因素研究[J].中国软科学,2015(8):163-172.

[13]道格拉斯 G.诺斯著.杭行译.制度、制度变迁与经济绩效[M].上海:格致出版社、上海三联书店、上海人民出版社,2014.

[14]丁海猛,侯雪.网络时代企业危机公关面临的两大挑战及原因分析[J].新闻界,2009

（2）:62 – 64.

[15]杜松华,陈扬森,柯晓波,蒋瑞新."互联网 + 生态农业"可持续发展——广东绿谷模式探究[J].管理评论,2017,29(6):264 – 272.

[16]樊宏炸.企业脆弱性机理研究[D].武汉:武汉理工大学硕士论文,2008.

[17]范秀成,郑秋莹,姚唐,等.顾客满意带来什么忠诚?[J].管理世界,2009(2):83 – 91.

[18]耿锁至.浅谈中小商业企业发展电子商务[J].浙江工商职业技术学院学报,2009(1):1 – 3.

[19]辜胜阻,曹冬梅,李睿.让"互联网 +"行动计划引领新一轮创业浪潮[J].科学学研究,2016,(2):161 – 165.

[20]郭家堂,骆品亮.互联网对中国全要素生产率有促进作用吗?[J].管理世界,2016,(10):34 – 49.

[21]郭健,等.基于脆性势函数对复杂系统的脆性分析[J].自动化技术与应用,2003,22(7):5 – 8.

[22]郭佩文.制度变迁中的制度惰性原因探究——基于马克思主义理论和诺斯的制度变迁理论分析[J].前沿,2014,371(11):70 – 71.

[23]郭玉宽.从家乐福、万科事件看网络时代企业危机管理[J].中国管理信息化,2006(19):97 – 100.

[24]郝身永."互联网 +"商业模式的多重竞争优势研究[J].经济问题探索,2015,(1):41 – 44.

[25]赫伯特.西蒙.今日世界中的公共管理[J].组织与市场,2002(1):163.

[26]何一清,王迎军,方琳,张腾.企业高管环境扫描与突破认知惰性机制研究[J].科研管理,2015,36(9):100 – 105.

[27]胡国辉.现代企业组织变革新方向[J].安徽农业大学学报:哲社版,2005(5):39 – 42.

[28]胡克南.消费者促销惰性形成机理和影响因素——基于扎根理论的探索性研究[J].中国管理信息化,2016,19(2):101 – 103.

[29]黄建莲,刘海滨.试论网络环境下的企业组织[J].华北科技学院学报,2006(3):109 – 111.

[30]黄丽薇.网络时代的企业战略联盟[D].泉州:华侨大学硕士论文,2002.

[31]黄松,邱杰.考虑顾客惰性时的供应链定价与存货决策研究[J].价值工程,2014(7):22 – 25.

[32]简兆权,柯云.网络购物服务失误、服务补救与顾客二次满意及忠诚度的关系研究[J].管理评论,2017,29(1):175-186.

[33]姜宏,齐二石,霍艳芳,杨道箭.基于顾客惰性行为的无理由退货策略研究[J].管理学报,2012,9(10):1531-1535.

[34]姜奇平."互联网+"与中国经济的未来形态[J].学术前沿,2015,(5):52-63.

[35]金辉,钱疑.团队的脆弱性及其防范对策[J].中国人力资源开发,2005(4):58-60.

[36]李宝.企业组织脆弱性生成机理与研究[D].武汉:武汉理工大学硕士论文,2012.

[37]李朝辉.基于顾客参与视角的虚拟品牌社区价值共创研究[D].北京邮电大学,2013.

[38]黎春兰.论企业信息化与电子商务的关系[J].现代情报,2004(6):172-173.

[39]李海舰、田跃新、李文杰.互联网思维与传统企业再造[J].中国工业经济,2014,(10):135-146.

[40]李惠璠,罗海成,姚唐.企业形象对顾客态度忠诚与行为忠诚的影响模型——来自零售银行业的证据[J].管理评论,2012,24(6):88-97.

[41]李俊生,姚东旻.互联网搜索服务的性质与其市场供给方式初探[J].管理世界,2016,(8):1-15.

[42]李启庚,张华.电子商务物流能力对顾客忠诚的影响[J].企业经济,2016(3):88-92.

[43]李艳.面向大规模定制的供应链研究综述[J].现代商业,2004(6):12-13.

[44]李中娟,柏明国,刘新跃.长三角制造企业绿色技术创新惰性的成因及对策研究[J].绿色科技,2017,(2):143-148.

[45]梁宇轩,杨宇帆,刘容.顾客体验对顾客满意和顾客忠诚的影响[J].税务与经经济,2017(1):42-49.

[46]林萌菲,张德鹏,薛东飞.感知风险与利益对顾客忠诚的影响——以银行理财顾客为例[J].企业经济,2017(5):86-93.

[47]刘翠翠,陈彬,刘磊鑫,等.当局者迷,旁观者清?自我—他人决策的理性差异及其机制[J].心理科学进展,2013,21(5):879-885.

[48]刘丹.试论网络经济与信息经济、电子商务的关系[J].现代情报,2005(9):215-216.

[49]刘金荣.供应链管理中的不确定因素及其解决对策[J].郎阳师范高等专科学校学报,2004,12(6):129-131.

[50]刘明菲,徐玉媚.基于企业脆弱性的营销道德风险评价[J].科技创业,2009(12):121-124.

[51]刘虹,顾东晓,张悦,等. 转型时期电商物流企业顾客忠诚度实证研究[J]. 预测, 2016,35(6):44 – 49.

[52]刘世雄,席金菊,温小山. 广告语言与产品卷入度对广告卷入度的影响研究[J]. 应用心理学,2013,19(2):99 – 110.

[53]刘文龙,周琴音. 一体化供应链下的物流系统规划[J]. 黑龙江对外经贸,2007(5): 36 – 37.

[54]刘亚军,储新民. 中国"淘宝村"的产业演化研究[J]. 中国软科学,2017(2):29 – 36.

[55]刘振华,闵庆飞,刘子龙. 虚拟团队中的社会惰性——基于知识型团队的实验研究[J]. 系统工程理论与实践,2015,35(1):115 – 123.

[56]刘子莹,崔岐恩. 大学生课堂"分享惰性"的现状分析[J]. 扬州大学学报,2017,21(1):67 – 72.

[57]罗小平. 认知行为理论视域下的体验营销——星巴克与宜家体验营销模式比较[J]. 经营管理者,2013(10):291 – 292.

[58]宁钟. 供应链脆弱性的影响因素及其管理原则[J]. 中国流通经济,2004(4):13 – 16.

[59]曲飞宇,张婷婷. 三星电子在中国的整合营销传播策略及其启示[J]. 物流技术, 2004,26(4):739 – 748.

[60]邵仲岩,王金丽,王士龙. 企业组织变革效果评价研究[J]. 商业时代,2012(24): 58 – 63.

[61]邵仲岩,王金丽. 商业企业经营管理[M]. 哈尔滨:哈尔滨工程大学出版社,2009

[62]仇立. B2C 模式下消费者感知价格利益与顾客忠诚相关性研究[J]. 管理现代化, 2017(2):74 – 77.

[63]申光龙. 整合营销传播战略管理[M]. 清华大学出版社,2013.

[64]申光龙. 互异性非营利组织的整合行销传播策略[M]. 起案塾有限公司,2014.

[65]申光龙. 企业生存发展的 18 个战略工具[M]. 清华大学出版社,2010.

[66]沈璐,庄贵军,郭茹. 复杂型购买行为模式下的在线购买意愿:以网购汽车为例的网络论坛扎根研究[J]. 管理评论,2015,27(9):221 – 230.

[67]生延超,刘铮. 论消费者惰性及其对产品质量管制的影响[J]. 消费经济,2007,23(4):81 – 84.

[68]生延超,刘铮. 游客消费惰性及其权利维护[J]. 消费经济,2007,23(4):81 – 84.

[69]舒良友. 浅析网络时代企业外部环境变化[J]. 商业研究,2008(8):82 – 84.

[70]斯图尔特. 追求变革——迎接管理的挑战[M]. 刘建生,译. 北京:中国财政经济出版

社,1990.

[71]宋福玲.环境不确定性对供应链企业间信任与信息共享关系的调节作用研究[D].吉林大学硕士论文,2012.

[72]宋迎春,梁军.自营物流与第三方物流——企业的物流策略选择分析[J].商业研究,2009(3):88-90.

[73]苏郁锋,吴能全,周翔.企业协同演化视角的组织场域制度化研究——以互联网金融为例[J].南开管理评论,2015,18(5):122-135.

[74]孙瑞者.B2C电子商务物流模式选择研究[D].重庆:重庆工商大学硕士学位论文,2011.

[75]宿伟玲.战略联盟若干理论及方法研究[D].天津:天津大学博士论文,2004.

[76]唐莉莉,吴彩霞.三只松鼠整合营销传播中的体验营销的运用[J].新闻研究导刊,2015,(14):251-252.

[77]唐塞丽,张明立,许月恒.关系利益在零售业忠诚计划和顾客忠诚中的中介效应研究[J].管理学报,2012,9(3):421-427.

[78]王财玉,雷雳,吴波.时间参照对绿色创新消费"不作为惰性"的影响[J].心理科学进展,2017,25(1):1-11.

[79]王丹萍,庄贵军,周茵.集成调节匹配对广告态度的影响[J].管理科学,2013,26(3):45-54.

[80]王金丽.供应链系统脆性防御评价模型的构造与适用[J].科技管理研究,2014(1):205-209.

[81]王金丽,秦鹏飞."互联网+"经济性、非经济性与非经济性规避探析[J].现代管理科学,2018(2):118-120.

[82]王金丽,申光龙,秦鹏飞,彭晓东.在线顾客满意、顾客惰性与在线顾客忠诚:一种动态权变作用机制研究[J].管理学报,2017,14(11):1681-1689.

[83]王金云,高英.第三方物流选择评价体系的研究[J].辽宁财专学报,2004(2):32-34.

[84]王强.企业危机管理中HR部门如何发挥作用[J].中国人才,2003(7):31-33.

[85]王日爽.大规模定制的经济学分析与企业组织变革[J].世界标准化与质量管理,2005(11):8-12.

[86]王锐兰,刘思峰.我国非盈利组织融资"脆弱性"及相机治理[J].审计与经济研究,2005,20(3):75-77.

[87]王爽英.网络时代企业竞争的特点与经营思路[J].企业经济,2002(6):129-130.

[88]王新新,万文海.消费领域共创价值的机理及对品牌忠诚的作用研究[J].管理科学,2012,25(5):52－65.

[89]汪秀婷,戴蕾.集群网络中技术创新惰性的成因及突破策略研究[J].科学管理研究,2014,35(2):20－23.

[90]王意冈,王院尘.业务过程重构若干问题之探讨[J].系统工程理论与实践,1999(2):38－43.

[91]王玉梅,罗公利,周广菊.产业技术创新战略联盟网络协同创新要素分析[J].情报信息,2013(2):201.

[92]王智敏,等.基于系统观点的组织变革管理研究[J].经济师,2005(8):10－11.

[93]韦琦,金鸿章,郭健.复杂系统崩溃的脆性致因的研究[J].系统工程,2003(8):57－60.

[94]文华,王滤,杨青.企业脆弱性评价指标体系研究[J].武汉理工大学学报,2008(2):121－124.

[95]温韬.顾客体验理论的进展、比较及展望[J].四川大学学报(哲学社会科学版),2007,149(2):133－139.

[96]温忠麟,侯杰泰,张雷.调节效应与中介效应的比较和应用[J].心理学报,2005(37):268－274.

[97]吴金南,尚慧娟.物流服务质量与在线顾客忠诚—个体差异的调节效应[J].软科学2014,28(6):113－116.

[98]吴红梅,金鸿章,王辉.复杂系统脆性树及其在船舶电网中的应用[J].武汉理工大学学报,2009,31(10):63－65.

[99]吴明隆.结构方程模型——AMOS 的操作与应用[M].重庆大学出版社,2009.

[100]吴明隆.SPSS 统计应用实务[M].中国铁道出版社,2001.

[101]吴佩强.人力资源管理中,如何监督职工的惰性[J].经济研究导刊,2017,315(1):124－126.

[102]肖轶楠.互动质量对顾客忠诚的影响机制研究——基于顾客心理视角[J].技术经济与管理研,2017(4):44－49.

[103]谢企华.企业竞争新焦点——战略供应链[J].企业家论坛,2008(1):14－16.

[104]谢挺.基于网络流的供应链模型研究[D].重庆:重庆大学硕士研究生论文,2006.

[105]徐赟."互联网＋":新融合、新机遇、新引擎[J].电信技术,2015,(4):6－9.

[106]徐国伟.产品卷入度与感知风险下顾客忠诚研究[J].软科学,2012,26(2):

140 - 144.

[107]许力文.高职院校学生就业惰性原因及对策浅析[J].南昌教育学院学报,2014
(6):80 - 82.

[108]徐慰,刘兴华,刘荣.正念训练改善情绪惰性的效果:正念特质的调节作用[J].中国
临床心理学杂志,2015,23(6):1129 - 1136.

[109]闫丽梅,金鸿章,等.系统脆性及其脆性源[J].哈尔滨工程大学学报,2004,27(2):
223 - 237.

[110]杨奎,张龙.C2C 模式下网上店铺的服务质量对顾客忠诚度的影响研究[J].商业研
究,2016(30):7 - 9.

[111]杨勇,马钦海,谭国威,等.情绪劳动策略与顾客忠诚:顾客认同和情绪价值的多重
中介作用[J].管理评论,2015,27(4):144 - 155.

[112]阴仁杰.基于复杂系统的钢铁供应链脆性管理研究[D].青岛:中国海洋大学硕士
论文,2011.

[113]余恒会,李瑞勤.商业企业电子商务模型设计与实现[J].情报科学,2009(11):
140 - 143.

[114]于秋芳,向洪金."消费者惰性"的起因、危害及治理[J].长沙理工大学学报,2004,
19(4):68 - 69.

[115]战守峰.企业战略联盟风险防范体系的架构研究[J].管理学报,2006(1):19 - 21.

[116]张宏亮,李鹏.PFI 项目特点对项目风险事件和脆弱性的影响[J].管理工程学报,
2007(1):102 - 109.

[117]张五钢.国有商业银行的脆弱性特征及其演进趋势[J].金融理论与实践,2007
(4):37 - 41.

[118]张显城.影响组织的内外部环境要素的分析研究[J].知识经济,2009(4):45 - 52.

[119]张晓凡.三星电子在中国的整合营销传播策略及其启示[J].商场现代化,2015,7:
78 - 79.

[120]张言彩,韩玉启.虚假忠诚与顾客转换惰性研究文献回顾及其对比分析[J].现代管
理科学,2007(10):11 - 13.

[121]张哲.电子商务企业物流绩效评价体系设计[J].物流科技,2009(10):71 - 72.

[122]赵承.基于动态能力竞争战略的学习型组织[J].现代情报,2004(11):53 - 55.

[123]赵文.网络时代企业组织模式创新的动因与对策[J].学海,2001(4):71 - 73.

[124]赵震翔.信息技术与组织变迁[J].中外科技信息,2000(3):73 - 74.

[125]郑秋莹,姚唐,范秀成,等.基于 Meta 分析的"顾客满意—顾客忠诚"关系影响因素研究[J].管理评论,2014,26(2):111 - 120.

[126]周钰涵.网购退货服务质量对顾客忠诚度影响的研究[J].中国集体经济,2017(36):58 - 59.

[127]周之敬.结构方程模型(SEM)——精通 LISREL[M].全华出版社,2006.

[128]诸淑贞,黄艳.企业战略联盟及其伙伴选择[J].理论探索,2004(3):59 - 61.

[129]AAKER J. The Malleable Self:The Role of Self-expression in Persuasion[J]. *Journal of Marketing Research.* 1999,(1):45 - 57.

[130]AGARWAL R,KARAHANNA E. Time Flies When You're Having Fun:Cognitive Absorption and Beliefs about Information Technology[J]. *MIS Quarterly*,2000,24(4):665 - 94.

[131]AGUSTIN C,SINGH J. Curvilinear Effects of Consumer Loyalty Determinants in Relational Exchanges[J]. Journal of Marketing Research,2005,42:96 - 108.

[132]*AJZEN,I. The Theory of Planned Behavior[J].* Organizational Behavior and Human Decision Processes,1991,50(4):179 - 211.

[133]*ALDERSON W.* Marketing Behavior and Executive Action:A Functionalist Approach to Marketing Theory[M]. *Homewood,IL:Richard D. Irwin*,1957.

[134]*ALISONM CKAY,ZOERRADNOR. Acharacterization of a businessprocess[J].* International Journal of Operation & production Management,1998,18(9):924 - 936.

[135]*AL KHATTAB S A,ABU-RUMAN A H,ZAIDAN G M. E-integrated Marketing Communication and Its Impact on Customers' Attitudes[J]. American Journal of Industrial and Business Management*,2015,5(08):538 - 547.

[136]ALLEN C T,MACHLEIT K A,KLEINE S S. A Comparison of Attitudes and Emotions as Predictors of Behavior at Diverse Levels of Behavioral Experience[J]. Journal of Consumer Research,1992,18(3):493 - 504.

[137]ALLOZA A. Brand Engagement and Brand Experience at BBVA,The Transformation of a 150 Years Old Company[J]. Corporate Reputation Review,2008,11(4):371 - 379.

[138]ANDERSON R E,SRINIVASAN S S. Esatisfaction and E-loyalty:A Contingency Framework[J]. Psychology & Marketing,2003,20(2):123 - 138.

[139]ANICICH,ADAM. "Management Theorist:Chester Barnard,s Theories of Management"[J]. Doctoral Research papers,2009,UMD(2):1 - 15.

[140] ATKINSON L, ROSENTHALS. Signaling the Green Sell: The Influence of Eco-Label-Source Argument Specificity and Product Involvement on Consumer Trust[J]. *Journal of Advertising*, 2014, 43(1): 33 – 45.

[141] BADGETT M, MOYCE M, KLEINBERGER H. Turning Shoppers into Advocates[M]. IBM Institute for Business Value, Mumbai, 2007.

[142] BALASUBRANANIAN S, RAJAGOPAL R, VIJAY M. Consumers in a Multi Channel Environment: Product Utility, Process Utility and Channel Choice[J]. *Journal of Interactive Marketing*, 2005, 19(2): 12 – 30.

[143] BALDINGER A A, RUBIONSON J. Brand Loyalty: The Link Between Attitude and Behavior[J]. *Journal of Advertising Research*, 1996, 36(6): 22 – 34.

[144] BARNES S J, MATTSSON J, SORENSEN F. Destination Brand Experience and Visitor Behavior: Testing a Scale in the Tourism Context[J]. *Annals of Tourism Research*, 2014, 48: 121 – 139.

[145] BATRA R, RAY M L. Affective Responses Mediating Acceptance of Advertising[J]. *Journal of Consumer Research*, 1986, 13(9): 234 – 249.

[146] BAWA K. Modelling Inertia and Variety Seeking Tendencies in Brand Choice Behavior[J]. *Marketing Science*, 1990, 9(3): 263 – 278.

[147] BECKER M C. Organizational Routines: A Review of the Literature[J]. *Industrial and Corporate Change*, 2004, 13(4): 643 – 677.

[148] BECKETT A, Hewer P, Howcroft B. An Exposition of Consumer Behavior in The Financial Services Industry[J]. *International Journal of Bank Marketing*, 2000, 18(1): 15 – 26.

[149] BELDAD A, DE JONG M, STEEHOUDER M. How Shall I Trust the Faceless and the Intangible? A Literature Review on the Antecedents of Online Trust[J]. *Computers in Human Behavior*, 2010, 26(5): 857 – 869.

[150] BIAN X M, MOUTINHO L, The Role of Brand Image, Product Involvement, and Knowledge in Explaining Consumer Purchase Behavior of Counterfeits: Direct and Indirect Effects[J]. *European Journal of Marketing*, 2011, 45(2): 191 – 216.

[151] BIEDENBACH G, MARELL A. The Impact of Customer Experience on Brand Equity in a Business-to-Business Service Setting[J]. *Journal of Brand Management*, 2010, 17(6): 446 – 458.

[152]BING YU,DAVID T. Wright,Software Tools Supporting Business Process Analysis and Modelling[J]. *Business Process Management Journal*,1997,3(2):133 – 150.

[153]BLATTBERG R C,DEIGHTON J. Interactive Marketing:Exploring the Age of Address ability[J]. Sloane Management Review ,1991,33(1):5-14.

[154]BLOEMER J M,KASPER H D P. The Complex Relationship Between Customer Satisfaction and Brand Loyalty[J]. *Journal of Economic Psychology*,1995,16(2):311 – 329.

[155]BLUT M,FRENNEA C M,MITTAL V,et al. How Procedural,Financial and Relational Switching Costs Affect Customer Satisfaction,Repurchase Intentions and Repurchase Behavior:A Meta-Analysis[J]. *International Journal of Research in Marketing*,2015,32(2):226 – 229.

[156]BOLTON R N,GUSTAFSSON A,MCCOLL-KENNEDY,et al. Small Details that Make Big Differences:A Radical Approach to Consumption Experience as a Firm's Differentiating Strategy[J]. Journal of Service Management,2014,25(2):253 – 274.

[157]*BOLTON R N,LENOM K N. A Dynamic Model of Customers' Usage of Services:Usage as an Antecedent and Consequence of Satisfaction*[J]. Journal of Marketing Research,1999,36(5):171 – 186.

[158]*BOLTON R N,VERHOEF P C. The Theoretical Underpinnings of Customer Asset Management:A Framework and Propositions for Future Research*[J]. Journal of the Academy of Marketing Science,2004,32(3):271 – 92.

[159]*BOULDING W,KALRA A,STAELIN R,et al. A Dynamic Process Model of Service Quality:from Expectations to Behavioral Intentions*[J]. *Journal of Marketing Research*,1993,30(1):7 – 27.

[160]*BOWDEN J L. The Process of Customer Engagement: A Conceptual Framework*[J]. Journal of Marketing Theory and Practices,2009,17(1):63 – 74.

[161]*BOZZO C. Understanding Inertia in an Industrial Context*[J]. Journal of Customer Behavior,2002,1(3):335 – 355.

[162]*BRAKUS J J,SCHMITT B H,ZARANTONELLO L. Brand Experience: What Is It? How Is It Measured? Does It Affect Loyalty?* [J]. Journal of Marketing,2009,73(3):52 – 68.

[163]*BRIDGES E,FLORSHEIM R. Hedonic and Utilitarian Shopping Goals:The Online Experience*[J]. Journal of Business Research,2008,61(4):309 – 314.

[164]*BRUN I,RAJAOBELINA L,RICARD L. Online Relationship Quality:Scale Development*

and Initial Testing[J]. International Journal of Bank Marketing,2014,32(1):5 – 27.

[165]*BURNHAM T A,FRELSJ K,MAHAJAN V. Consumerswitc-hing Costs:A Typology,Ante-cedents,and Consequences*[J]. Journal of the Academy of Marketing Science,2003,31 (2):109 – 126.

[166]*CAREY J. International Encyclopedia of Communications*[M]. New York: Oxford University Press,1989.

[167]CASTANEDA A J,FIRAS D M,RODRIGUEZ M A. Antecedents of Internet Acceptance and Use as an Information Source by Tourists[J]. *Online Information Review*,2009,33 (3):548 – 567.

[168]CETOLA H W. Toward a Cognitive-Appraisal Model of Humor Appreciation[J]. *Humor: International Journal of Humor Research*,1998,1(3):245 – 258.

[169]CHAMBERS R. Vulnerability,Copingand Policy[J]. *IDS Bulletin*,1989(11):142 – 148.

[170]CHANDLER J D,LUSCH R F. Service Systems:A Broadened Framework and Research Agenda on Value Propositions,Engagement and Service Experience[J]. *Journal of Service Research*,2015,18(1):6 – 22.

[171]CHANG H H,CHEN S W. The Impact of Customer Interface Quality,Satisfaction and Switching Costs on E-loyalty:Internet Experience as a Moderator[J]. *Computers in Human Behavior*,2008,24(6):2927 – 2944.

[172]CHANG H H,WANG Y H,YANG W Y. The Im-pact of E-Service Quality,Customer Satisfactionand Loyalty on E-Marketing: Moderating Effect of Per-c eived Value[J]. *Total Quality Management & Business Excellence*,2009,20(4):423 – 443.

[173]CHANG S H,LIN R T. Building a Total Customer Experience Model:Applications for the Travel Experiences in Taiwan's Creative Life Industry[J]. *Journal of Travel & Tourism Marketing*,2015,32(4):438 – 453.

[174]*CHANG T Y,HORNG S C. Conceptualization and Measuring Experience Quality:The Customer's Perspective* [J]. The Service Industrial Journal, 2010, 30 (14): 2401 – 2419.

[175]*CHAPMAN C. What is your brand DNA? Create a More Desirable Brand Experience*[J]. Sales & Service Excellence,2010,10(1):5.

[176] *CHARLES BADEN-FULLER, HENK W. Volberda, Strategic Re-newal: How Large Complex Organizations Prepare for the Future*[J]. International Studies of Mnagement

and Organization,1997,27(2):95 – 120.

[177]CHASE R B,DASU S. Experience Psychology – A Proposed New Subfield of Service Man-agement[J]. Journal of Service Management,2014,25(5):574 – 577.

[178]CHATTERJEE P. Online Reviews: Do Consumers Use Them? [J]. Advances in Consum-er Research,2001,28:129 – 133.

[179]CHENGCC,CHIU SI,Hu H Y,et al. A Study on Exploring The Relationship between Cus-tomer Satisfactionand Loyalty in The Fast Food Industry: With Relationship Inertia as a Mediator[J]. African Journal of Business Management,2011,5(13):5118 – 5126.

[180]CHEN Q M,RODGERS S,HE Y. A Critical Review of the E-satisfaction Literature[J]. American Behavioral Scientist,2008,52(1):38 – 59.

[181]CHEN Q,WELLS W D. Attitude Toward the Site[J]. Journal of Advertising Research, 1999,39(5):27 –37.

[182]CHEN Y C,SHANG R A,KAO C Y. The Effect of Informa-tion Overload in Consumer ' s Subjective State Towards Buying Decision in the Internet Environment[J]. Electronic Commerce Research and Applications,2009,8(5):48 – 58.

[183]CHO B,CHEON H J. Cross-cultural Comparisons of Interactivity on Corporate Web Sites: the United States,the United Kingdom,Japan and South Korea[J]. Journal of Advertis-ing,2005,34(2):99 – 115.

[184]CHO B,LECKENBY J D. Internet-related Programming Technology and Advertising in Carole Macklin[C]. Proceedings of the 1997 Conference of the American Academy of Ad-vertising,Cincinnati,OH,1997:67 – 69.

[185]CHU K M,YUAN B JC. The Effcts of Perceived Interactivity on E-trust and E-consmumer Behaviors the Application of Fuzzy Linguistic Scale[J]. Journal of Electronic Commerce Research,2013,14(1):124 – 136.

[186]COLGATE M,LANG B. Switching Barriers in Consumer Markets:An Investigation of the Financial Services Industry[J]. Journal of Consumer Marketing, 2001, 18(4): 332 – 347.

[187]COLGATE M R,DANAHER P J. Implementing a Customer Relationship Strategy:The Asymmetric Impact of Poor Versus Excellent Execution[J]. Journal of The Academy of Marketing Science,2000(6):375 – 387.

[188]COLGATE M,TONG V TU,LEE C KC. Back from the Brink-Why Customers Stay[J].

Journal of Service Research,2007,9(3):211 – 228.

[189] COLINSINGH,MAXHART. Changing Business Culture:Information Is the Key[J]. *Australian CpA*,1998(9):50 – 52.

[190] COURT D,ELZINGA D,MULDER S,et al. The Consumer Decision Journey[J]. *McKinsey Quarterly*,2009(3):96 – 107.

[191] CUTTERS L. Vulnerability to Environmental Hazards[J]. *Progress in Human Geography*,1996(2):48 – 52.

[192] DADVIDN, FORD, JOHND. Sterman,Dynamic Modelling of Product Development Processes[J]. *System Dynamics Review*,1998,14(1):31 – 68.

[193] DAVIDCLANE,JHAROLDPARDUE. Thomas D. ClarkJr,and Gra-ham W. Winch, Friendly Amendment:A Commentary on Doyle and Ford Sproposedr Definition of Mental Model[J]. *System Dynamics Review*,1999,15(2):185 – 194.

[194] DE HAAN E,WIESEL T,PAUWELS K. The Effectiveness of Different Forms of Online Advertising for Purchase Conversion in a Multiple-channel Attribution Framework[J]. *International Journal of Research in Marketing*,forthcoming.

[195] DE KEYSER A,LEMON K N,KEININGHAM T,et al. A Framework for Understanding and Managing the Customer Experience[J]. *MSI Working Paper Series*(15 – 121),Marketing Science Institute,Cambridge,MA2015.

[196] DHOLAKIA R R,ZHAO M. Retail Web Site Interactivity:How Does It Influence Customer Satisfaction and Behavioral Intentions? [J]. *International Journal of Retail & Distribution Management*,2009,37(10):821 – 838.

[197] DICK AS,BASU K. Customer Loyalty Toward an Integrated Conceptual Framework[J]. *Journal of the Academy of Marketing Science*,1994,22(2):99 – 113.

[198] DONG S,DING M,GREWAL R,et al. Functional Forms of The Satisfaction-loyalty Relationship[J]. *International Journal of Research in Marketing*,2011,28(1):38 – 50.

[199] DTWRIGHT,NDBURNS. New Organization Structures for Global Business:An Empirical Study[J]. International Journal of Operation & Production Management,1998(11):896 – 915.

[200] *DUBE L,LEBEL J. The Categorical Structure of Pleasure*[*J*]. Cognition and Emotion, 2003,17:263 – 297.

[201] *EDELMAN D C,SINGER M. Competing on Customer Journeys*[*J*]. Harvard Business Re-

view,2015,93(9):88 – 100.

[202] EDVARDSSON B,GUSTAFSSON A,ROOS I. Service Portraits in Service Research – A Critical Review[J]. *International Journal of Service Industry Management*,2005,16(1): 107 – 121.

[203] *ELMANSTRLY D. Enhancing Customer Loyalty: Critical Switching Cost Factors*[J]. *Journal of Service Management*,2016,27(2):144 – 169.

[204] ERIĆ M,GIL-SAURA I. ICT,IMC,and Brand Equity in High quality Hotels of Dalma-tia:An Analysis from Guest Perceptions[J]. *Journal of Hospitality Marketing & Manage-ment*,2012,21(8):821 – 851.

[205] *FATMA S. Antecedents and Consequences of Customer Experience Management-a Literature Review and Research Agenda*[*J*]. International Journal of Business and Commerce, 2014,3(6):32 – 49.

[206] *FAZIO RH,ZANNA M P. Direct Experience and Attitude-behavior Consistency in Advances in Experimental Wocial Psychology* [M]. New York: Academic Press, 1981, 14: 161 – 202.

[207] FAZIO RH,ZANNA M P. On the Predictive Validity of Attitudes:The Roles of Direct Experience and Confidence[J]. *Journal of Personality*,1978,46(2):228 – 243.

[208] FISHBEIN M,AJZEN I. *Belief,Attitude,Intention and Behavior:An Introduction to Theo-ry and Research*[M]. Reading,MA:Addison-Wesley,1975.

[209] FLAVIAN C,GUINALIU M. Consumer Trust,Perceived Security and Privacy Policy: Three Basic Elements of Loyalty to a Website[J]. *Industrial Management and Data Sys-tems*,2006,106(5/6):601 – 620.

[210] FLORENTHAL B,SHOHAM A. Four-mode Channel Interactivity Concept and Channel Preferences[J]. *Journal of Services Marketing*,2010,24(1):29 – 41.

[211] FOXALL G R,PALLISTER J G. Measuring Purchase Decision Involvement for Financial Services:Comparison of the Zaichkowsky and Mittal Scales[J]. *International Journal of Bank Marketing*,1998,16(5):180 – 194.

[212] FRANCISCO-MAFFEZZOLLI E C,SEMPREBON E,MULLER P H. Construing Loyalty Through Brand Experience:The Mediating Role of Brand Relationship Quality[J]. *Jour-nal of Brand Management*,2014,21(5):446 – 458.

[213] GALLERO P M,BUSTOS-REYES C A,PINHEIRO P P. Loyalty in E-banking:Role of

Physical Branches and Customer Experience[C]. *Proceedings of the 35th EMAC Conference 2006*, Athens, Greece, 2006.

[214] GANGULY B, Dash S B, CYR D et al. The Effects of Website Design on Purchase Intention in Online Shopping: The Mediating Role of Trust and the Moderating Role of Culture [J]. *International Journal of Electronic Business*, 2010, 18(5):302 – 330.

[215] GARHAMMER M. Pace of Life and Enjoyment of Life[J]. *Journal of Happiness Studies*, 2002, 3(3):217 – 256.

[216] GENTILE C, SPILLER N, NOCI G. How to Sustain the Customer Experience: An Overview of Experience Components that Co-create Value with the Customer[J]. *European Management Journal*, 2007, 25(5):395 – 410.

[217] GHARAJEDAGHI, JAMSHID. *Systems Thinking: Managing Chaos and Complexity*[M]. Burlington, MA: Butterworth-Heinemann, 1999:121 – 125.

[218] GHOSE S, DOU W Y. Interactive Functions and Their Impacts on the Appeal of Internet Presence sites[J]. *Journal of Advertising Research*, 1998, 38(3/4):29 – 43.

[219] GOUNARIS S, STATHAKOPOULOS V. Antecedents and Consequences of Brand Loyalty: an Empirical Study[J]. *Journal of Brand Management*, 2004, 11(4):283 – 306.

[220] GRACE D, O'CASS A. Examining Service Experiences and Post Consumption Evaluations[J]. *Journal of Services Marketing*, 2004, 18(6):450 – 461.

[221] GREWAL D, LEVY M, KUMAR V. Customer Experience Management in Retailing: An organizing Framework[J]. *Journal of Retailing*, 2009, 85(1):1 – 14.

[222] GRIFFITHAA. *Fracture Theory, the First Session of the International In-stitute for Applied Mechanics*[M]. Wotehansi International press, Del of Buffett, 1925:53 – 56.

[223] GRIFFITH D, CHEN Q M. The Influence of Virtual Direct Experience on Online Ads Message Effectiveness[J]. *Journal of Advertising*, 2004, 33(1):55 – 69.

[224] GUEST L. A Study of Brand Loyalty[J]. *Journal of Applied Psychology*, 1944, 28:16 – 27.

[225] GUMMESSON E, MELE C. Marketing as Value Co-creation Through Network Interaction and Resource Integration [J]. *Journal of Business Market Management*, 2010, 4(4):181 – 198.

[226] GURAU C. Integrated Online Marketing Communication: Implementation and Management[J]. *Journal of Communication Management*, 2008, 12:169 – 184.

[227] HA H Y, JANDA S, MUTHALY S K. A New Understanding of Satisfaction Model in E-

re-purchase Situation[J]. *European Journal of Marketing*,2010,44(7/8):997 – 1016.

[228] HA H Y, PERKS H. Effects of Consumer Perceptions of Brand Experience on the Web: Brand Familiarity, Satisfaction and Brand trust[J]. *Journal of Consumer Behavior*,2005, 4(6):438 – 452.

[229] HAMILTON R W, THOMPSON D V. Is There a Substitute for Direct Experience? Comparing Consumers' Preferences after Direct and Indirect Product Experiences[J]. *Journal of Consumer Research*,2007,34(4):456 – 456.

[230] HANNAH ARENDT: "OnViolence" [M]. NewYork: Harcourt, Braceand world, 1970:44.

[231] HANSEN T. Perspectives on Consumer Decision Making: An Integrated Approach[J]. *Journal of Consumer Behaviour*,2005,4(6):420 – 437.

[232] HARRIS G. The Big Four Banks: Dealing with the Online Challenge[J]. *Journal of Financial Services Marketing*,2000,4(4):296 – 305.

[233] HA Y W, PARK M C. Antecedents of Customer Satisfactionand Customer Loyalty for Emerging Devices in the Initial Market of Korea: An Equity Framework[J]. *Psycholo gy andMarketing*,2013,30(8):676 – 689.

[234] HELKKULA A. Characterizing the Concept of Service Experience[J]. *Journal of Service Management*,2010,22(3):367 – 389.

[235] HELLIER P K, GEURSEN G M, CARR R A, et al. Customer Repurchase Intention: A General Structural Equation Model [J]. *European Journal of Marketing*, 2003, 37 (11):1762 – 1800.

[236] HELM C. From Techled to Brand-led-has the Internet Portal Business Grown up? [J]. *Journal of Brand Management*,2007,14(5):368 – 379.

[237] HENNIG-THURAU T, MALTHOUSE E C, FRIEGE C, et al. The Impact of New Media on Customer Relationships[J]. *Journal of Service Research*,2010,13(3):311 – 330.

[238] HOCH S J. Product Experience is Seductive[J]. *Journal of Consumer Research*,2002,29 (12):448 – 454.

[239] HOFFMAN D L, NOVAK T P. Marketing in Hypermedia Computer-mediated Environments:Conceptual Foundations[J]. *Journal of Marketing*,1996,60(3):50 – 68.

[240] HOLLEBEEK L. Demystifying Customer Brand Engagement:Exploring the Loyalty Nexus [J]. *Journal of Marketing Management*,2011b,27(7 – 8):785 – 807.

[241]HOLLEBEEK L D,GLYNN M S,BRODIE R J. Consumer Brand Engagement in Social media:Conceptualization,Scale Development and Validation[J]. *Journal of Interactive Marketing*,2014,28(2):149 – 165.

[242]HOLLEBEEK L. Exploring Customer Brand Engagement:Definition and Themes[J]. *Journal of Strategic Marketing*,2011a,19(7):555 – 573.

[243]HOMBURG C,ALLMANN J,KLARMANN M. Internal and External Price Search in Industrial Buying:The Outcomes-based Measures[J]. *Journal of Services Marketing*,2014, 31(2):172 – 184.

[244]HOMBURG C,JOZIC D,KUEHNL C. Customer Experience Management:Toward Implementing an Evolving Marketing Concept[J]. *Journal of the Academy of Marketing Science*,2015(8):73 – 84.

[245]HUANG J H,HSIAO T T,CHEN Y F. The Effects of Electronic Word of Mouth on Product Judgment and Choice:The Moderating Role of the Sense of Virtual Community[J]. *Journal of Applied Social Psychology*,2012,42:2326 – 2347.

[246]HUANG M F,YU S. Are Consumers Inherently or Situationally Brand Loyal? A Set Intercorrelation Account for Conscious Brand Loyalty and Nonconscious Inertia[J]. *Psychology and Marketing*,1999,16(6):523 – 544.

[247]IGLESIAS O,SINGH J J,BATISTA-FOGUET J M. The Role of Brand Experience and Affective Commitment in Determining Brand Loyalty[J]. *Brand Management*,2011, 18(8):570 – 582.

[249]IVANOV A E. The Internet's Impact on Integrated Marketing Communication[J]. *Procedia Economics and Finance*,2012,3:536 – 542.

[249]IYENGAR S S,LEPPER M R. When Choice Is Demotivating:Can One Desire Too Much of a Good Thing[J]. *Journal of Personality and Social Psychology*,2000,79 (6):995 – 1006.

[250]JAHANGIR N,BEGUM N. Effect of Perceived Usefulness,Ease of Use,Security and Privacy on Customer Attitude in the Context of E-banking[J]. *Journal of Management Research*,2007,7:147 – 157.

[251]JAISWAL K,NIRAJ R. Examining Mediating Role of Attitudinal Loyalty and Nonlinear Effects in Satisfaction-behavioral Intentions Relationship[J]. *Journal of Services Marketing*,2011,25:165 – 175.

[252] JAMEP THOMPSON. Consulting Approaches with System Dynamics: Three Casestudies [J]. *System Dynamics Review*, 1999, 15(1): 71 – 95.

[253] JAMES M LYNEIS. System Dynamics for Business Strategy: A Phased Approach [J]. *System Dynamics Review*, 1999, 15(1): 557 – 581.

[254] JAMES TCTENG, KIRKDFIEDLER, VARUNGROVER. An Explor-atory Study of the Influence of the IS Function and Organizational Context on Business process Reengineering Project Initiatives [J]. *International Journal of Manage-ment Science*, 1998, 26(6): 89 – 98.

[255] JH AROLD PARDUE, THOMAS D. CLARKJR, GRAHAM W. WINCH, Modeling short and Long – term Dynamics in the Commercialization of Technical Advance in IT Producing Industries[J]. *System Dynamics Review*, 1999, 15(1): 96 – 105.

[256] JIN B Y, PARK J Y. The Moderating Effect of Online Purchase Experience on the Evaluation of Online Store Attributes and the Subsequent Impact on Market Response Outcomes[J]. *Advances in Consumer Research*, 2006, 33: 203 – 211.

[257] JOHNSTON R. The Zone of Tolerance: Exploring the Relationship Between Service Transactions and Satisfaction with the Overall Service[J]. *International Journal of Service Industry Management*, 1995, 6(2): 46 – 61.

[258] JONES M A, MOTHERSBAUGH D L, BEATTY S E. Switching Barriers and Repurchase Intention in Service[J]. *Journal of Retailing*, 2000, 76(2): 259 – 274.

[259] JONES T O, SASSER W E JR. Why Satisfied Customers Defect[J]. *Harvard Business Review*, 1995, 73(6): 88 – 101.

[260] JOY A, SHERRY J F. Speaking of Art as Embodied Imagination: A Multisensory Approach to Understanding Aesthetic Experience[J]. *Journal of Consumer Research*, 2003, 20(9): 259 – 282.

[261] KAUTONEN T, VAN G M, Fink M. Robustness of the The-ory of Planned Behavior in Predicting Entrepreneurial in-tentions and Actions [J]. *Entrepreneurship Theory and Practice*, 2015, 39(3): 655 – 647.

[262] KAYANY J M, WOTRING C E, FORREST E J. Relational Control and Interactive Media Choice in Technology-mediated Communication Situations [J]. *Human Communication Research*, 1996, 22(3): 399 – 421.

[263] KEININGHAM T, BALL J, BENOIT S, et al. The Interplay of Customer Experience and

Commitment[J]. *Journal of Services Marketing*,2017,31(2):148 – 160.

[264] KELLEY S W,DAVIS M A. Antecedents to Customer Expectations for Service Recovery [J]. *Journal of the Academy of Marketing Science*,1994,22(12):52 – 61.

[265] KELLYPM, ADGERW N. Theory and Practice in Assessing Vulner-ability to Climate Change and Facilitating Adaptation[J]. *Climatic Change*,2000(2):37 – 41.

[266] KERIN R A,JAIN A,HOWARD D J. Store Shopping Experience and Consumer Price-quality-value Perceptions[J]. *Journal of Retailing*,1992,68(4):376 – 397.

[267] KHALIFA M,LIU V. Online Consumer Retention:Contingent Effects of Online Shopping Habit and Online Shopping Experience[J]. *European Journal of Information Systems*, 2007,16(6):780 – 92.

[268] KHAN I,RAHMAN Z. Brand Experience Anatomy in Retailing:An Interpretive Structural Modeling Approach[J]. *Journal of Retailing and Consumer Services*,2015,24(5): 60 – 69.

[269] KHAN I,RAHMA Z,FATMA M. The Role of Customer Brand Engagement and Brand Experience in Online Banking[J]. *International Journal of Bank Marketing*,2016,34 (7):1025 – 1041.

[270] KIM H S,CHOI B. The Effects of Three Customer-to-customer Interaction Quality Types on Customer Experience Quality and Citizenship Behavior in Mass Service Settings[J]. *Journal of Services Marketing*,2016,30(4):384 – 397.

[271] KIM J,LEE K H. Towards a Theoretical Framework of Motivations and Interactivity for Using IPTV[J]. *Journal of Business Research*,2013,66:260 – 264.

[272] KIM J,MCMILLAN S J. Evaluation of Internet Advertising Research:A Bibliometric A-nalysis of Citations From Key Sources[J]. *Journal of Advertising*, 2008, 37 (1): 99 – 112.

[273] KIM J,SPIELMANN N,MCMILLAN S J. Experience Effects on Interactivity:Functions, Processes and Perceptions[J]. *Journal of Business Research*,2012,65:1543 – 1550.

[274] KIM S. Web-Interactivity Dimensions and Shopping Experiential Value[J]. *Journal of Internet Business*,2011,9:1 – 25.

[275] KIRK C P,CHIAGOURIS L,LALA V,et al. How do Digital Natives and Digital Immi-grants Respond Differently to Interactivity Online? A Model for Predicting Consumer At-titudes and Intentions to Use Digital Information Products[J]. *Journal of Advertising Re-*

search,2015(3):81 – 94.

[276]KITCHEN P J,SCHULTZ D E. A Multi-country Comparison of the Drive for IMC[J]. *Journal of Advertising Research*,1999,39(1):21 – 36.

[277]KLAUS P,GORGOGLIONE M,BUONAMASSA D,et al. Are You Providing the "Right" Customer Experience? The Case of Banca Popolare Di Bari[J]. *International Journal of Bank Marketing*,2013,31(7):506 – 528.

[278]KLAUS P,MAKLAN S. EXQ:A Multiple-item Scale for Assessing Service Experience [J]. *Journal of Service Management*,2012,23(1):5 – 33.

[279]KLAUS P,MAKLAN S. Towards a Better Measure of Customer Experience[J]. *International Journal of Market Research*,2013,55(2):227 – 246.

[280]KLAUS P. *Measuring Customer Experience:How to Develop and Execute the Most Profitable Customer Experience Strategies*[M]. New York:Palgrave Macmillan,2015.

[281]KLAUS P. The Case of Amazon. com:Towards a Conceptual Framework of Online Customer Service Experience(OCSE)Using the Emerging Consensus Technique(ECT)[J]. *Journal of Services Marketing*,2013,27(6):443 – 457.

[282]KOTLER P. *Marketing Management*[M]. 10rd ed. London:Prentice Hall International, 2000.

[283]KOUFARIS M,KAMBIL A,LABARBERA P A. Consumer Behavior in Web-based Commerce:An Empirical Study[J]. *International Journal of Electronic Commerce*, 2001, 6(2):115 – 138.

[284]KUO Y F,HU T L,YANG S C. Effects of Inertia and Satisfaction in Female Online Shoppers on Repeat-purchase Intention:The Moderating Roles of Word-of-mouth and Alternative Attraction[J]. *Managing Service Quality*,2013,23(3):168 – 187.

[285]LANDISRS,BEALDJ,TESLUK P E. A Comparison of Approaches to Forming CompositeMeasures in Structural Equation Models[J]. *Organizational Research Methods*,2000,3(2):186 – 207.

[286]LANDIS R S,BEAL D J,TESLUK P E. A Comparison of Approaches to Forming Composite Measures in Structural Equation models[J]. *Organizational Research Methods*, 2000,3(2):186 – 207.

[287]LAWRENCE A, SCAFF MAX. *Weber in America*[M]. Princeton Universitypress,princeton/Oxford,England 2011.

[288]LEE B K,LEE W A. The Effect of Information Overload on Consumer Choice Quality in an On-line Environment[J]. *Psychology & Marketing*,2004,21(3):159 – 183.

[289]LEE H J,SOO K M. The Effect of Brand Experience on Brand Relationship Quality[J]. *Academy of Marketing Studies Journal*,2012,16(1):87 – 98.

[290]LEE M,Cunningham L F. A Cost/Benefit Approach to Understanding Service Loyalty [J]. *Journal of Services Marketing*,2001,15(2): 113 – 130.

[291]LEER,NEALE L. Interactions and Consequences of Inertia and Switching Costs[J]. *Journal of Services Marketing*,2012,26(5):365 – 374.

[292]LEE S A,JEONG M. Enhancing Online Brand Experiences:An Application of Congruity Theory[J]. *International Journal of Hospitality Management*,2014,40(7):49 – 58.

[293]LEMKE F,CLARK M,WILSON H. Customer Experience Quality:An Exploration in Business and Consumer Contexts Using Repertory Grid Technique[J]. *Journal of the Academy of Marketing Science*,2011,39(6):846 – 869.

[294]LEMON K N,VERHOEF P C. Understanding Customer Experience Throughout the Customer Journey[J]. *Journal of Marketing*,2016.

[295] LERVIK-OLSEN L, OEST R V, VERHOEF P C. *When Is Customer Satisfaction 'Locked'? A Longitudinal Analysis of Satisfaction stickiness*[R]. Working paper,BI Norwegian Business School,2015.

[296]LEVYS. Does Usage Level of OnlineServices Matter to Customers' Bank Loyalty? [J]. *Journal of Services Marketing*,2014,28(4):292 – 299.

[297]LIAOC H,YEN H R,LI E Y. The Effect of Channel Quality Inconsistency on the Association Between Eservice Quality and Customer Relationships[J]. *Internet Research*,2011, 21(4):458 – 478.

[298]LI H S,KANNAN P K. Attributing Conversions in a Multichannel Online Marketing Environment:An Empirical Model and a Field Experiment[J]. *Journal of Marketing Research*,2014,51(1):40 – 56.

[299]LILIJANDER V,STRANDVIK T. Estimating Zones of Tolerance in Perceived Service Quality and Perceived Service Value[J]. *International Journal of Service Industry Management*,1993,4(2):6 – 28.

[300]LING K C,CHAI L T,PIEW T H. The Effects of Shopping Orientations,Online Trust and prior Online Purchase Experience Towards Customers' Online Purchase Intention[J]. *In-*

ternational Business Research,2010,3(3):63 – 76.

[301] LIN W B. The Exploration of Customer Satisfaction Modelfrom a Comprehensive Perspective[J]. *Expert Systems with Applications*,2007,33(1):110 – 121.

[302] LITTLET D,CUNNINGHAM W A,SHAHAR G,et al. To Parcel or Notto Parcel:Exploring The Question, Weighing The Merits[J]. *Structural E-quation Modeling*,2002,9 (2):151 – 173.

[303] LIU Y P. Developing a Scale to Measure the Interactivity of Websites[J]. *Journal of Advertising Research*,2003,43(2):207 – 216.

[304] LIU Y P,SHRUM L J. What Is Interactivity and Is It Always Such a Good Thing? Implications of Definition,Person and Situation for the Influence of Interactivity on Advertising Effectiveness[J]. *Journal of Advertising*,2002,31(4):53 – 64.

[305] LUSTRIA M LA. Can Interactivity Make a Difference? Effects of Interactivity on the Comprehension of and Attitudes Toward Online Health Content[J]. *Journal of the American Society for Information Science & Technology*,2007,58(6):766 – 776.

[306] MADDEN TJ,ELLE P S,AJZENI. A Comparison of the Theory of Planned Behaviorand The Theory of Reasoned Action[J]. *Personality and Social Psychology Bulletin*,1992,18 (1):3 – 9.

[307] MAKLAN S,KLAUS P. Customer Experience:Are We Measuring the Right Things? [J]. *International Journal of Market Research*,2011,53(6):771 – 792.

[308] MANGANARI E E,SIOMKOS G J,RIGOPOULOU I D,et al. Virtual Store Layout Effects on Consumer Behaviour:Applying an Environmental Psychology Approach in the Online Travel Industry[J]. *Internet Research*,2011,21(3):326 – 346.

[309] MARINKOVIA V,OBRADOVIC V. Customers' Emotional Reactions in the Banking Industry[J]. *International Journal of Bank Marketing*,2015,33(3):243 – 260.

[310] MASSY B L,LEVY M R. Interactivity,Online Journalism and English-language Web Newspapers in Asia[J]. *Journal of Mass Communication*,1999,76(1):138 – 151.

[311] MAZURSKY D,VINITZKY G. Modifying Consumer Search Processes in Enhanced Online Interfaces[J]. *Journal of Business Research*,2005,58(10):1299 – 1309.

[312] MCALISTER L,EDGAR P. Variety Seeking Behavior:An Interdisciplinary Review[J]. *Journal of Consumer Research*,1982,9(12):311 – 22.

[313] MCCARTHY J, WRIGHT P. *Technology as Experience* [M]. Cambridge, MA:MIT

Press,2004.

[314]MCDOLL-KENNEDY J R,GUSTAFSSON A,JAAKKOLA E,et al. Fresh Perspectives on Customer Experience[J]. *Journal of Services Marketing*,2015,29(6/7):430 –435.

[315]MCGRATH J M. A Pilot Study Testing Aspects of the Integrated Marketing Commnunications Concept[J]. *Journal of Marketing Commnunications*,2005,11(3):191 –214.

[316]MCKNIGHT D H,CHERVANY N L. What Trust Means in E-commerce Customer Relationships:An Interdisciplinary Conceptual Typology[J]. *International Journal of Electronic Commerce and Business Media*,2002,6(2):35 –59.

[317]MCMILLAN S J,HWANG J S,LEE G. Effects of Structural and Perceptual Factors on Attitudes Toward the Website[J]. *Journal of Advertising Research*,2003,43(4):400 –409.

[318]MCMILLAN S J,HWANG J S. Measures of Perceived Interactivity:An Exploration of Communication,User Control and Time in Shaping Perceptions of Interactivity[J]. *Journal of Advertising*,2002,31(3):41 –54.

[319]MCMILLAN S J,KIM J,MCMAHAN C A,et al. *Analyze This:Developing a Coding Scheme for Measuring Interactivity Features in the Context of State Tourism Web Sites* [C]. In:Richards Jeff,editor. Proceedings of the American Academy of Advertising. Austin,TX:University of Texas,2006:222 –231.

[320]MCMILLAN S J. The Researchers and the Concept:Moving Beyond a Blind Examination of Interactivity[J]. *Journal of Interactive Advertising*,2005,5(2):1 –4.

[321]MCMULLAN R,GILMORE A. The Conceptual Development of Customer Loyalty Measurement: A Proposed Scale[J]. *Journal of Targeting,Measurement & Analysis for Marketing*,2003,11(3):230 –43.

[322]MCNEILLY K M,BARR T F. I Love My Accountants-They're Wonderful: Understanding Customer Delight in The Professional Services Arena[J]. *Journal of Services Marketing*,2006,20(3):152 –159.

[323]MEUTER M L,OSTROM A L,ROUNDTREE R I,et al. Self-service Technologies:Understanding Customer Satisfaction with Technology-based Service Encounters[J]. *Journal of Marketing*,2000,64(3):50 –64.

[324]MEYER C,SCHWAGER A. Understanding Customer Experience[J]. *Harvard Business Review*,2007,85(2):117 –126.

[325] MEYER T. Experience-based Aspects of Shopping Attitudes:The Roles of Norms and

Loyalty[J]. *Journal of Retailing & Consumer Services*,2008,15(4):324-33.

[326]MGMARTINSONS,P S HEPMEL. Chinese Business process Reengineering[J]. *International Journal of Information Management*,1998,18 (6): 393-407.

[327]MINTZBERG,HENRY. Managers,Not MBAs: A Hard Look at the Soft Practice of Managing and Management Development[J]. *Berrett-Koehler*,2004(4):464.

[328]MINTZBERG,HENRY. *The Rise and Fall of Strategic Planning:Re-conceiving the Roles for Planning,Plans,Planners*[M]. The Free Press,1994:458.

[329]MIRAVETE J,IGNACIO P H. Consumer Inertia,Choice Dependence and Learning from Experience in A Repeated Decision Problem[J]. *The Review of Economics and Statistics*, 2014,96(3):524-537.

[330]MITTAL V,KAMAKURA W A. Satisfaction,Repurchase Intent,and Repurchase Behavior:Investigating the Moderating Effect of Customer Characteristics[J]. *Journal of Marketing Research*,2001,38(2):131-142.

[331]MORGAN-THOMAS A,VELOUTSOU C. Beyond Technology Acceptance:Brand Relationships and Online Brand Experience[J]. *Journal of Business Research*,2013,66(1):21-27.

[332]MORRISON S,CRANE F G. Building the Service Brand by Creating and Managing an Emotional Brand Experience [J]. *Journal of Brand Management*, 2007, 14 (5): 410-421.

[333]MULHERN F. Integrated Marketing Communications:From Media Channels to Digital Connectivity[J]. *Journal of Marketing Communications*,2009,15(2):85-101.

[334]MUñOZ-LEIVA F,PORCU L,BARRIO-GARCIA S D. Discovering Prominent Themes in Integrated Marketing Communication Research From 1991 to 2012:A Co-word Analytic Approach[J]. *International Journal of Advertising*,2015,34(4):678-701.

[335]NAGENGAST L,EVANSCHITZKY H,BLUT M,et al. New Insights in the Moderating Effect of Switching Costs on the Satisfaction-repurchase Behavior Link[J]. *Journal of Retailing*,2014,90(3):408-427.

[336]NAMBISAN P,WATT J H. Managing Customer Experiences in Online Product Communities[J]. *Journal of Business Research*,2011,64:889-895.

[337]NELSON,WINTER. *An Evolutionary Theory of Economic Change*[M]. Cambridge,MA: Harvard University press,1982.

[338] NEWHAGEN J E, CORDES J W, LEVY M R. Nightly@ nbc. com: Audience Scope and the Perception of Interactivity in Viewer Mail on the Internet[J]. *Journal of Communication*, 1995, 45(3): 164 – 175.

[339] NOORT G V, VOORVELD H AM, REIJMERSDAL E AV. Interactivity in Brand Web Sites: Cognitive, Affective, and Behavioral Responses Explained by Consumers' Online Flow Experience[J]. *Journal of Interactive Marketing*, 2012, 26: 223 – 234.

[340] NYSVEEN H, PEDERSEN P E. Influences of Co-creation on Brand Experience the Role of Brand Engagement[J]. *International Journal of Market Research*, 2014, 56 (6): 807 – 832.

[341] NYSVEEN H, PEDERSEN P E, SKARD S. Brand Experiences in Service Organizations: Exploring the Individual Effects of Brand Experience Dimensions[J]. *Journal of Brand Management*, 2013, 20(5): 404 – 423.

[342] O' CASSA. An Assessment of Consumer Product, Purchase Decision, Advertising and Consumption Involvementin Fashion Clothing [J]. *Journal of Economic Psychology*, 2000, 21(5), 545 – 576.

[343] ODIN Y, ODIN N, FLORENCE P V. Conceptual and Operational Aspects of Brand Loyalty: An Empirical Investigation [J]. *Journal of Business Research*, 2001, 53 (2): 75 – 84.

[344] OFIR C, SIMONSON I. The Effect of Stating Expectations on Consumer Satisfaction and Shopping Experience[J]. *Journal of Marketing Research*, 2007, 44(2): 164 – 174.

[345] OLIVER R L. Whence Consumer Loyalty? [J]. *Journal of Marketing*, 1999, 63: 33 – 44.

[346] O' LOUGHLIN D, SZMIGIN I, TURNBULL P. From Relationships to Experiences in Retail Financial Services[J]. *International Journal of Bank Marketing*, 2004, 22(7): 522 – 539.

[347] PALMER A. Customer Experience Management: A Critical Review[J]. *Journal of Services Marketing*, 2010, 24(3): 196 – 208.

[348] PANTHER T, FARQUHAR J D. Consumer Responses to Dis-satisfaction With Financial Service Providers : an Explora-tion of Why Some Stay While Others Switch[J]. *Journal of Financial Services Marketing*, 2004, 8(4): 343 – 53.

[349] PARAMAPORN T, NGUYEN Q T. Integrated Marketing Communications and Their Influences on Brand Loyalty: A Thai Perspective[J]. *International Journal of Studies in*

Thai Business,2013,2(1):55 - 79.

[350]PARASURAMAN A,BERRY L L,Zeithaml V A. Understanding Customer Expectations of Service [J]. *Sloan Management Review*,1991,32(3):39 - 48.

[351]PARK D H,LEE J,HAN I. The Effect of On-Line Consumer Reviews on Consumer Purchasing Intention:The Moderating Role of Involvement[J]. *International Journal of Electronic Commerce*,2007,11(4):125 - 148.

[352]PARKER,LEED,RITSON,et al. A. RevisitingFayol:Anticipating Contemporary Management[J]. *British Journal of Management*. June 18,2009.

[353]PARK J G,PARK K,LEE J. A Firm's Post-adoption be - havior : Loyalty or Switching Costs? [J]. *Industrial Management & Data Systems*,2014,114(2):258 - 275.

[354]PARK M,PARK J K. Exploring the Influences of Perceived Interactivity on Consumers' E-shopping Effectiveness[J]. *Journal of Customer Behaviour*,2009,8(4):361 - 379.

[355]PATTERSON P G,SMITH T. A Cross-cultural Study of Switching Barriers and Propensity to Stay with Service Providers[J]. *Journal of Retailing*,2003,79:107 - 120.

[356]P. E. D. LOVE,A GUNASEKARAN,H. Li. Putting an Engine Intoreengineering: Toward Aprocessoriented Organisation [J]. *International Journal of Op-eration & production Management*,1998,18(9):937 - 949.

[357]PERCY L,ROSSITER J,ELLIONT R. *Strategic Advertising Management*[M]. Oxford: Oxford University Press,2001.

[358]PETERHINES,NICKRICH,JOHNBICHENO,et al. Value Stream Management[J]. *The Internationalournal of Logistics Management*,1998,9(1):25 - 42.

[359]PINE B J,GILMORE J H. The Experience Economy: Work Is Theater and Every Business a Stage[J]. *Cambridge,MA: Harvard Business School Press*,1998.

[360]PING R A. The Effects of Satisfaction and Structural Constraints on Retailer Exiting, Voice,Loyalty,Opportunism, and Neglect[J]. *Journal of Retailing*,1993,69(3): 320 - 52.

[361]PODSAKOFF P M,MACKENZIE S B,LEE J Y,et al. Common Method Biases in Behavioral Research:A Critical Review of the Literature and Recommended Remedies[J]. *Journal of applied psychology*,2003,88(5):879.

[362]PUCINELLI N M,GOODSTEIN R C,GREWAL D,et al. Customer Experience Management in Retailing: Understanding the Buying Process[J]. *Journal of Retailing*,2009,85

(3):15 –30.

[363]RAJAOBELINA L,BRUN I,TOUFAILY. A Relational Classification of Online Banking Customers[J]. *International Journal of Bank Marketing*,2013,31(3):187 –205.

[364]RAMASESHAN B,STEIN A. Connecting the Dots Between Brand Experience and Brand Loyalty:The Mediating Role of Brand Personality and Brand Relationships[J]. *Journal of Brand Management*,2014,21(7 –8):664 –683,

[365]RANAVEERA C,NEELY A. Some Moderating Effects on the Service Quality-customer Retention Link [J]. *International Journal of Operations & Production Management*, 2003,23(2):230 –248.

[366]RAWSON A,DUNCAN E,JONES C. The Truth about Customer Experience[J]. *Harvard Business Review*,2013,91(9):90 –98.

[367]REGO L L,MORGAN N A,FORNELL C. Reexamining the Market Share-customer Satisfaction Relationship[J]. *Journal of Marketing*,2013,77(9):1 –20.

[368]REINARTZ W,Kumar V. On the Profitability of Long-life Customers in A Noncontractual Setting:An Empirical Investigation and Implications for Marketing[J]. *Journal of Marketing*,2000,64(10):17 –35.

[369]RICHARDHHALL. *Structures,Processes,and Outcomes*[M]. 上海:上海财经大学出版社,2003:203 –220.

[370]ROBERT A,PINGJR. The Effects of Satisfaction and Structural Constraints on Retailer Exiting,Voice,Loyalty,Opportunism,and Neglect[J]. *Journal of Retailing*,1993,69(3):320 –352.

[371]ROSE S,CLARK M,SAMOUEL P,et al. Online Customer Experience in E-retailing:An Empirical Model of Antecedents and Outcomes[J]. *Journal of Retailing*,2012,88(2):308 –322.

[372]ROSWINANTO W. Antecedents and Consequences of Branding:Investigating Antecedents and Consequences of Brand Experience in Advertising Contexts[J]. *AMA Summer Educators' Conference Proceedings*,2011,22:431 –432.

[373]ROY R,CHINTAGUNTA P K,Haldar S. A Framework for Investigating Habits,'The Band of The Past,'and Heterogeneity in Dynamic Brand Choice[J]. *Marketing Science*, 1996,15(3):280 –299.

[374]SANCHEZ-FRANCO M J. The Moderating Effects of Involvement on the Relationships

Between Satisfaction, Trust and Commitment in E-banking[J]. *Journal of Interactive Marketing*, 2009, 23(3):247 – 258.

[375] SCHIBROWSKY J A, PELTIER J W, NILL A. The State of Internet Marketing: A Review of the Literature and Future Research Directions[J]. *European Journal of Marketing*, 2007, 41(7):722 – 733.

[376] SCHMIDT-SUVRAMANIAN M. *The State of Voice of the Customer Programs*, 2014: *It's Time to Act*[R]. Research report, Forrester Research, 2014.

[377] SCHMITT B H. *A Framework for Managing Customer Experiences in Handbook on Brand and Experience Management*[M]. Northampton, MA: Edward Elgar, 2008:113 – 131.

[378] SCHMITT B H, BRAKUS J J, ZARANTONELLO L. From Experiential Psychology to Consumer Experience[J]. *Journal of Consumer Psychology*, 2015, 25(1):166 – 171.

[379] SCHMITT B H. *Customer Experience Management: A Revolutionary Approach to Connecting with Your Customers*[M]. NewYork: The Free Press, 2003.

[380] SCHMITT B H. Experience Marketing: Concepts, Frameworks and Consumer Insights [J]. *Foundations and Trends in Marketing*, 2011, 5(2):55 – 112.

[381] SCHMITT B H. *Experiential Marketing How to Get Customers to SENSE, FEEL, THINK, ACT and RELATE to Your Company and Brands*[M]. New York: The Free Press, Simon & Schuster, 1999.

[382] SCHOUTEN J W, MCALEXANDER J H, KOENIG H F. Transcendent Customer Experience and Brand Community[J]. *Journal of the Academy of Marketing Science*, 2007, 35(3):357 – 368.

[383] SCHULTZ D E. Integrated Marketing Communications: The Status of Intdgrated Marketing Communications Programs in the US Today[J]. *Journal of Promotion Management*, 1991, 1:99 – 104.

[384] SHANKAR V, SMITH A K, RANGASWAMY A. Customer Satisfactionand Loyalty in Online and Off-line Environments[J]. *International Journal of Re-searchin Marketing*, 2003, 20(2):153 – 175.

[385] SHARMA N, PATTERSON P G. Switching Costs, Alternative Attractivenessand Experience as Moderators of Relationship Commitmentin Professional Consumer Services[J]. *International Journal of Service Industry Management*, 2000, 11(5):470 – 490.

[386] SHETH N J, PARVATIYAR A. Relationship Marketing in Consumer Markets: Ante-

cedents and Consequences[J]. *Journal of the Academy of Marketing Science*,1995,23 (4):255 – 271.

[387]SHIM S,EASTLICK M A,LOTZ S L,et al. An Online Pre-purchase Intentions Model: The Role of Intention to Search[J]. *Journal of Retailing*,2001,77(3):397 –416.

[388]SHIN K Y. *Integrated Marketing Strategy Management*[M].2001:171 – 172.

[389]SICILIA M,RUIZ S,MUNUERA J L. Effects of Interactivity in a Web Site:The Moderating Effect of Need for Cognition[J]. *Journal of Advertising*,2005,34(3):31 –45.

[390]SIKDAR P,KUMAR A,MAKKAD M. Online Banking Adoption:A Factor Validation and Satisfaction Causation Study in the Context of Indian Banking Customers[J]. *International Journal of Bank Marketing*,2015,33(6):760 –785.

[391] SIMON,HERBERT. *Administrative Behavior* (3rd ed.) [M]. New york:The Free press,1976.

[392]SIMON,HERBERT. Organizations and Markets[J]. *Journal of Economic Perspectives*, 1991,5(2):28.

[393]SINGH M,BALASUBRAMANIAN S K,CHAKRABORTY G. A Comparative Analysis of Three Communication Formats: Advertising, Infomercial, and Direct Experience [J]. *Journal of Advertising*,2000,29:59 – 72.

[394]SOHN D Y. Anatomy of Interaction Experience:Distinguishing Sensory,Semantic,and Behavioral Dimensions of Interactivity[J]. *New Media and Society*,2011,13(8):320 –35.

[395]SONG J H,ZINKHAN G M. Determinants of Perceived Web Site Interactivity[J]. *Journal of Marketing*,2008,72(2):99 – 113.

[396] STANKO M A,BOHLMANN J D,CASTILLO F J M. Demand – side Inertia Factors and Their Benefits for Innovativeness[J]. *Journal of the Academy Marketing Science*,2013, 41(2):649 –668.

[397] STEPHAN ZINSER, ARMIN BAUMGARTHER, FRANK-STEFEN WALLISER. Best Practice in Reengineering: A Successful Research and Development Center[J]. *Business Process Management Journal*,1998,4(2):154 – 167.

[398]STUART I F,TAX S S. Toward an Integrative Approach to Designing Service Experiences:Lessons Learned from the Theatre[J]. *Journal of Operations Management*,2004, 22(6):609 –627.

[399]SUNDAR S S,KIM J. Interactivity and Persuasion: Influencing Attitudes with Informa-

tion and Involvement[J]. *Journal of Interactive Advertising*, 2005, 5(2):5 - 18.

[400] SUNDAR S S. Theorizing Interactivity's Effects[J]. *The Information Society*, 2004, 20 (5):385 - 389.

[401] SUNIKKA A, BRAGGE J, KALLIO H. The Effectiveness of Personalized Marketing in Online Banking:A Comparison Between Search and Experience Offerings[J]. *Journal of Financial Services Marketing*, 2011, 16(3):183 - 194.

[402] SUNTORNPITHUG N, KHAMALAH J. Machine and Person Interactivity:The Driving Forces Behind Influences on Consumers' Willingness to Purchase Online[J]. *Journal of Electronic Commerce Research*, 2010, 1(4):299 - 325.

[403] SZUPROWICZ BOHDAN O. *Implementing Multimedia for Business*[M]. Charleston, NC: Computer Technology Research Corporation, 1995.

[404] TAYLOR DG, STRUTTON D. Has E - Marketing Come of Age? Modeling Historical Influences on Post-Adoption Era Internet Consumer Behaviors[J]. *Journal of Business Research*, 2010, 63(9/10):950 - 956.

[405] TEAS R K, DECARLO T E. An Examination and Extension of The Zone-of-Tolerance Model: A Comparison to Performance-Based Models of Perceived Quality[J]. *Journal of Service Research*, 2004, 6(3):272 - 286.

[406] TEMKIN B, BLISS J. *Customer Experience Overview*[R]. Research report, Customer Experience Professionals Association, 2011.

[407] THAICHON P, LOBO A, MITSIS A. *Investigating the Antecedents to Loyalty of Internet Service Providers in Thailand:Developing a Conceptual Model*[C]. Proceedings of the ANZMAC 2013, Australia, 3 - 5 December 2012, Adelaide, Australia.

[408] THOMAS R, GULLEDGE, RAINERA. Sommer, Process Coupling in Business Process Engineering[J]. *Knowledge and Process Management*, 1999, 16(3):158 - 165.

[409] THOMPSON C J, LOCANDER W B, POLLIO H R. Putting Consumer Experience Back into Consumer Research:The Philosophy and Method of Existential Phenomenology[J]. *Journal of Consumer Research*, 1989, 16(2):133 - 146.

[410] THURAU T H, MALTHOUSE E C, FRIEGE C, et al. The Impact of New Media on Customer Relationships[J]. *Journal of Service Research*, 2010, 13:311 - 330.

[411] TRANBERG H, HANSEN F. Patterns of Brand Loyalty:Their Determinants and Their Role for Leading Brands[J]. *European Journal of Marketing*, 1986, 20(3):81 - 109.

[412] TREMAYNE M. Lessons Learned from Experiments with Interactivity on the Web[J]. *Journal of Interactive Advertising*, 2005, 5 (2). doi: 10. 1080/15252019. 2005. 10722100.

[413] TRUEMAN M, CORNELIUS N, WALLACE J. Building Brand Value Online: Exploring Relationships Between Company and City Brands[J]. *European Journal of Marketing*, 2012,46(7/8):1013 – 1031.

[414] TSAIH T, HUANG H C, JAW Y L, et al. Na-tional Taiwan University. Why Online Customers Remainwith a Particular E-Retailer: AnIntegrative Modeland Empirical Evidence [J]. *Psychology & Marketing*, 2006,23(5):447 – 464.

[415] TSAI S P. Intergated Marketing as Management of Holistic Consumer Experience [J]. *Business Horizons*, 2005, 48(5):431 – 441.

[416] TSE D K, WILTON P C. Models of Consumer Satisfaction Formation: An Extension[J]. *Journal of Marketing Research*, 1998, 25(2):204 – 212.

[417] TURNERIIBL, REKASpERSON, et al. A Framework for Vulnerability Analysis in Sustainability Science[J]. *PNAS*, 2003(12):100.

[418] TYNAN C, MCKECHNIE S. Experience Marketing: A Review and Reassessment[J]. *Journal of Marketing Management*, 2009, 25(5 – 6):501 – 517.

[419] VALOS M J, EWING M T, POWELL I H. Practitioner Prognostications on the Future of Online Marketing[J]. *Journal of Marketing Management*, 2010, 26:361 – 376.

[420] VALTA K S. Do Relational Norms Matter in Consumer – brand Relationships? [J]. *Journal of Business Research*, 2013, 66(1):98 – 104.

[421] VALVI A C, FROGKOS K C. Critical Review of the Eloyalty Literature: A Purchase – centred Framework[J]. *Electronic Commerce Research*, 2012, 12(8):331 – 378.

[422] VAN D, LEMON K N, MITTAL V, et al. Customer Engagement Behavior: Theoretical Foundations and Research Directions[J]. *Journal of Service Research*, 2010, 13(3):253 – 66.

[423] VAN NOORT G, VOORVELD H A M, VAN REIJMERSDAL E A. Interactivity in Brand Web Sites: Cognitive, Affective, and Behavioral Responses Explained by Consumers' Online Flow Experience[J]. *Journal of Interactive Marketing*, 2012, 26(4):223 – 34.

[424] VARGO S L, LUSCH R F. Service – dominant Logic: Continuing the Evolution[J]. *Journal of the Academy of Marketing Science*, 2008, 36(1):1 – 10.

[425] VERHOEF P C, DOORN J V. Critical Incidents and the Impact of Satisfaction on Customer Share[J]. *Journal of Marketing*, 2008, 72(7): 123 – 42.

[426] VERHOEF P C, LEMON K N, PARASURAMAN A, et al. Customer Experience Creation: Determinants, Dynamics and Management Strategies [J]. *Journal of Retailing*, 2009, 85(1): 31 – 41.

[427] VERHOEF P C. Understanding the Effect of Customer Relationship Management Efforts on Customer Retention and Customer Share Development [J]. *Journal of Marketing*, 2003, 67(10): 30 – 45.

[428] VERLEYE K. The Cocreation Experience from the Customer Perspective: Its Measurement and Determinants[J]. *Journal of Service Management*, 2015, 26(2): 321 – 342.

[429] VOORVELD H A M, NEIJENS P C, SMIT E G. Consumers' Responses to Brand Web sites: an Interdisciplinary Review[J]. *Internet Research*, 2009, 19(5): 335 – 65.

[430] VOORVELD H A M, VAN N G, DUIJN M. Building Brands with Interactivity: The Role of Prior Brand Usage in the Relation Between Perceived Website Interactivity and Brand Responses[J]. *Journal of Brand Management*, 2013, 20(7): 608 – 622.

[431] WANG JINLI. Brittleness Evaluation Study On The Commercial Enter-prise E-commerce [J]. *Information Management, Innovation Management and Industrial Engineering*, 2011, 8: 250 – 252.

[432] WANG JINLI. Third-party Logistics Evaluating Study For Commercial Enterprise E-business[J]. 2010 *International Conference on Management Science and Information Engineering*, 2010, 12: 553 – 555.

[433] WEINREICH H, OBENDORF H, HERDER E, et al. Not Quite the Average: An Empirical Study of Web Use[J]. *ACM Transactions on the Web*, 2008, 2(1): 1 – 31.

[434] WIERINGA J E, VERHOEF P C. Understanding Customer Switching Behavior in a Liberalizing Service Market: An Exploratory Study[J]. *Journal of Service Research*, 2007, 10 (2): 174 – 186.

[435] WILLAMWALLACE. *Postmodern Management: The Emerging Partner-ship Between Employees and Stockholders*[M]. Publisher: Quorum Books. Ap30, 1998.

[436] WOOD S L. Remote Purchase Environments: The Influence of Return Policy Leniency on Two-stage Decision Processes[J]. *Journal of Marketing Research*, 2001, 38(5): 157 – 69.

[437] WRSCOTT. Reflections on a Half-Century of Organizational Sociolo-gy[J]. *Annual Re-*

view of Sociology, 2004(30).

[438] WU G H. The Mediating Role of Perceived Interactivity in the Effect of Actual Interactivity on Attitude Toward the Website[J]. *Journal of Interactive Advertising*, 2005, 5 (2):29 - 39.

[439] WU L W. Satisfaction, Inertia, and Customer Loyalty in the Varying Levels of the Zone of Tolerance and Alternative Attractiveness[J]. *Journal of Services Marketing*, 2011, 25 (5):310 - 322.

[440] XIE L S, POON P, ZHANG W X. Brand Experience and Customer Citizenship Behavior: The Role of Brand Relationship Quality[J]. *Journal of Consumer Marketing*, 2017, 34 (3):268 - 280.

[441] XIEX M, JIA Y Y. Consumer Involvementin New Product Development: A Case Study of Online Virtual Community[J]. *Psychology Marketing*, 2016, 33(12):1187 - 1194.

[442] XU J B. *Luxury Hotel Brand Equity, Customer Experience, and Their Antecedents: A Study of Business Travellers in Hong Kong*[R]. The Hong Kong Polytechnic University, Hong Kong.

[443] YANAMANDRAM V, WHITE L. Switching Bar-riersin Business-to-Business Services: A Qualitative Study [J]. *International Journal of Service Industry Management*, 2006, 17(2):158 - 192.

[444] YANAMANDRAM V, WHITEL. Why Customers Stay: Reasonsand Consequences of Inertia in Financial Services[J]. *Managing Service Quality*, 2004, 14(2):183 - 194.

[445] YAPKB, SWEENEYJC. Zone-of-Tolerance Moder-ates the Service Quality-Outcome Relationship[J]. *Journal of Services Marketing*, 2007, 21(2):137 - 148.

[446] YE G. The Locus Effect on Inertia Equity[J]. *Journal of Product and Brand Management*, 2005, 14(3):206 - 210.

[447] YIM M Y C, CHU S C, SAUER P L. Is Augmented Reality Technology an Effective Tool For Ecommerce? An Interactivity and Vividness Perspective[J]. *Journal of Interactive Marketing*, 2017, 39:89 - 103.

[448] YIM M Y C, CICCHIRILLO V, DRUMWRIGHT M. The Impact of Stereoscopic 3 - D Advertising: The Role of Presence in Enhancing Advertising Effectiveness[J]. *Journal of Advertising*, 2012, 41(3):117 - 134.

[449] YOON D, CHOI S M, SOHN D Y. Building Customer Relationships in an Electronic

Age：The Role of Interactivity of E-commerce Websites[J]. *Psychology and Marketing*, 2008,25(7)：602 –618.

[450]YOON D,YOUN S. Brand experience on the Website Its Mediating Role Between Perceived Interactivity and Relationship Quality [J]. *Journal of Interactive Advertising*. 2016,16(1)：1 –15.

[451]YOO W S,LEE Y,PARK J. The Role of Interactivity in E-tailing：Creating Value and Increasing Satisfaction[J]. *Retailing and Consumer Services*,2010,17：89 –96.

[452]ZAICHKOWSKYJL. The Personal Involvement Inventory： Reduction,Reversion,and Application to Advertising[J]. *Journal of Advertising*,1994,23(4)：59 –70.

[453]ZARANTONELLO L,SCHMITT B H. Using the Brand Experience Scale to Profile Consumers and Predict Consumer Behavior [J]. *Journal of Brand Management*, 2010, 17(7)：532 –540.

[454]ZAVR NIK B,JERMAN D. Conceptualization and Measurement of Integrated Marketing Communication[J]. *Journal of Advertising Research*,2007,47(3)：1 –12.

[455]ZEELENBERG M,PIETERSR. Beyond Valence in Customer Dissatisfaction：A Review and New Findings on Behavioral Responses to Regret and Disappointmentin Failed Services[J]. *Journalof Business Research*,2004,57(4)：445 –455.

[456]ZEITHAML V A,BERRY L L,PARASURAMAN A. The Behavioral Consequences of Service Quality[J]. *Journal of Marketing*,1996,60(2)：31 –46.

[457]ZHAO X,LYNCH J G,CHEN Q. Reconsidering Baron and Kenny：Myths and Truths About Mediation Analysis[J]. *Journal of Consumer Research*,2010,37(2)：197 –206.

[458]ZOLKIEWSKI J,STORY V,BURTON J,et al. Strategic B2B Customer Experience Management：The Importance of Outcomes-based Measures[J]. *Journal of Services Marketing*,2017,31(2)：172 –184.

附　　录

附录一　　在线顾客购物行为访谈提纲

一、个人基本信息

E1 性别：　　　(1)男　　　　　　(2)女

E2 您的年龄：　(1)25 岁以下　　(2)25—35 岁

　　　　　　　(3)36—45 岁　　(4)45 岁以上

E3 您的学历：　(1)高中及以下　(2)专科　　(3)本科　　(4)硕士　　(5)博士

E4 您的职业：　(1)学生　　　　(2)企业单位人员　　　(3)事业单位人员

　　　　　　　(4)自由职业者　(5)其他

E5 您的收入：　(1)3000 元以下　　(2)3000—6000 元

　　　　　　　(3)6000—10000 元　(4)>10000 元

在淘宝网购物过程中,您是否在某家网店有一次以上,即重复购买经历?

(1)是　　　(2)否

您在印象最为深刻的网店重复购物次数:

(1)5 次以下　(2)6—10 次　(3)11—15 次　(4)16—20 次　(5)20 次以上

二、购物行为访谈

1. 请描述您的网上购物过程?

2. 您觉得在上述购物过程中哪些因素对于您的购物决策最为关键?

3. 您购物过程中经常会与卖家进行沟通么?

4. 您认为您购物网络商店的页面与其他同类型店铺有什么优势么?

5. 在网络购物过程中您会查看在线评论么? 您对在线评论的大致态度是?

6. 您信任网络购物么? 信任您所购物的网店么? 什么因素让你信任这家网店?

7. 您在网购过程中有没有对同一家网站的重复购买经历? 如果产生同种需求, 您会首选重复光顾还是重新选择?

8. 如果对购物体验的某一方面不是很满意,您会重复光顾么?

9. 在您重复购物过程中,有没有您不是特别满意,然而却最终也决定重复购买了? 原因是什么?

10. 您有失利的网购经历么? 什么因素让您不满意?

附录二　在线顾客购物行为调查问卷

非常感谢您于百忙之中参与该问卷调查。调查对象为淘宝网顾客,如果您从未在淘宝网上购物,请放弃对问卷的作答,谢谢。该研究关注的是消费者对网络商店(也称网店,指的是您在淘宝网购物过程中选购商品的店铺)的顾客购物行为。您的回答将匿名、保密且仅用于研究者统计目的。本问卷并没有对错之分,请您仅根据题目本身的意思凭您的第一感觉作答。您的热心参与有助于研究顺利完成,在此向您致以衷心感谢。

在淘宝网购物过程中,您是否在某家网店有一次以上,即重复购买经历? (1)是　(2)否	
您在印象最为深刻的网店重复购物次数(请在选项上划√):	(1)5 次以下　　(2)6—10 次　　(3)11—15 次 (4)16—20 次　　(5)20 次以上

请在您认为最符合您的选项上划"√"

1 非常不同意　2 不同意　3 有些不同意　4 一般　5 有些同意　6 同意　7 非常同意

A. 对于您重复购买且印象最为深刻的网店,如果您需要与在线客服进行沟通,您认为:							
A1 自己有很大的控制权	1	2	3	4	5	6	7
A2 客服能够正确地理解我的需求,解决我的疑问	1	2	3	4	5	6	7
A3 自己可以决定沟通进程	1	2	3	4	5	6	7
A4 客服态度良好有耐心,沟通过程围绕我的需求展开	1	2	3	4	5	6	7
A5 当沟通中断后,客服能够根据聊天记录与我继续沟通	1	2	3	4	5	6	7
A6 当我有疑问时,可以很便利的与客服进行沟通	1	2	3	4	5	6	7
A7 我与客服沟通很容易,我很乐意与该网店沟通	1	2	3	4	5	6	7
A8 客服愿意倾听我的需求,给出专业性建议	1	2	3	4	5	6	7
A9 客服鼓励顾客进行反馈	1	2	3	4	5	6	7
A10 客服人员理解我的问题,回复能够解决我的疑问	1	2	3	4	5	6	7
A11 即时沟通很容易,客服人员很快响应并处理我的请求	1	2	3	4	5	6	7
A12 沟通能够帮助我顺利地找到所需信息,简化购物过程	1	2	3	4	5	6	7
A13 需要沟通时,我可以几乎无时间延迟地获得回复	1	2	3	4	5	6	7
A14 客服能够及时的回答我的疑问和咨询	1	2	3	4	5	6	7
A15 我的请求能很快得到响应和满足	1	2	3	4	5	6	7

B. 对于您重复购买且印象最为深刻的网店,您的印象是:							
B1 该网络商店有很强的视觉冲击力,页面布局重点突出,设计合理	1	2	3	4	5	6	7
B2 网络商店页面反应迅速,对产品和服务以及优惠活动等介绍详细、全面	1	2	3	4	5	6	7
B3 我可以熟练地使用网络商店的各种引导和工具,顺利地找到所需信息	1	2	3	4	5	6	7
B4 该网络商店总体而言让我感觉很舒服	1	2	3	4	5	6	7
B5 在该网络商店购物让我感觉心情愉悦	1	2	3	4	5	6	7
B6 该网络商店对我很尊重,我有一种归属感	1	2	3	4	5	6	7
B7 我很信任该网店支付系统,觉得很安全	1	2	3	4	5	6	7
B8 我对该网店提供的产品有信心,购物有保障	1	2	3	4	5	6	7
B9 购物发生问题时,该网店都能及时为我解决	1	2	3	4	5	6	7
B10 我已经是该网店的顾客,他们了解并竭力满足我的需求	1	2	3	4	5	6	7
B11 虽然有其他网店可以满足我的需求,在该网店购物更为便利和容易	1	2	3	4	5	6	7
B12 网店的产品和服务与承诺一致,我愿意继续购物	1	2	3	4	5	6	7
B13 我常常阅读其他顾客的在线评论	1	2	3	4	5	6	7
B14 网络商店提供的评论对我的决策有帮助	1	2	3	4	5	6	7
B15 在线评论使我对网店的产品和服务有信心	1	2	3	4	5	6	7
B16 如果在网上购买产品时没有阅读在线评论,我就会担心我的决定	1	2	3	4	5	6	7

C. 对于您重复购买且印象最为深刻的网店,您对下列观点的认同程度:							
C1 如果我有同样的需求,首先会考虑该网店	1	2	3	4	5	6	7
C2 未来几年,我可能会继续在该网店购物	1	2	3	4	5	6	7
C3 未来几年,我可能会主要依赖该网店购买(此类商品)	1	2	3	4	5	6	7
C4 在网络评价中我很愿意对该网店给出积极正面的评价	1	2	3	4	5	6	7
C5 如果有人向我寻求相关意见,我愿意推荐该网店	1	2	3	4	5	6	7
C6 我将会鼓励亲朋好友使用该网店	1	2	3	4	5	6	7
C7 目前,我暂不考虑转向其它网店购物	1	2	3	4	5	6	7
C8 我没有强烈意愿转向其他网店	1	2	3	4	5	6	7
C9 我不必为考虑转向其他网店购物而烦恼	1	2	3	4	5	6	7
C10 总体而言,该网店的产品和服务能够满足我的期望	1	2	3	4	5	6	7
C11 总体而言,我对该网店提供的产品和服务满意	1	2	3	4	5	6	7
C12 从该网店购物的选择是明智的	1	2	3	4	5	6	7
C13 从该网店购物的决策令我很高兴	1	2	3	4	5	6	7

D. 个人基本信息:	
D1 性别:	(1)男 (2)女
D2 您的年龄:	(1)25 岁以下 　(2)25—35 岁 　(3)36—45 岁 　(4)45 岁以上
D3 您的学历:	(1)高中及以下 　(2)专科 　(3)本科 　(4)硕士 　(5)博士
D4 您的职业:	(1)学生 　(2)企业单位人员 　(3)事业单位人员 　(4)自由职业者 　(5)其他
D5 您的收入:	(1)3000 元以下 　(2)3000—6000 元 　(3)6000—10000 元 　(4)＞10000 元

答题到此结束,非常感谢!

附录三　消费者在线顾客忠诚问卷调查

——淘宝网购物

　　该研究关注的是消费者使用网络为媒介进行购物的顾客忠诚行为，调查对象为淘宝网顾客。**如果您从未在淘宝网上购物，请放弃对问卷的作答，谢谢。**您的回答将完全匿名保密且仅用于研究者统计目的。请您尽量对每一个问题都进行作答，题目均为单选。**同时请仅根据题目本身的意思凭您的第一感觉作答**。您的热心参与有助于研究顺利完成，在此向您致以衷心感谢。为了方便您对问卷内容的咨询和反馈，我的联系方式是：15222160989。

　　1.　在淘宝网购物过程中，您是否在某家网络商店有一次以上，即重复购买经历？（所谓网络商店指的是您在淘宝网购物过程中选购商品的店铺。）

　　○是　　　○否　（选"是"请继续作答；选"否"请越过2、3题继续作答。）

　　2.　您重复购买的商品是：（　　　）（此题可多选）

○音像出版品　　　　　○报刊书籍　　　　○礼品、玩具　　　○服装、箱包

○家居用品、化妆品　　○运动用品

　　3.　您重复购买的商品是：（　　　）（此题可多选）

○音像出版品　　　　　○报刊书籍　　　　○礼品、玩具　　　○服装、箱包

○家居用品、化妆品　　○运动用品　　　　○家用电器　　　○通讯、数码产品

○软件、数字产品　　　○金银首饰　　　　○其他＿＿＿＿＿＿＿＿＿（请填写）

请在您认为最符合您的选项下划"√"。

1 坚决不同意　　　2 非常不同意　　　3 不同意　　　4 无所谓　　　5 同意

6 非常同意　　　　7 坚决同意

A. 请根据您的网络购物经历(不限于淘宝网)作答:							
1. 我很难做到仔细阅读网站以及目标网络商店的每一条信息。	1	2	3	4	5	6	7
2. 有太多购物信息与选择以至于在购物过程中使我感到有些负担。	1	2	3	4	5	6	7
3. 网络商店提供太多信息与选择以至于不能够对所有信息和选择进行详细的分析与比较。	1	2	3	4	5	6	7
4. 因为有太多网站与网络商店,我感到获取并利用所有有关信息是非常困难的。	1	2	3	4	5	6	7
5. 在网络购物中如购物需求不是很明确,搜索会出现大量相关信息。	1	2	3	4	5	6	7
6. 我确信网站与网络商店的信息能够满足我的购买决策需求。	1	2	3	4	5	6	7
7. 网络购物中,我知道去哪里能够找到我所需要的信息。	1	2	3	4	5	6	7
8. 我对网络购物有信心,如果有清楚的在线说明供我参考的话。 [注:所谓有信心,是对购物信息搜寻、选择到最终作出令自己满意甚至觉得是最优的购物决策的自信,9－12 的含义与此相同]	1	2	3	4	5	6	7
9. 我对网络购物有信心,即使身边没有人向我示范怎样使用网络选购商品。	1	2	3	4	5	6	7
10. 我对网络购物有信心,即使我以前从未网上购物过。	1	2	3	4	5	6	7
11. 我对网络购物有信心,即使在我仅仅看见别人通过网络进行购物,而我自己并未尝试的情况下。	1	2	3	4	5	6	7
12. 我对网络购物有信心,如果有在线帮助功能进行辅助的话。	1	2	3	4	5	6	7

B. 请您以日常生活状态感受为基础进行作答:							
13. 我有时间压力。	1	2	3	4	5	6	7
14. 我总是睡不好。	1	2	3	4	5	6	7
15. 希望有更多自己的时间。	1	2	3	4	5	6	7
16. 每天很繁忙。	1	2	3	4	5	6	7
17. 感觉有来自其他人的时间压力。	1	2	3	4	5	6	7
18. 由于缺乏时间不能够很好的处理重要的事情。	1	2	3	4	5	6	7
19. 由于没有时间病了也不能很好的恢复。	1	2	3	4	5	6	7
20. 在太多的时间压力下我的健康状况受到损害。	1	2	3	4	5	6	7
21. 约会总是迟到。	1	2	3	4	5	6	7
22. 不能够遵守(任务、规划、工作等的)截止时间。	1	2	3	4	5	6	7

C. 请您以印象最为深刻的重复购买网络商店(或您印象最为深刻的网络商店)为对象进行作答:							
23. 总体而言,该网络商店的产品和服务能够满足我的期望。	1	2	3	4	5	6	7
24. 总体而言,我对该网络商店提供的产品和服务满意。	1	2	3	4	5	6	7
25. 从该网络商店购物的选择是明智的。	1	2	3	4	5	6	7
26. 从该网络商店购物的决策令我很高兴。	1	2	3	4	5	6	7
27.(对于此类或此种商品)我暂不考虑转向其它网络商店购物。	1	2	3	4	5	6	7
28.(对于此类或此种商品)我懒得从其他网络商店寻找更有吸引力的交易机会了。	1	2	3	4	5	6	7
29.(未来一段时间)我不必为考虑转向其他网路商店购物而烦恼。	1	2	3	4	5	6	7
30. 我从来没有说过谎话。	1	2	3	4	5	6	7
31. 我将会一直考虑使用该网络商店作为购买此类商品的首选。	1	2	3	4	5	6	7
32. 在未来几年我可能会继续使用该网络商店购物。	1	2	3	4	5	6	7
33. 在网络评价中我很愿意对该网络商店给出积极正面的评价。	1	2	3	4	5	6	7
34. 如果有人向我寻求相关意见,我愿意推荐该网络商店。	1	2	3	4	5	6	7
35. 我将会鼓励亲朋好友使用该网络商店。	1	2	3	4	5	6	7
36. 在未来几年我可能会主要依赖该网络商店购买(此类商品)。	1	2	3	4	5	6	7
37. 转向其他网络商店将会花费大量精力(重新搜寻、选择和交易等)。	1	2	3	4	5	6	7
38. 转向新的网络商店的过程会花费大量时间。	1	2	3	4	5	6	7
39. 转向一家新的网络商店将意味着失去价格、积分等现有网路商店提供的优惠。	1	2	3	4	5	6	7

D. 针对您印象最为深刻的重复购买网络商店(或您印象最为深刻的网络商店),您是否同意下述观点:							
40. 总体而言,其他的网络商店可能比目前的网络商店购买成本更低。	1	2	3	4	5	6	7
41. 新的网络商店可能会提供更为齐全的产品和服务选择。	1	2	3	4	5	6	7
42. 与现在的网络商店相比,新的网络商店在地域上可能离我更近。	1	2	3	4	5	6	7
43. 新的网络商店可能更能满足我对产品和服务的需求。	1	2	3	4	5	6	7
44. 与目前的网络商店相比,我可能会对新的网络商店更为满意。	1	2	3	4	5	6	7

E. 请以："网络购物过程(整个搜寻、比较与交易过程)和结果(买到的商品)对于我来说"为题目进行作答。

1	2	3	4	5	6	7
1. 坚决同意左侧说法			4. 难以判断		7. 坚决同意右侧说法	

	1	2	3	4	5	6	7
45. 极其重要—非常不重要	1	2	3	4	5	6	7
46. 极其无聊—非常有趣	1	2	3	4	5	6	7
47. 与我极其相关—与我毫不相关	1	2	3	4	5	6	7
48. 令人兴奋的—单调乏味	1	2	3	4	5	6	7
49. 毫无意义—非常有意义	1	2	3	4	5	6	7
50. 非常有吸引力—毫无吸引力	1	2	3	4	5	6	7
51. 令人着迷的一琐事	1	2	3	4	5	6	7
52. 毫无价值—极其珍贵	1	2	3	4	5	6	7
53. 沉迷其中—毫不沉迷	1	2	3	4	5	6	7
54. 没必要—非常必要	1	2	3	4	5	6	7

请留下您的个人信息：

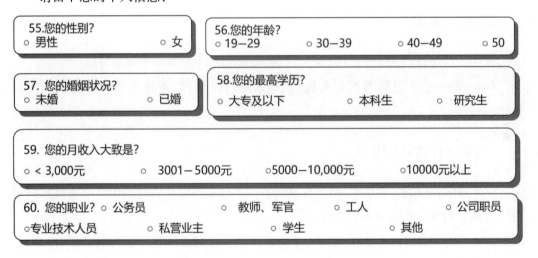

55. 您的性别?
  ○ 男性　　　　　　　　　　○ 女

56. 您的年龄?
  ○ 19—29　　○ 30—39　　○ 40—49　　○ 50

57. 您的婚姻状况?
  ○ 未婚　　　　　　　　　　○ 已婚

58. 您的最高学历?
  ○ 大专及以下　　　　○ 本科生　　　　○ 研究生

59. 您的月收入大致是?
  ○ < 3,000元　　　○ 3001—5000元　　○ 5000—10,000元　　○ 10000元以上

60. 您的职业? ○ 公务员　　　　○ 教师、军官　　○ 工人　　　　○ 公司职员
  ○ 专业技术人员　　○ 私营业主　　　○ 学生　　　○ 其他

问卷到此结束,再次由衷感谢您抽出时间完成此次调查!

附录四　学术经历与学术成果

一、学术经历

1999 年 9 月—2003 年 7 月，齐齐哈尔大学经济与管理学院工商管理专业管理学学士学位

2003 年 9 月—2006 年 4 月，哈尔滨商业大学经济学院产业经济学专业经济学硕士学位

2006 年 4 月—2015 年 7 月，齐齐哈尔大学教师

2012 年 9 月—2013 年 7 月，哈尔滨商业大学访问学者

2015 年 7 月—2018 年 5 月，南开大学商学院企业管理专业管理学博士学位

2018 年 7 月—今，齐齐哈尔大学经济与管理学院教师

二、教授课程

管理学、新商业企业经营与国际化、企业战略管理、专业英语等理论课程；

Top – Boss 企业经营与模拟对抗、工商因纳特注册、财务与市场分析等实践实训课程。

三、第一作者研究论文

1. 王金丽，申光龙，李桂华. 消费者缘何忠实于特定网络商店——在线顾客惰性的视角[J]. 商业研究，2019(04):1 – 11.

2. 王金丽，邵仲岩，苗雨君，王雪. 特色餐饮品牌影响力问题与提升对策研究——以齐齐哈尔市为例[J]. 北方经贸，2020,433(12):61 – 63.

3. 2017 年 11 月，在《管理学报》上发表《在线顾客满意、顾客惰性与在线顾客忠诚：一种动态权变作用机制研究》，国家自然科学基金委指定期刊，社科类 B 级。

4. 2014 年 1 月，在《科技管理研究》上发表《供应链系统脆性防御评价模型的构造与适用》，CSSCI 收录。

5. 2013 年 8 月，在《中国农业资源与区划》上发表《黑龙江省农村城镇化进程中生态预警与推动机制探讨》，中文核心期刊。

6. 2013 年 5 月,在《生态经济》上发表《黑龙江省农村城镇化进程中生态问题及成因探析》,中文核心期刊。

7. 2011 年 2 月,在《Applied Mechanics and Materials》上发表《Construction and Application of Evaluation Model for Efficient Operation of Supply Chain Systems》,EI 会议检索。

8. 2011 年 8 月,在《Information Management, Innovation Management and Industrial Engineering》上发表《Brittleness Evaluation Study On The Commercial Enterprise E – commerce 》,EI 会议检索。

9. 2010 年 12 月,在《Digital Enterprise and Digital Manufacturing》上发表《An Empirical Research on Logistics Mode of Commercial Enterprise E – commerce》。

10. 2010 年 12 月,在《Management Science and Information Engineering》上发表《Third – Party Logistics Evaluating Study for Commercial Enterprise E – business》。

11. 2018 年 2 月,在《现代管理科学》上发表《“互联网＋”经济性、非经济性与非经济性规避探析》。

12. 2014 年 9 月,在《理论观察》上发表《黑龙江省农村城镇化建设中金融支持问题研究》。

13. 2008 年 8 月,在《黑龙江对外经贸》上发表《齐齐哈尔市产业结构调整研究》。

14. 2008 年 5 月,在《齐齐哈尔大学学报》上发表《齐齐哈尔市城乡结济结构深入调整研究》。

四、主要科研项目

1. 2020 年度黑龙江省省属高等学校基本科研业务费青年创新人才项目(135509236)“特定网络商店在线顾客忠诚动因及其作用机理研究”,2021. 01. 01—2023. 12. 31,项目主持人(1/6)。

2. 齐齐哈尔市哲学社会科学研究规划项目(QSX2019 – 19YB)“关于提升齐齐哈尔特色品牌餐饮影响力的研究”,2019. 09—2020. 09 ,项目主持人(1/5)。

3. 横向课题《公司发展战略规划与咨询》(项目主持人),项目经费 15 万元,2022. 10—2023. 12,委托单位:上海明净环保科技有限公司。

4. 软件著作权转化项目《高层管理者决策信息共享平台》(项目主持人),项目经费 20 万元,2023 年 12 月,委托单位:上海明净环保科技有限公司。

5. 2014 年,参与齐齐哈尔市哲学社会科学研究规划重点项目《我市农村城镇化建设中的金融问题研究》。

6.2013年,参与完成齐齐哈尔市哲学规划办重点项目《齐齐哈尔经济结构深入调整研究》。

7.2013年,参与完成黑龙江省科技厅软科学项目《编制齐齐哈尔市科学技术与高新技术产业发展"十二五规划"》。

8.2011年,参与黑龙江省教育厅科研项目《黑龙江农村城镇化进程中生态建设问题研究》。

9.参与黑龙江省省科技厅软科学项目《齐齐哈尔老工业基地企业集群构建研究》。

10.参与齐齐哈尔大学青年资助的一般项目《资源优化配置与组织创新的耦合研究》。

11.参与企业的横向课题研究项目《齐齐哈尔商业银行经营管理诊断与发展战略研究》。

12.参与横向课题《公司发展战略规划与咨询》(2/3),项目经费6万元,委托单位:上海明净环保工程有限公司。

五、专著与教材

1. 2014年8月,由中国财富出版社发行《环境不确定条件下企业经营与组织变革研究》(专著,2/2)。

2. 2009年1月,由哈尔滨工程大学出版社发行《商业企业经营管理》(教材,副主编,2/3)

3. 2009年3月,由哈尔滨工程大学出版社发行《工商管理专业实务英语》(教材,副主编,2/3)。

六、获奖

2013年7月,《齐齐哈尔经济结构深入调整研究》项目获齐齐哈尔市哲学社会科学二等奖。

七、专利与软件著作权

1. 2023年7月,获《管理者决策流程与平台建设》软件著作权。

2. 2023年7月,获《高层管理者决策信息共享平台》软件著作权。

3. 2014年,取得《一种经济管理用多功能展柜》实用新型专利。

4. 2013年,取得《一种经济管理用多功能尺》实用新型专利。

5. 2013年,取得《商业企业促销方法演示装置》实用新型专利。

6. 2014年,参与《一种财务票据熨平机》实用新型专利。

附录五　相关学术论文

特色餐饮品牌影响力问题与提升对策研究

——以齐齐哈尔市为例

王金丽,邵仲岩,苗雨君,王雪

（齐齐哈尔大学经济与管理学院,齐齐哈尔 161006）

摘　要: 文章运用问卷调查法对黑龙江省齐齐哈尔市特色餐饮品牌影响力进行研究。首先结合问卷调查对特色餐饮品牌影响力状况进行 SWOT 分析,进而从维持原有特色、优化企业品牌经营、加强政府监管以及扩大宣传力度等方面提出了齐齐哈尔市特色餐饮品牌影响力提升对策:维持并强化餐饮品牌特色;培育龙头餐饮品牌企业;形成独特餐饮文化;规范餐饮企业操作流程;提升齐齐哈尔市特色餐饮品牌影响力政府性举措;积极进行特色餐饮品牌影响力宣传;采用连锁经营推动齐齐哈尔市餐饮品牌影响力。

关键词: 特色餐饮,SWOT 分析,品牌影响力

一、齐齐哈尔市特色餐饮品牌影响力现状调查

(一)调查问卷的发放与回收

为了清晰界定齐齐哈尔餐饮的特色,明晰齐齐哈尔餐饮品牌影响力的状况,客观地对齐齐哈尔餐饮品牌影响力状况进行分析,本研究针对齐齐哈尔市餐饮业制定了一份调查问卷。问卷数据采集方式采用问卷星进行相关数据搜集。问卷发放对象主要是齐齐哈尔市市民、齐齐哈尔大学在校学生以及齐齐哈尔大学应届、往届毕业生。问卷发放限定于这些人群,其原因在于,这些群体对齐齐哈尔市餐饮业有着较为深刻的认识。

(二)样本特征

本次调查共发放问卷 345 份,其中男性样本 82 份,女性样本 263 份,男性女性样本各

占总样本的 23.77% 和 76.23%。就年龄结构而言,18 周岁样本 4 分,18—25 岁 222 份,26—35 岁样本 54 份,36—45 岁样本 53 份,45 岁以上样本 12 份。样本年龄主要集中在 18—25 岁之间,其次为 26—45 岁之间,符合餐饮业就餐主体总体特征。

就职业构成来看,学生样本 215 份,事业单位人员 53 份,企业高管 7 份,企业普通职工样本 37 份,自由职业者样本 33 份。本次调查主要来源于学生样本。主要原因如下:首先,作为高校教师,获取学生样本较为便利。其次,在我们对齐齐哈尔餐饮品牌影响力调查中,可以获取这些学生毕业后就业,是否愿意对齐齐哈尔餐饮业进行口碑宣传的数据。这些学生很可能会成为将来齐齐哈尔餐饮品牌宣传的重要力量。就收入水平而言,本次调查样本主体的月收入集中于 2000 元以下,这和我们的调查初衷是相匹配的。其余样本收入分布较为均等。

二、齐齐哈尔市特色餐饮品牌影响力 SWOT 分析

我们用 SWOT 分析方法对齐齐哈尔市餐饮品牌影响力状况进行分析,见表 1 所列。

从外部环境来看,齐齐哈尔餐饮品牌影响力的外部机会主要体现在:第一,人民生活水平逐步提高,各种方式的聚餐、改善生活、生活礼仪性消费持续增长,这为餐饮业的发展提供了坚实的基石,也是餐饮业发展的契机和现实基础。第二,享乐性消费趋向增强。与人民生活水平直接息息相关的是消费者消费趋向的转变,人们不必再为了生计而奔波,从而消费倾向由生活性向享乐性消费转变。人们的生活选择性越来越多,越来越强。外出就餐成为稀松寻常的事情。第三,生活节奏越来越快。随着经济的高速增长,随之而来的是工作压力、生活节奏越来越快。虽然齐齐哈尔不属于经济发达地区,然而子女教育等问题,外出就餐已成为了新的需求。

表 1　齐齐哈尔市特色餐饮品牌影响力 SWOT 分析表

	机会 O	威胁 T	优势 S	劣势 W
SWOT 分析	1. 人民生活水平逐步提高 2. 享乐性消费趋向增强 3. 生活节奏越来越快	1. 餐饮业竞争激烈 2. 餐饮业重复建设明显,经营资质尚有不足	1. 齐齐哈尔餐饮具备一定特色 2. 齐齐哈尔餐饮有一定的影响力 3. 独特工艺 4. 餐饮消费整体满意度较高	1. 缺乏品牌龙头企业 2. 政府监管力度不够 3. 企业经营层面众多问题凸显 4. 餐饮品牌意识淡薄

　　从外部环境中的威胁来看,主要体现在:第一,餐饮业竞争激烈。齐齐哈尔市餐饮品类众多,经营档次齐全,纵横交错的餐饮业格局,满足了齐齐哈尔市市民的餐饮需求。也因此,餐饮业的竞争异常激烈。第二,餐饮业重复建设明显,经营资质尚有不足。齐齐哈尔餐饮业经营者众多,难免有滥竽充数者,尤其是就特色餐饮品牌影响力而言,这一点会成为制约整个餐饮行业品牌影响力打造的一个威胁。

　　齐齐哈尔市餐饮品牌影响力的优势表现在:一是齐齐哈尔餐饮具备一定特色。就齐齐哈尔的餐饮文化是否有特色,66.09%的被调查者认为有些特色,20.29%认为特色鲜明。二是齐齐哈尔餐饮有一定的影响力。对齐齐哈尔特色品牌餐饮影响力的影响状况的调查结果显示,49.57%的受众认为齐齐哈尔餐饮品牌有影响力,认为影响力非常大的占比为11.3。三是独特工艺。虽然烤肉经营遍布全国,然而齐齐哈尔烤肉风味别样,独具特色,甚至很多城市以齐齐哈尔烤肉为宣传和经营基准,只因齐齐哈尔烤肉的独特工艺。四是餐饮消费整体满意度较高。调查数据显示,对齐齐哈尔餐饮行业的总体满意度,53.91%的受访者认为满意,非常满意的占比为8.41。由此可见,齐齐哈尔市市民对于齐齐哈尔餐饮行业的总体满意度较高。

　　虽然齐齐哈尔市餐饮业有一定的经营优势,然而仍然存在一些问题,主要体现在:第一,缺乏品牌龙头企业。目前,齐齐哈尔餐饮经营企业各自为政、经营分散性特征非常明显,缺乏品牌龙头企业。第二,政府监管力度不够。对于餐饮行业而言,政府有关部门的就近监督和监管对于行业发展是至关重要的[1]。齐齐哈尔餐饮企业数量极其众多,加上社区餐饮经济的发展,政府监管难度大。第三,企业经营层面众多问题凸显:部分餐饮企业食材不够新鲜;存在食品卫生与安全问题;餐饮服务有待改善;餐品制作流程存在疏漏。第四,餐饮品牌意识淡薄。餐饮品牌意识的薄弱对企业长远的影响就是无法形成餐饮品牌。虽然齐齐哈尔市餐饮有一些地域性品牌企业,如烧烤餐饮中的完美生活、今日阳光、金三顺等。火锅业中的红叶最美、王子火锅等。然而,不知名餐饮企业更多,总体而言,缺乏品牌经营意识。

三、提升齐齐哈尔市特色餐饮品牌影响力对策研究

(一)维持并强化餐饮品牌特色

　　根据问卷调查,也包括对消费者的访谈,加之对餐饮行业的观察,齐齐哈尔市餐饮行业以烧烤和火锅为经营特色。在未来的经济发展中,应进一步以烧烤和火锅为特色。目

前,齐齐哈尔的餐饮业发展的特色是非常明显的,应在这一特色的基础上,进一步培育品牌效应,并进行品牌影响力的宣传和树立。具体举措包括:第一,重视独特工艺传承。第二,合理布局,提高餐饮产业集聚效应。第三,发展绿色生态餐饮产业。

(二)培育龙头餐饮品牌企业

要想树立齐齐哈尔特色餐饮品牌,并进而提升齐齐哈尔特色餐饮品牌的影响力,重中之重就是要培育龙头餐饮品牌企业。从这一角度出发,也可以从政府政策层面对具有这样潜力的企业给予政策上的优惠,并从政策指导上对企业进行指导,强化企业运营,同时注重品牌的知名度的传播,在此基础上,加强美誉度。

(三)形成独特餐饮文化

要打造特色企业文化,具体措施如下:第一,要结合企业具体经营定位文化特色。企业文化和品牌文化是息息相关的,一个企业的文化,是品牌文化的根基。应深入挖掘齐齐哈尔餐饮发展的历史,通过餐饮企业的创业故事、特定经典案例的宣传深入挖掘餐饮品牌文化。第二,设计餐饮企业外包装,以此来打造餐饮品牌,进行品牌形象宣传。为了区分这些企业品牌文化,也可以通过设计企业独特的品牌 LOGO,设定特定装修风格并一脉传承、特定的摆盘样式,特定盘碟设计等都可以用来凸显企业的品牌文化。

(四)规范餐饮企业操作流程

1.规范原材料采购

采购与企业定位相符的原材料,注重原材料经营企业的经营资质。购买时应该开具发票并且建立登记制度[2]。在收货时,要严格按照合同规定对原材料进行质量把控。合格的入库,不合格的要经过与供应商沟通之后退回。

2.优化原材料存储

餐饮业的原材料主要包括牛羊肉类、蔬菜类、海鲜类以及粮油类等,对于这些食材,应该分类进行存储,并力求做到先进先出,保证食材的新鲜度;绝不能使用杀虫剂和相关化学品以防影响食物,甚至产生安全问题[3];对于即将变质的原材料要及时处理,避免污染合格食材;对于已经变质或者超过保质期的食材,绝不可以继续使用。

3.规范厨房操作

第一,应制定严格的厨房卫生条例,并照章执行。第二,制定规范的餐品操作流程,并严格按照流程进行餐品加工。第三,进入厨房必须佩戴帽子、口罩等防护用品,仔细清洗双手。第四,加强餐具的清洁与消毒。第五,还要建立规范的监督机制,不定时地对厨房操作规范性进行监控。

(五)提升齐齐哈尔市特色餐饮品牌影响力政府性举措

1. 坚决查处一些不具备经营资质的餐饮企业

齐齐哈尔餐饮行业发展中,不乏一些不具备经营资质的企业,个别企业甚至出现卫生与安全问题,这将严重损坏齐齐哈尔市餐饮品牌声誉,打压齐齐哈尔特色餐饮品牌的影响力。政府的第一项举措就应该是坚决查处一些不具备经营资质的餐饮经营者,以优势经营为特色餐饮品牌影响力,打造奠定坚实的基础。

2. 建立食品安全法律法规

在经济高速发展的状况下,以往餐饮行业的标准和法律法规早已不能适应当下经济发展大环境,从政府层面考虑,应进一步强化餐饮行业法律法规的制定[3]。

3. 政府应加强对食品行业的安全监管

从政府层面入手,应对餐饮行业卫生与安全问题进行广泛宣传,以提醒经营企业从意识上加强对卫生安全问题的重视。也可以通过在广播、电视上发布公益广告的方式来进一步强化企业、员工的安全意识。作为政府要明确职责,加强监管,确保齐齐哈尔餐饮行业食品安全,在政府监管下做到有法可依,有规可循。同时齐齐哈尔餐饮企业也要把握好食品渠道安全以及做好对从业人员健康体检和食品安全知识培训,保障食品安全,能够让公众享受到健康绿色食品。餐饮消费者也要提高维权意识,在消费的同时也要监督餐饮食品安全,三管齐下促使齐齐哈尔市餐饮做到规范管理[4]。

(六)积极进行特色餐饮品牌影响力宣传

1. 以外出或者就业作为口碑宣传的窗口

根据以往消费经历,学生们毕业之后,走向各自的工作岗位,地域分布非常广泛。这些群体出于对大学经历的怀念,都是齐齐哈尔餐饮的消费主力军。经对这些群体的访谈发现,绝大多数毕业生对于齐齐哈尔餐饮还是比较喜爱和怀念的。为了印证我们的观点,我们在问卷中设计了这样一个题目,询问被调查者外出或者去别的城市就业,是否会怀念并且愿意宣传齐市餐饮,调查结果显示,50.72%的顾客外出或者毕业后愿意对齐市餐饮进行宣传,25.22%的消费者表示非常愿意,总体而言,愿意对齐齐哈尔餐饮品牌进行宣传的占比高达75.94%。对于餐饮行业经营企业而言,应积极利用这一群体作为齐齐哈尔餐饮品牌影响力打造和宣传的有效途径。

2.利用互联网＋营销提升齐齐哈尔市餐饮品牌影响力

主动适应"互联网＋餐饮",利用互联网推动餐饮产业的转型和升级。就经营方式而言,应积极利用第三方平台从传统的实体店经营向线上经营转变,采用线上线下相结合的方式开展经营。政府应该积极利用"互联网＋",利用第三方平台等手段[5],对齐齐哈尔餐饮以烧烤和火锅进行餐饮品牌宣传,进而达到宣传齐市城市品牌的目的,增强齐齐哈尔市知名度和美誉度。

(七)采用连锁经营推动齐齐哈尔市餐饮品牌影响力

目前,主要有三种连锁经营模式,即特许连锁经营、直营连锁经营与自由连锁。餐饮业是最适合采用连锁经营方式进行运营的。就目前而言,无论是直营连锁还是特许连锁经营都是比较科学而有效的经营模式。企业可以结合自身经营实际进行选择。近年来,在传统连锁经营基础上,出现了更多的连锁经营的运营模式和资本运作方式。例如,华莱士为代表的部分餐饮企业探索出一条有别于直营和加盟的"第三种扩张模式"——门店众筹、员工合伙、直营管理。这是一种创造性的合作连锁商亚模式。齐齐哈尔市餐饮企业可以借鉴上述经营方式。

参考文献

[1] 蒋永其,伍建军.产业群与专业群协调发展研究——以湘菜产业消费升级面临的困境为例[J].营销界,2019(11).

[2] 刘慧卉,宋明.商务型酒店餐饮食品安全问题研究[J].农家参谋,2020(1).

[3] 王晓彤.酒店餐饮食品安全管理的问题与措施——以广州某品牌酒店为例[J].传播力研究,2019(3).

[4] 周艳丽,张京洲."互联网＋"背景下徽商老字号品牌影响力提升策略研究——以芜湖市中式餐饮老字号为例[J].科学大众,2020(4).

[5] 滕书磊.常州餐饮老字号品牌影响力提升研究[J].科技经济市场,2015(6).

基金项目:齐齐哈尔市哲学社会科学规划项目(QSX2019—19YB)

作者简介:王金丽(1980—　),女,黑龙江齐齐哈尔人,博士,副教授,研究方向:网络营销、品牌管理;邵仲岩(1972—　),男,黑龙江齐齐哈尔人,博士,副教授,研究方向:战略管理;苗雨君(1972—　),男,黑龙江齐齐哈尔人,硕士,教授,研究方向:农村城镇化;王雪(1986—　),女,黑龙江齐齐哈尔人,硕士,讲师,研究方向:市场营销。

(作者:王金丽、邵仲岩、苗雨君、王雪,成稿于 2020 年 08 月,刊发于《北方经贸》2020年 12 期)

黑龙江省农村城镇化进程中的生态问题及成因透析

王金丽,苗雨君,梁敏

(齐齐哈尔大学经济与管理学院,黑龙江齐齐哈尔 161006)

摘　要:首先深入探讨农村城镇化这一概念,提出了适用的农村城镇化的研究范围及其内涵。黑龙江省农村城镇化取得了一定的成果,表现为大量农村人口转变为城镇人口;农村人口向非农业转移,进城参与城镇与城市经济建设;农村人口教育要素向城镇与城市的转化等,进而分析其所产生的经济效益。经过系统分析发现黑龙江省的生态问题主要表现在人口增长过快,超过城镇承载能力;城镇周围生物多样性受到威胁;乡镇工业粗放式经营污染严重;历史文化遗迹遭到破坏等方面。最后指出黑龙江省农村城镇化进程中出现的环境外部非经济性,究其原因主要源于城乡二元制社会结构、政府职能运用不当、以经济为目的的盲目行为以及城乡居民自身环境保护意识薄弱四个深层次原因。

关键词:农村城镇化,二元制社会结构,政府职能,经济诉求,环保意识

一、农村城镇化的概念及内涵

(一)城市化与城镇化

综观目前对于农村城镇化的概念界定,与城市化、城镇化等概念息息相关,有必要做一下区分。关于这个问题,景影在其文章《中部地区农村城镇化的环境法治问题研究》中作了比较清晰的阐述[1]。城市化中"城市"(urbanplace)是由两部分组成:城市(city)和城镇(town)。因此,广义的城市化应包括狭义的城市化和农村城镇化(即城镇化)。

城市化与城镇化有所区别,分别代表城市化的两个不同阶段:农村城镇化和城镇城市化(城镇自身的发展和素质的提高)。以城镇化替代城市化,实际上是把城市化的两个不同发展阶段混为一体。农村城镇化作为整个城市化过程的重要侧面,是城市化体系中的重要组成部分。笔者还是很赞同这一观点的。

(二)农村城镇化的概念及内涵

在上述探讨中,我们明确了城镇化的大致含义,但是还是需要对农村城镇化有一个

比较深入确切的概念界定。关于农村城镇化的概念,有代表性的看法包括:农村城镇化是指农村人口向城镇地区集中和若干个邻近的村落通过某种程度的联合,进而形成城镇的过程,也可以理解为变农业人口为非农业人口的过程[2];农村城镇化是农业人口向城镇地域集中和农村地域转化为镇地域的过程,是农村经济发展的必然趋势[3];农村城镇化,是指在推动农业现代化和农村工业化的同时,参照城市先进的经济技术社会标准,在我国广大农村建设中小城镇[4];农村城镇化,是指在推动农业现代化和农村工业化的同时,参照城市先进的经济技术社会标准,在我国广大农村建设中小城镇[5]。以及农村城镇化是指以乡镇企业和小城镇为依托,在农村地区生产力结构、生产经营方式和农业人口的收入水平及结构、生活方式、思想观念、人口素质等方面与城市文明逐渐接近,趋向同一的自然历史过程,是城乡距离缩小的自然历史过程,是城乡融合并最终向城乡一体化的自然历史过程[6]等诸多概念。前面的观点可视为是将农村城镇化理解为农村地域转化为城镇地域的过程,而最后一种观点则更强调农村人口生产力结构、生产经营方式和农业人口的收入水平及结构、生活方式、思想观念、人口素质的变革,事实上笔者认为农村城镇化应该涵盖上述两方面的内容。所以我们可以将农村城镇化界定为"农村人口向城镇地区集中和若干个邻近的村落通过某种程度的联合,进而形成城镇的过程,以及在此过程中,以乡镇企业和小城镇为依托,农村地区生产力结构、生产经营方式和农业人口的收入水平及结构、生活方式、思想观念、人口素质等方面与城市文明逐渐接近"。这一概念引申出如下内涵:

第一,农村劳动力向非农业转移、农村人口向城镇聚集,是农村城镇化的基本特征[7]。农村城镇化的一大显著标志就是农村人口向城镇集中。这其中既包括城镇数和城镇人口数量的不断增多、城镇规模的逐步扩大,也包括农村人口数量的逐渐减少、城镇人口占总人口比重的不断提高。

第二,农村城镇化带动农业产业结构变动与提升。这也就意味着农业产值在社会总产值中的比重逐步下降,第二、第三产业比重不断上升,如此第一产业的产业变革也就势在必行了。

第三,农村城镇化促使农村人口生活方式及素质提升。农村城镇化的间接表现是农村人口素质不断提升,农村居民的生产和生活方式日益趋向城市化,这才是农村城镇化的实质体现。农村城镇化既是城镇数量和城镇人口数量等外在的数字与比例,更是人口素质和生活方式等质量层面上的根本性提升。否则,就不能称之为真正意义的农村城镇化。

第四,农村城镇化是城乡生产要素的双向流动,意味着农村城镇化不仅仅是农村向城镇的要素转化过程,同时也是城镇反哺农村,生活方式向农村扩散,生产要素向农村引入,不断提高农村及农业的科学技术水平和生产能力,进而推动农村现代化。

第五,农村城镇化概念中城镇范围的确定。我们一直在探讨农村城镇化,但是我们所研究的城镇,它的范围又是什么呢,有必要探讨一下。关于这个问题,不同学者从不同角度进行了研究与探讨,比较一致的观点认为中国特色的农村城镇化不仅应包括一般乡镇的发展,也应包括县城建制镇(或街道)和县级市在内。

二、黑龙江省农村城镇化建设成果与经济效应

(一)黑龙江省农村城镇化的特征与建设成果

黑龙江省的农村城镇化建设在全国农村城镇化的带领下,取得了一定的建设成果,其城镇化进程呈现出如下特征:

第一,大量农村人口转变为城镇人口。黑龙江省农村城镇化的显著特征之一就是从户籍制度来看,在城镇建设范畴内,农村户籍人口比重显著缩小以及随之而来的城镇户籍人口比重的显著增加。

第二,农村人口向非农业转移,进城参与城镇与城市经济建设。大量农村人口进入城镇与城市可以促进城镇与城市交通、供水、供电、通信、文化教育设施的建设,同时农民进城建房买房,直接带动了建筑、建材、轻工装饰、机械、化工、家电等相关行业的发展,并且参与这些行业的建设。

第三,农村人口教育要素向城镇与城市的转化。由于农村城镇化,国家对于农业产业的政策优惠等原因,使得农民收入水平增加,又由于农村教育的落后以及农村人口对于子孙后代教育的重视,这一切都促使了农村教育的淡化,进而导致农村人口教育向城镇与城市的转化。大量农村子弟进城读书,一方面有利于教育的提升,另一方面也进而加速了农村城镇化的进程。

第四,农业产业逐步实现现代化。黑龙江省一直是我国的农业大省,但是传统农业有一个巨大的瓶颈就是人均耕地少且地域分散的问题。随着农村人口向小城镇的集聚,减缓了这一人地之间的矛盾,促使着土地资源的集中,这就为大面积的机械化作业提供了操作基础,促进农村经济结构的进一步调整和升级。

第五,城镇居民的生活方式向农村地区渗透,强烈的改变着农村人口的生活方式,提升了农村人口的生活水平。农村城镇化打破了原有城乡隔绝的局面,使农村由封闭状态

逐步走上开放发展的道路。同时农村城镇化过程中,逐渐转变农民生育观念和生活方式,使农村人口控制由被动的强制行为日益转变为自主的行为,极大地丰富了农村生活,改变着农村风貌。同时,也使得农村人口放弃了自己自足的小农经济,其消费也实现了社会化。

(二)黑龙江省农村城镇化经济建设效应

第一,繁荣农村与城镇双向经济。一方面农民转移到城镇成为市民后,隔断了同土地的联系,实现了农村种植业的经济规模,提高生产效率,增加农民收入;另一方面转移到城镇从事第二、第三产业生产的农民成为农副产品的购买者,把农民的潜在购买力转为现实的有效需求。

第二,农村城镇化为农村剩余劳动力转移提供了出路,缓解了农村人口压力与土地承载力之间的矛盾。小城镇的快速发展就近转移了农村剩余劳动力,一方面可以缓解农村劳动力涌入城市给大城市造成的就业压力;另一方面大量农村剩余劳动力从农村转出,使得农村常驻人口有了更大的经济发展空间,缓解了农村人口和土地之间的矛盾。

第三,农村城镇化拓展了农业产前产后发展的空间,推动农业产销一体化。临近农村的乡镇企业,以农业为依托发展起来大批的农业加工企业,他们上联国内外大市场,下联种植大户,实行产供销一条龙服务,分散了农户在农副产品销售方面的风险,直接推动了当地农副产品的生产与销售。

第四,农村城镇化打破了原有城乡隔绝的格局,促使农村人口生活方式逐步文明健康化。农村城镇化打破了既有的城乡隔绝的局面,使农村逐步由封闭状态走上自由开放之路,同时逐渐转变了农民的生育观念和生活方式。另外,城镇是现代文明的载体,是新观念、新技术、新信息的辐射源,农民进城后极大地增强了彼此的交流,拓宽了视野,并主动学习新的知识和技能,极大地提高了农民的素质,主体素质的提升必然带动当地经济的发展。

三、黑龙江省农村城镇化进程中生态环境负担

综上所述,黑龙江省农村城镇化取得了喜人的成绩,产生了良好的经济效果,但与此同时,生态问题等负面效应也凸显出来,并且严重地制约着农村城镇化的进程,这里我们首先对于黑龙江省农村城镇化进程中出现的环境问题进行探讨。

第一,人口增长过快,超过城镇承载能力。人与自然一直是相互作用的,农村城镇化使农村人口向城镇聚集,直接减少了对农村自然环境的破坏,但同时也会加重城镇水、电、燃气等资源消耗的负担,增加生活垃圾、废气、污水等废弃物的排放,而一旦其产生的各种废弃物排泄量超出了城镇环境的承载能力和自净能力,就会带来城镇环境污染,这是黑龙江省城镇化生态问题的突出表现。

第二,城镇周围生物多样性受到威胁。城镇与乡村是与自然环境最为临近的区域。在农村城镇化建设过程中,由于缺乏合理规划,举措不力,滥砍乱伐、乱占耕地、随意改造河塘等现象不时发生,这就破坏了生物赖以生存的自然环境与生态平衡,致使城镇周围的生物多样性受到威胁。

第三,城镇建设用地集约化程度低,造成城镇周边农村及农业污染严重。随着农业的发展,土地越来越贫瘠,以化学肥料替代有机肥料的过量使用必然造成土地贫瘠进一步加剧以及土地污染,加之农膜产生的“白色污染”,村镇居民产生的生活污水垃圾污染,规模化养殖及水产养殖污染等,都使得村镇生态与生活环境进一步恶化。

第四,城镇建设缺乏规划,城镇自净设施落后极易引起环境污染。城镇建设与城市建设相比较,目前城镇土壤分布多呈现零星分布状态,土壤的生态系统较为封闭,物质循环与转化过程较为缓慢,因而其污染物代谢和降解功效以及环境载荷能力相对较低。另一方面,城镇建设其规划程度远远不及城市,因而设施建设分散,功能落后是目前城镇建设的一大问题,缺乏对于废气废水的统一处理,同时这一问题也会随着城镇规模的进一步扩大而加剧。也由于城镇建设其自由性与建设资源不足等原因,直到目前为止,仍有一些城镇没有系统的排污管渠和集中的污水处理厂,城镇污水就近排放;有些城镇其生活垃圾仍然采用露天堆放等原始的处理方式。这些没有经过处理的污水和随意堆放的固体垃圾,极易对城镇周围的生态环境造成破坏。

第五,乡镇工业粗放式经营污染严重。随着乡镇企业的快速发展,城镇环境污染也呈现从点到面、由局部向整体蔓延的态势。首先,乡镇企业由于技术工艺等落后,设备简陋,管理制度不健全,有毒有害的污染物排放超过国家标准的几十倍、几百倍甚至上千倍,直接危害乡镇企业职工健康与安全。其次,环境保护意识薄弱,一些地方污水灌溉、固体废物不当堆放等将有害物质直接转移到农作物上,使环境污染进一步扩大。此外,由于城市对于环境污染企业的严厉制裁,许多污染严重的企业转移到了郊区小城镇,这使得乡镇企业带来的生态问题日趋严重。

第六,历史文化遗迹遭到破坏,自然资源保护不力。黑龙江省有着极为丰富的自然资源、景观与历史文化遗产,这些绚丽多彩的国土风貌,是国家和民族的宝贵资源与财富。但随着城镇建设的不断发展,一些地方在旧区改造和新区建设过程中,出现了旧城改造过度、盲目克隆外国建筑风格、标新立异乱上标志性建筑、乱拆精美古建筑等问题。另外,旅游业的兴起,对于自然资源的过度开发与保护不力,都给黑龙江省的历史文化遗产的保护带来了沉重的负担。

四、黑龙江省农村城镇化进程中生态负担成因透析

黑龙江省农村城镇化进程中出现的对于生态环境的破坏属于城镇化建设过程中出现的外部非经济性,究其根源主要体现在城乡二元制社会结构、政府职能运用不当、以经济为目的的盲目行为以及城乡居民自身环境保护意识薄弱。

(一)城乡二元制社会结构是生态问题产生的深层次原因

我国社会长期存在的城乡二元制社会结构,是农村城镇化进程中农村区域环境问题产生的根本原因,黑龙江省也不例外。由于长期存在的分割城乡的户籍制度以及重工抑农的"剪刀差"经济发展战略,二元社会结构在黑龙江省表现得尤其突出,这是造成农村生态环境恶化的深层原因。

第一,在生存压力和改变现状的巨大动力的双重推动下,农民们无力顾及对于生态环境的破坏。

在城乡二元社会结构影响下,城乡居民生活水平不断拉大,改善生活的欲望迫使广大农民千方百计的谋求出路,在缺少资本、知识和观念以及发展路径的前提下,许多农民走上了以消耗资源为代价谋取经济利益,以掠夺式的方式利用土地和森林资源的发展道路,进而造成了土地贫瘠、森林植被破坏、干旱洪涝等自然灾害以及农村环境污染等一系列严重的环境问题。资源短缺、环境问题反过来又极大地制约了农村的经济发展,这是一种恶性循环。

第二,二元社会结构下村镇的环境保护力度远远落后于城市。

首先,二元制结构下农村环保投入严重不足是历史问题。环保投入是环保工作的前提。然而长期以来,黑龙江省的污染防治投资几乎全部投到了工业以及城市,形成了环境让位于经济,村镇让位于城市的现有格局,农村很难从政府财政渠道得到污染治理和环境管理方面的建设资金,也无法申请到排污费,加之由来已久的自由发展状态,这一切都极大地制约着农村环保和生态环境质量的提升工作。

其次,城乡二元制结构下重视城镇环境保护与建设而轻农村。二元制社会结构下,

相对于城市工业污染防治和环保而言,农村环保工作备受忽略,目前基础薄弱,起步又晚,仍存在不同程度的有法不依、执法不严等情况。

最后,当前的环境管理体系难以应对农村环境污染问题。目前对于环境防御与治理等方面的立法与相关措施,主要适用于城市,对于农村地区的适用性偏弱。同时,黑龙江省最低环保机构是县级环保机构,由于缺乏经费和人员,大部分地方乡镇没有设立环保机构,乡镇成为农村生态环境保护与改善工作的薄弱环节。除此之外,农村环境技术支撑体系不健全,其他技术咨询、服务等组织更少。所有这些因素都使得农村许多环保工作很难落实,给农村生态环境管理带来诸多不便与困难。

(二)政府生态预防与治理职能运用不当是生态问题产生的直接原因

第一,城镇建设中意识层面看重视城镇建设忽视环境预防与保护。农村城镇化是解决三农问题、提升农村人口素质及生活水平,乃至推动全国经济建设的重要举措。黑龙江省的农村城转化建设正在快速发展着,但是这种发展速度要求城镇环保设施的提升,结果是相当一部分城镇的环保基础设施建设明显滞后,却只追求经济效益。具体表现为城镇环保设施落后,污水、废气、固体废物等净化设施根本达不到处理要求,同时,城镇与城市的环保设施建设之间存在的距离进一步拉大等问题,这与意识层面重建设轻环保直接相关。

第二,政府缺乏对于城镇建设科学合理的城镇规划。目前黑龙江省的农村城镇化正在如火如荼的展开,在这样一个契机下,城镇化的步伐在加快。但是,也不可避免的出现城镇建设带有一定的随意性,缺乏科学合理的城镇规划指导,盲目追求"高、大、新、全",从而导致城镇建设摊子铺得过大,布局零乱、土地配置失当、功能分区不明显问题。城镇建设应规划先行,这一点与城市建设形成了强烈的对比。

第三,对地方领导干部重视经济绩效而忽视环保绩效的考核体制,助长了环境恶化。在对地方领导干部的考核体系中,重视经济成果而忽略环保要求,加之本身环保意识极其薄弱,这在一定程度上助长了一些干部重视经济增长而忽视社会发展和环境保护的行为,出现以牺牲环境为代价为自己捞取政绩的现象就不足为奇。乡镇政府和干部为了尽快推进当地工业及城镇建设,培植财税来源,增加就业岗位,进而放松了对企业矿产资源开采、土地征用、环境保护方面的管理,常常乱开政策口子,造成土地(特别是基本农田)和矿产资源被大量占用、滥用,利用效率低下和浪费极为严重,工业"三废"随意排放等。这种以牺牲长远利益换取短期效益的错误政绩观,不仅造成对环境的极度破坏,而且损害了农民的根本利益。

第四,国家及政府对城镇环境保护方面的投入明显不足。环境保护方面的投入主要体现在两个方面,首先是财力投入,只注重城镇化建设,但是却忽视了对于城镇化的环境破坏治理的投入,这是环保滞后的首要原因。除此之外,表现在环保人员投入方面。目前城镇环境管理人员的编制还偏少,特别是在环境监督第一线的基层环保力量更显薄弱,并且目前从事环境保护工作的人员多半是从其他管理部门和技术岗位上转岗而来,这就进一步制约了环境治理的专业化。

第五,政府环境保护体系不健全,执法能力弱。关于这个问题主要表现在三个方面,一是环保法律法规立法不健全,缺乏强制手段且操作性不强,排污收费和违法行为处罚标准偏低,这也给执法力度带来了困难。二是环境管理体制不能适应环保工作实际需要,环境管理的工作机制不健全,对外无法有效行使统一监管职能,对内无法形成上下联动、协调一致的局面。三是环境执法能力薄弱、装备落后,严重影响了环境监控的正常进行和环境执法效能的提高。

(三)经济诉求引发的盲目行为是生态问题产生的经济动因

第一,农民收入低,农业自身发展不足,是生态问题产生的根本原因。首先,农民作为特定主体一直是弱势群体,收入低,生活水平低下是现实,为了增加收入,他们往往会向自然要效益,通过采取毁林种田、开山造田、滥砍滥伐、过度放牧等来改善自己的生存条件,维持基本的生活,这就不可避免地造成了当地的水土流失、草场退化、沙漠化、盐碱化等生态环境问题。而生态环境的破坏又导致这些地区人们的生存环境更加恶化,这是一种恶性循环。其次,农民收入的增加最终还是向土地要效益,又由于农业科学技术发展滞后,因此对能源的过度依赖、大量使用化学物品对环境的污染、高度的畜牧业集约经营、专业化单一操作对保持水土的影响,都是现代农业所表现出来的外部不经济性。

第二,乡镇企业的粗放型经营是造成黑龙江省城镇资源枯竭、环境恶化的重要原因。由于地域等的限制,黑龙江省的乡镇企业基本以农业或者地域性自然资源为基础,经营水平低、技术落后、布局分散、企业人员环境意识淡薄、环保资金投入少等使得乡镇企业成为农村生态环境最大且最难治理的污染源。这些都决定了黑龙江省的乡镇企业实际上是一种以高消耗、高投入、低产出、低技术含量为特征的,以牺牲资源、环境为代价的粗放型工业发展方式。

第三,城市污染向农村转嫁是加速农村污染的又一重要原因。这个问题不是黑龙江省的特有问题,而在全国都是普遍现象。城市垃圾和工业固体废弃物不仅占用了农村许多宝贵的土地资源,导致农村耕地矛盾进一步突出,而且也严重污染了周围的农村环境,严重影响着农村居民的健康和生活。此外,城市里一些因严重污染环境而被强行关闭的企业转移到了乡镇,从而造成城市污染转嫁农村。所有这些都加剧了农村生态环境的污染和破坏。

(四)城乡居民自身环境保护意识偏弱是生态问题产生的主观因素

无可否认,农村与城市之间的距离是中国社会的普遍问题,历史问题。这也进而体现在了农民与城镇居民生活方式上。农民由于其与土地的联系性,自身生活条件远远不如城市居民,这也养成了农民落后的生活方式,他们对于自身环境的保护意识偏弱,并且也无力改变目前的生活现状,这无疑是生态问题产生的主观原因。

综上所述,农村城镇化的问题将是我国我省长期面临的复杂课题,对于这一问题的研究切入点还很多,限于篇幅本文只能对其概念、内涵,黑龙江省农村城镇化的成果、生态问题现状与成因进行了深入的思考与分析,对于如何预防、治理以及理想状态下的彻底根治是我们需要进一步挖掘的课题。

参考文献

[1] 景影.中部地区农村城镇化的环境法治问题研究[D].长沙:湖南师范大学,2009.

[2] 赵广,万志芳.农村城镇化条件下的生态经济建设对策[J].边疆经济与文化,2004(10):23—25.

[3] 史伟利.农村城镇化环境问题的表现及成因[J].商场现代化,2008(29):358—359.

[4] 胡绍兰,张国兴.农村城镇化建设环境优化的对策研究[J].商场现代化,2008(32):379—380.

[5] 刘德军.我国农村城镇化进程中环境问题研究[D].长春:东北师范大学,2008.

[6] 刘德承.民营经济推动下的农村城镇化研究[D].金华:浙江师范大学,2011.

[7] 李奎.农村城镇化进程中的环境保护问题及其对策初探[J].黑龙江科技信息,2009(9):156.

基金项目:黑龙江省教育厅项目"黑龙江省农村城镇化进程中生态建设问题研究"(1252376)

作者简介:王金丽,讲师;苗雨君,副教授,齐齐哈尔大学经济与管理学院副院长;梁敏,讲师。

(作者:王金丽、苗雨君、梁敏,成稿于2012年12月,刊发于《生态经济》2013年05期)

黑龙江省农村城镇化进程中生态预警与推动机制探讨 *

王金丽,史宝玉,苗雨君,杨春梅

(齐齐哈尔大学经济与管理学院,齐齐哈尔市 161006)

摘　要:黑龙江省农村城镇化进程中生态问题的治理与防范有其必要性与紧迫性,主要依赖于 3 个主体,分别是政府、私营企业与农村人口本身。而其对于生态问题的作用机制分别体现在预警机制、推动机制与自我提升与管理机制。政府主要通过树立以人为本的城镇化发展理念、合理定位政府角色并引入竞争机制、制度改革及创新、生态型城镇规划、加快农村产业结构调整与发展生态农业、加快城镇垃圾处理产业化、强化政府环境监管等来实现生态预警。以私营企业为主体的生态推动机制,主要通过关闭关停一批污染严重的乡镇企业引进节能环保型企业,以及积极转变投资方式参与公共事业建设来实现。农村人口则主要通过自身素质提升自我管理来促进环境与城镇建设的和谐发展。

关键词:农村城镇化,生态治理,预警机制,推动机制,黑龙江省

黑龙江省农村城镇化取得了很大的进展,产生了良好的经济效应,但同时也对黑龙江省的生态环境造成了一定的负面影响。因而如何在持续这一进程中与自然和谐发展就成为黑龙江省农村城镇化建设面临的首要问题。

一、黑龙江省农村城镇化建设成效与生态问题的回顾

黑龙江省的农村城镇化建设成效显著,体现在大量农村人口转变为城镇人口;农村人口进城参与城镇与城市经济建设;农村人口教育要素向城镇与城市的转化;农业产业逐步实现现代化;城镇居民的生活方式向农村地区渗透,强烈地改变着农村人口的生活方式等,同时也产生了较好的经济效益。例如,繁荣农村与城镇双向经济;为农村剩余劳动力转移提供了出路,缓解了农村人口压力与土地承载力之间的矛盾;拓展了农业产前产后发展的空间,推动农业产销一体化;打破了原有城乡隔绝的格局,促使农村人口生活方式逐步文明健康化等。但是,也产生了诸多的负面环境效应,如人口增长过快,超过城镇承载能力;城镇周围生物多样性受到威胁;城镇建设用地集约化程度低,造成城镇周边农村及农业污染严重;城镇建设缺乏规划,城镇自净设施落后极易引起环境污染;乡镇工

业粗放式经营污染严重;历史文化遗迹遭到破坏,自然资源保护不力等不良后果。这种环境与进程的背向而驰是与农村城镇化的初衷极为不相称。也促使我们意识到城镇化建设是一个系统工程,涉及经济系统中各个要素的相互联系及组合的改变,传统的农村城镇化主要考虑经济性的因素,但却忽略了其对环境的影响,因而应将资源环境因素纳入农村城镇化的社会经济大系统之中。

二、黑龙江省农村城镇化建设主体与作用机制探讨

综观黑龙江省农村城镇化建设的历程与取得的成绩可以看出,从广义上来讲,农村城镇化需要各方参与,其中包括农村人口、政府、乡镇企业,同时也包括城镇、城市人口等各个经济构成体。但是在各种主体当中,政府、私营企业以及农民仍然是最重要的。

针对政府而言,农村城镇化这一举措是国家以及政府为了解决"三农问题"而提出的,既然如此,在农村城镇化的过程中,政府主体就必然要起作用,而且要在整个农村城镇化过程中要起主导作用,是上述3个主体中最重要的。原因在于,一是农村城镇化需要进行规划,而只有政府拥有这样的权限与资源。其二在于对于城镇化过程中出现的违规违纪操作,只有政府有权利利用立法等权利予以立法约束。其三就是立法之后需要有关部门严格执法,这种执法也是需要政府执法部门来执行的。而上述3个政府参与的原因,有利于环境的治理工作,但防患于未然更为重要,因而其作用机制称之为预警机制,作用于生态预警与治理。在农村城镇化中的第二个主体是私营企业,因为在农村城镇化过程中乡镇企业的带动作用是不容忽视的,而在整个城镇化过程中乡镇企业主要对于推动城镇化建设起推动作用,其作用机制在于用推动机制推动生态建设。第三个主体即农村人口,农村人口作为城镇化过程的主体,在参与城镇化建设的过程中起着举足轻重的作用,而他们的作用在于加强自我环境保护管理以及提升自身素质以提高对环境保护的自主性,因而其作用机制为自我提升与管理机制,主要用于自主性的生态保护。三个主体在农村城镇化建设过程中的作用机制,如图1所示。

图 1　农村城镇化建设主体与作用机制

三、以政府为主体的生态预警与治理机制

政府在农村城镇化进程中所起的作用首先来源于其定位。这种定位主要是以引导和提供公共物品为核心的,作用在于消除阻碍城镇化进城的各种障碍,旨在于将生态问题防患于未然。因而以政府为主体作用主要体现在生态预警与治理,作用机理,如图 2所示。

(一)以人为本的城镇化发展理念创新机制

第一,政府一切政策的出发点和归宿都要以促进人类文明幸福为准则是不言而喻的[2]。第二,要坚持以人为本的指导思想。第三,在我国现行的"自上而下"压力型城镇化道路中,如何促进地方经济发展成为地方政府第一要务,这就难免出现个别地方政府以经济发展为第一要务,盲目追求低成本,使经济建设所需要的资本与人相对立,对待农民的"人本"思想很难得到实现,这就进一步凸显出树立以人为本的城镇化发展理念的重要意义,这也将是黑龙江省农村城镇化进程中政府所应持有的指导思想。

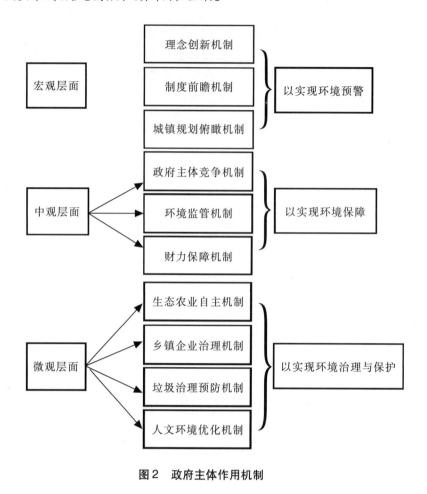

图2　政府主体作用机制

（二）制度改革及创新前瞻机制

1.户籍管理制度改革

黑龙江省的户籍制度是农村城镇化进程中最大的障碍。针对这一问题,建议取消原有的户籍管理制度,随之放开对农民进城的落户限制,可以考虑实行新的按居住地划分城乡人口、或者按职业确定农业与非农业身份的户籍登记制度,并用身份证管理制度代替户籍管理制度。

2.社会保障制度改革

黑龙江省的社保制度相对于全国平均水平而言较为滞后,表现为社会保险制度与农村和城镇居民自主保险意识的淡薄,自主自费保险稀少。鉴于目前的实际情况和黑龙江省财力的可能性,可考虑逐步到位,第一步就是要把进城农民纳入城镇统一的社保之中,即应建立包括进城农民在内的所有非农人口(在新的户籍登记制度下)的社保制度,当然也要执行与城市市民一样的低保政策以减轻进城农民的负担,为进城农民的土地流转和为未来进一步深化实行农村土地承包制度改革预存空间。

3. 就业制度改革

黑龙江省农村城镇化进程中要做好就业制度改革,首先要打破城乡就业壁垒,实行城乡统筹的就业制度。二就是要取消各地针对农民工和外地人口制定的限制性就业政策,还农民工的合法权利,实行同工同酬(包括各种应有的社会保障和福利)。三是要建立统一开放、竞争有序、城乡一体的劳动力市场,实行城乡、本外地人员平等的用工政策。四是由统一开放的劳动力市场来竞争上岗,用市场机制配置城乡劳动力资源,提高资源的配置效率和劳动生产率。与此相配套,五是要建立就业信息市场和实行公开发布就业信息制度,以真正体现统一市场的有效性和信息的公开性。

4. 教育制度改革

黑龙江省的教育制度改革大致包括两个层面的改革,首位的是解决农民工子女教育问题,不应有歧视、排外、加收额外费用等现象与政策。另一个重要层面就是农民工自身素质提升教育:一是推行农民进城就业前培训政策,包括市民常识、行为规范教育和简单的技能培训,使之适应城市生活和具备能够生存下去的技能。二是大力发展职业教育和成人教育。积极鼓励具有初中或高中文化程度的进城打工的青年农民通过成人教育等方式继续接受职业中等或高等教育,以掌握更高的文化知识、专业知识和技能。

5. 土地使用制度改革

黑龙江省的土地制度改革主要集中于两种制度。一是农村人口进城后其承包地、宅基地处理问题。一是要积极推行土地流转制度,使进城的农民永远成为市民,另外对于那些把原先自己的宅基地和自留地交还集体的农民,政府可以对其适当进行住房补贴。二是将转移到城镇的农民宅基地和农业建设用地及时复垦整理,使之成为耕地,杜绝撂荒。三是加强土地产权制度建设,严禁在农民用地转为城镇建设用地过程中地方政府和有关企业对农民利益的侵犯。针对城镇用地问题,一是鼓励分散的农村用地向城镇用地集中,但是要严格控制分散建房的宅基地审批;二是要充分运用地价和土地租税费政策,促进城镇建设用地的合理配置和集约使用。三是加强对乡镇企业用地的管理,研究制定优惠政策,鼓励乡镇向有一定规模的建制镇或县城的工业区集聚。

6. 投融资体制改革

黑龙江省农村城镇化投融资体制改革,目标是通过市场运作,逐步建立起以"以政府投资为导向、以社会投资为主体"的多元化投融资体制,既要求地方政府增加必要的投资,也要调动社会各方面力量,开拓资金筹集渠道,建立以集体和个人出资为主,国家、集体、个人和外商共同投资建设的多元化投资机制。

(三)生态型城镇规划与建设俯瞰机制

黑龙江省的农村城镇化进程中出现的很多生态问题都源于城镇建设的缺乏规划性,因而应加强生态型城镇规划与建设,对生态问题实行前馈控制,即生态型城镇规划与建设俯瞰机制。

关于城镇规划发展小城镇,首先保持一个原则,就是尽量以现有城镇为基础进行规划建设[4]。一是进一步加强城镇区域经济发展以及区域特色,进行相应的配套设施及产业延伸,形成产业集聚。二是城镇的规划和布局要符合当地水土资源、环境容量、地质构造等自然承载条件,并与当地经济发展、就业空间、基础设施和公共服务供给能力相适应。三是小城镇建设用地要统一规划,严格保护耕地,防止滥占乱用,鼓励建设"紧凑型"小城镇。四是要加强水资源保护和供水设施建设,限止发展高耗水产业和建设高耗水景观。五是要注意生态环境的保护,限制高消耗、高污染企业的进入和发展,要将城镇垃圾、污水处理纳入规划。六要统一规划道路、商场、学校、医院、文化娱乐设施等建设,功能要齐全,规模要适当,布局要合理,并要有一定的前瞻性和可扩展性。七要注意加强城市防洪、抗震、消防等防灾减灾能力建设。总之,小城镇建设要统一规划,科学论证,量力而行,体现特色,注重质量,逐步完善。

对于即将建设的新型城镇,可以参照上述原则进行统一规划,以免出现后续调整重置现象以及重复建设的发生,造成大量成本浪费。

(四)合理定位政府角色引入竞争机制

在我国现今的政府管理体制当中地方政府中心主义体制的显著弊端就是权力造就的傲慢,失去了服务本质[3]。在黑龙江省的农村城镇化进程中建议把竞争原则引入到地方政府机构之中,努力真正实现择优上岗。地方政府的角色定位首先应该是为市场和企业提供服务、提供信息、协调社会秩序的角色;其次还要将传统的直接控制、直接经营转变为间接调控为主的管理模式,地方政府应主要利用法律手段和运用利率、税率、汇率等经济杠杆,统筹规划,为企业提供服务和检查监督。

（五）强化政府环境监管机制

1.优化地方政府绩效考核体系

建立合理的绩效评估指标体系,这样一套指标既要包括经济发展的指标,也兼顾资源、环境、生态,以及公共卫生、公共教育、就业、社会保障、人民生活等社会发展指标、人文指标和环境指标;既要看城市变化,又要看农村发展;既要看当前的发展,又要看发展的可持续性;既要看经济总量增长,又要看人民群众得到的实惠;既要看经济发展,又要看社会稳定。

2.地方政府应切实履行环境监管责任

地方政府履行环境监管责任,具体措施是:

第一,提高环境保护司法的能力,改变目前环境保护制度在农村执行率低下的局面。

第二,改排污浓度限定为总量限定,以实现从浓度控制到总量控制的转变,以及生产末端治理到生产过程治理的转变。

第三,提高排污收费的标准,促进企业治理污染。

第四,形成可再生资源利用补偿费并利用资源补偿费扶持可再生资源的培育。

第五,建立健全农村环境统计和检测体系,为农村环境管理提供坚实的基础。

第六,在科研资源配置上向研究、开发和推行有利于环境和资源保护的应用技术上倾斜。

第七,从税收、信贷等方面对环保企业的发展给予有力的扶持。

（六）建立健全环境保护财力保障机制

黑龙江省的农村城镇化建设水平并不高,其中一个主要因素就是受控于经济发展的制约与财力缺乏,因而应当把环境保护目标纳入中长期规划和年度计划,搞好综合平衡,加强对环境项目的财政倾斜和信贷投资,还要用足用好按规定筹集的环保费用,更要根据"污染者负责、开发者保护"的原则处理环境治理问题。除此之外,政府应着力加强城镇生活污水、生活垃圾、危险废物处理等环境基础设施建设的投入,保障污水处理厂、垃圾处理厂正常运行。

(七)农村产业结构调整及生态农业自主机制

1.加快农村基础设施建设

黑龙江省的农村基础设施建设大致包括:

第一,把节水放在突出位置,建立节水型村镇,同时应完善供水设施规划与建设,便利居民生活生产用水,提升供水质量。

第二,交通建设坚持公交优先的原则,以提高村镇路网密度为重点,健全快捷、方便、畅通、安全的综合运输体系,提高交通智能化和现代化水平。

第三,加强村镇现代信息基础设施建设,继续加强村镇光传输网、固定电话网、移动通信网、数据通信网建设。

第四,村镇要着力改善办学条件,在健全初中阶段教育基础上,有条件的要形成高中阶段的教育基地,并提高教学质量。

第五,合理规划建设村镇图书馆、博物馆、文化馆、影剧院、体育场馆等公共设施,发展文化产业、丰富文化生活。要建立劳动力市场信息网络;提供求职和用人等方面的就业服务。

第六,完善医疗服务和预防保健设施,满足居民多样化的卫生需求。

第七,加强村镇防灾减灾能力建设[5]。基础设施设计要充分考虑防灾减灾,提高农村地区应急能力与救灾能力,建设比较完备的农村公共消防设施。

2.加快农村产业结构调整

黑龙江省的农村城镇化中村镇地区要侧重产业结构的调整。鉴于黑龙江省的经济发展状况,城镇化水平并不高,因而村镇的产业结构应侧重发展推动农业产业化的农副产品加工业、小规模轻工业和致力于本地区商贸流通,为农业生产社会化的专业化服务(包括产前、产中、产后)的第三产业。

3.大力推广和发展生态农业

黑龙江省属山地兼平原地形,因而有着广泛的开展农业现代化机械作业的基础,可以考虑将土地更为集中下的农业机械化作业。除此之外,要积极发展以提高资源利用率的立体种植生态模式,立体种植是在半人工或人工环境下模拟自然生态系统原理进行生产种植[6]。还要大力发展白色农业,"白色农业"是以细胞工程和酶工程为基础,以基因工程综合利用组建的工程农业。发展微生物工程科学,创建节土、节水、不污染环境、资源可循环利用的工业型"白色农业",是农业持续发展的重要途径,但这些措施的有效运行还需要有关政府给予行业发展引导。

（八）关闭关停一批污染严重企业，引进节能环保型乡镇企业

1. 对环境污染严重的乡镇企业要坚决实行关、停、并、转

对于目前黑龙江省的城镇化建设实际而言，首先做到对目前造成农村严重环境污染的工业企业要实行关、停、并、转，重点发展上规模、上档次、高科技、高效益、污染小的工业企业。在经济项目的选择上要有针对性、选择性和前瞻性。

2. 进一步出台有利政策，引导民营企业在小城镇聚集

应在符合工业聚集的区域广泛开展工业园区和经济开发区项目建设，以此促进中小企业的资金、技术和人才向小城镇和工业园区集中，逐渐消除"小而散"的现象，而这正是目前城建建设最薄弱的环节和特征。中小企业在城镇的适度的集中。首先，有利于节约基础设施建设的成本。其次，有利于第三产业的发展。最后，更有利于减少安全隐患以及环境保护。

（九）城镇垃圾处理产业化生态治理及预防机制

黑龙江省的垃圾处理方式主要采用传统的焚烧、填埋、堆肥等办法，难以根治城镇垃圾对环境所造成的破坏，而且处理不当还会造成二次污染。因此，必须采用垃圾分类收集、分类处理的办法，运用高新技术对白色污染物进行循环利用。要做到这一点，城镇垃圾处理就必须走产业化道路，在此过程中要引入市场运作机制，将这样的业务委托给专业公司运作，责任与利益对等。政府还可以利用规划手段鼓励采用工农业的多级生态链联接模式生产，这种模式是农业为工业企业提供原料，工业企业产生的废物直接或经过多级利用和处理，作为投入物料返回到农业，从而形成工业与农业相互促进的物质和能量循环。

（十）城镇文化环境优化机制

农村城镇化形成过程中要形成城镇特色文化，即城镇人文环境优化机制。首先，建立规范的高质量的文化系统，充分利用科技馆、图书馆、博物馆等文化设施的优势，熏陶和提升城镇人口的文化素养。其次，建立当地居民需要的各种文化站和培训基地，保护和开掘本地区的历史和民族文化遗产。同时，也要吸纳外来的优秀文化，使二者相互融合，相得益彰。最后，要采用先进的计算机网络技术和其他高新技术媒介，方便群众学习和接受，更好的加快城镇特色文化的形成和发展。

四、以私营企业为主体的生态推动机制

(一)农村城镇化与生态环境互动机制

私营企业无疑是农村城镇化建设进程中不可或缺的主体,其与农村城镇化建设之间的辩证关系如下:民营经济从宏观层面来看主要通过技术、制度和资金3个方面对农村城镇化起推动作用;反言之,良好的农村城镇化建设及环境也为私营企业以及民营经济的进一步发展提供了信息、人才、通讯交通等各方面的支持,带去无限商机与发展基石。在这种良性循环的互动机制作用下,黑龙江省的农村城镇化进程和民营经济都得到了迅速的发展。这种互为基础、互为支撑的良性循环关系是农村城镇化建设过程中不可忽视的关系,并应积极利用民营经济以及私营企业的这种推动关系。总而言之,民营经济是农村城镇化进程的重要推动力,而农村城镇化是民营经济与私营企业发展的有效载体。

(二)树立社会责任理念并优化内部制度的自我觉醒机制

私营企业对于农村城镇化的作用体现在树立社会责任理念以及优化内部制度的自我觉醒机制。第一,强化社会责任理念。社会责任对于企业而言,不会为企业带来直接的经济效益,但是一个企业想要立足长远发展,就必须树立社会责任这一理念,原因在于许多乡镇企业从事的业务,如食品、药品、日用品等,如果卫生、质量等不合格将会直接危害人体健康,除此之外,具有良好社会责任的企业才能树立良好声誉,保证长远发展。第二,对于处于典型易造成环境污染行业的企业而言,比如造纸、化工等行业,应按照国家要求自觉设置污水排放装置等以避免废水废气大量排放对于生态环境的直接污染。第三,私营企业应积极避免重复建设,努力从自身发展考虑向高科技、高效益、污染小项目转移。

另外,从私营企业内部制度建设层面严要求,管制方严审批、严监管。目前,发展农村环保企业的关键是建立新型的投资机制和有效的内部管理体制,克服以往只靠农村自有资金、自有人才发展企业的局限。在加强内部管理上,应用现代企业制度规范企业的管理;在人才管理上,应打破农村传统的用人制度,用"走出去请进来"的办法培养、招聘贤才;在拓展环保企业投资资金来源渠道上,要建立如下四种机制[8]:第一,强化企业加速折旧的重置投资机制。第二,强化企业留利转化为扩大再生产的新增投资机制。第三,

扩大企业向社会融资规模的投入机制。第四,推行大力发展资本经营,增强企业自我积累、自我发展的机制。

(三)转变投资方式,涉足公共事业建设的参与机制

私营企业在整个经济建设中主要从事的是自发性的以满足客户排他性需求以及以盈利为目的的项目,而目前在黑龙江省的农村城镇化建设中可以尝试将私营企业作为公共事业建设的新鲜血液,采用谁建设谁受益的方式参与城镇建设及经济发展。事实上,正确的投资主体应主要是企业而不是地方政府,投资方式应主要是商业性的,而不是行政胜的、无偿性的。小城镇的各类基础设施,包括各种商品批发零售市场、学校、幼儿园、供水、供电,甚至道路、排污等,都应该由企业来筹资建设。建成后,可出租、出卖,也可以自己经营或利用其他形式收回投资。不管是国家、集体还是个人,都可以参与投资,谁投资、谁所有、谁受益,真正把竞争机制引入到城镇建设中来,形成开放的多元化投资体制。城镇地方政府的资金则集中用于确实无法实施商业化投资和经营的纯公共设施项目,如街道整修、公共场所照明、环境治理等。这样做,城镇建设的投资就会进入良性循环之路。

五、以农村人口为主体的自我管理与提升机制

农村人口作为这一进程的主体其参与城镇化建设作用机制主要体现在自我管理与提升。对于以农村人口为主体的自我管理与提升机制,建议从如下 2 个方面入手:第一,农村城镇化是一个高度综合性、俯瞰性、人文性的问题,它涉及人们生产方式、生活方式的转变甚至是社会结构的变迁与转型,但这些问题中最根本的问题是作为农村城镇化主体的农民的素质问题,所以从这个层面上来讲提升农民及城镇人口的素质是当务之急。首先应努力培养并鼓励广大农民树立竞争观,使他们逐步具备带有现代文明特征的行为、交往方式、价值观和文化观念;同时通过各种媒介,包括公益广告、宣传栏等方式在农民中间推广和传播文明、向上的新风尚等。第二,全方位培养及提升农民的就业技能,具体措施体现在广大农民尤其是青壮年农民中进行有目的、有步骤的专业技术的培训,使他们掌握一至两门专业技能以拓展就业门路、促进剩余劳动力向非农部门合理流动。

参考文献

[1] 李奎.农村城镇化进程中的环境保护问题及其对策初探[J].生态与环境,2009,(8):156—157.

[2] 刘劲松.农村城镇化与农村经济可持续发展的矛盾和出路[J].江西财经大学学报,2008,(3):12—14.

[3] 杜娟.农村城镇化进程中的地方政府行为研究[D].华中师范大学硕士研究论文,2007,6.

[4] 周晓农.大力推进农村城镇化健康发展[J].贵阳学院学报,2006,(4):50—52.

[5] 韩丹,冯长春,古维迎.我国农村居民点土地节约集约利用影响因素及区域差异研究[J].中国农业资源与区划,2010,31(5):29—35.

[6] 陈春.我国农村居民点用地存在的问题及原因[J].中国农业资源与区划,2010,31(6):3—7.

[7] 胡绍兰,张国兴.农村城镇化建设环境优化的对策研究[J].商场现代化,2008,(11):379—380.

[8] 刘德承.民营经济推动下的农村城镇化研究[D].浙江师范大学硕士论文,2011,5.

作者简介:王金丽为讲师 史宝玉为副教授 苗雨君为副教授 杨春梅为副教授

基金项目:黑龙江省教育厅项目"黑龙江省农村城镇化进程中生态建设问题研究"的研究成果(项目编号:1252376);农业现代化进程中农村人力资源开发与保护研究(项目编号:12522346);齐齐哈尔市哲学社会科学规划项目(QSX2012 – 26(QN))

(作者:王金丽、史宝玉、苗雨君、杨春梅,成稿于 2013 年 02 月,刊发于《农业资源与优化》2013 年 08 期)

黑龙江省农村城镇化建设中金融支持问题探究

王金丽[1],焦春雷[2],邱玉兴[1]

(1.齐齐哈尔大学经济与管理学院,黑龙江齐齐哈尔 161006;

2.齐齐哈尔市电业局财务处,黑龙江齐齐哈尔 161000)

摘　要:黑龙江省农村城镇化建设水平相对于辽宁、吉林而言比较低,且低于全国平均水平。文章探讨了这一状况与金融支持的关系,发现黑龙江省农村城镇化金融支持力度不足,进而剖析其成因,分析金融需求的特征,并据此特征提出加大黑龙江省农村城镇化金融支持的对策。

关键词:黑龙江省,农村城镇化建设,金融支持

一、黑龙江省农村城镇化建设水平界定

关于黑龙江省农村城镇化建设水平的界定,我们这里主要借鉴人民银行徐州市中心支行课题组在其文章《金融支持苏北农村城镇化建设研究》中的相关指标[1],即以城镇化(以城镇人口比重来衡量)、金融发展水平(以金融机构存贷款的规模来衡量)、固定资产投资(用城镇固定资产投资占 GDP 的比重来衡量)来衡量黑龙江省农村城镇化建设水平,并将这些指标与国家平均水平、同属于东北老工业基地的吉林和辽宁省以及与城镇化比较发达的广东省,浙江省以及上海市进行比较以说明黑龙江省农村城镇化建设的水平并同时说明黑龙江省农村城镇化建设过程中金融支持力度状况。

第一,我们来看一看城镇化比率,见表 1-1 所列。从表 1-1 的数据来看,城镇化比率是可以放映城镇化水平的直接指标。相对于城镇化水平较高的广东省,浙江省以及上海市而言,黑龙江省的农村城镇化水平还较低。

第二,我们来看一下表 1-2,从表 1-2 中我们可以看出就固定资产投资比率这一指标的使用而言,北方地区明显高于南方地区,这在北方和南方还是有所不同的。尤其是黑、吉、辽三省是我们国家的老重工业基地。但是即便如此,从黑、吉、辽省的对比来看,黑龙江省的固定资产投资比率也是最低的,这在一定程度上揭示出黑龙江省的农村城镇化水平还是很低的,且低于全国平均水平。

第三,就金融发展水平这个指标而言,本文稍作修改,因为目前而言向农村地区进行

资金输入的主要是农村信用社和农业银行,所以我们以中国农业银行地区存贷款额度来说明金融机构对于农村城镇化的支持力度。见表1-3所列,黑龙江省的存贷款额度均高于所比较地区,这在一定程度上也能说明一定问题。目前,黑龙江省通过农业银行向农村地区发放的贷款是最高的,但是,这些贷款主要用于农业生产,而对于推进农村城镇化建设的作用却不明显。应进一步加强对于农村城镇化的支持力度。

表1-1　城镇化比率

比重(%)	中国	黑龙江省	吉林省	辽宁省	广东省	浙江省	上海市
2006 年	44.34	53.5	52.97	58.99	63	56.5	88.7
2007 年	45.89	53.9	53.16	59.2	63.14	57.2	88.7
2008 年	46.99	55.4	53.21	60.05	63.37	57.6	88.6
2009 年	48.34	55.5	53.32	60.35	63.4	57.9	88.6
2010 年	49.95	55.66	53.35	62.1	66.18	61.62	89.3
2011 年	51.27	56.5	53.4	64.05	66.5	62.3	89.3
2012 年	52.57	56.9	53.7	65.65	67.4	63.2	89.3

表1-2　固定资产投资比率

年份	中国	辽宁省	黑龙江省	吉林省	上海市	浙江省	广东省
2005 年	0.406	0.456	0.287	0.441	0.349	0.358	0.268
2006 年	0.432	0.535	0.332	0.553	0.333	0.345	0.249
2007 年	0.442	0.589	0.372	0.633	0.327	0.320	0.232
2008 年	0.474	0.650	0.411	0.715	0.314	0.305	0.239
2009 年	0.569	0.763	0.547	0.819	0.307	0.324	0.263
2010 年	0.607	0.818	0.607	0.853	0.270	0.308	0.280
2011 年	0.639	0.784	0.569	0.684	0.258	0.422	0.312
2012 年	0.703	0.802	0.685	0.700	0.253	0.493	0.279

表1-3　中国农业银行分地区存贷款　　　　　　单位:亿元

地区	2011		2012	
	存款余额	贷款余额	存款余额	贷款余额
辽宁	71.45	663.02	151.37	758.61
吉林	87.18	676.76	69.59	658.10
黑龙江	121.21	1161.04	156.34	1402.03

地区	2011		2012	
	存款余额	贷款余额	存款余额	贷款余额
上海	38.33	365.94	45.37	316.61
江苏	221.90	952.71	315.14	1123.05
浙江	106.67	492.40	139.04	629.24
广东	129.31	565.22	143.83	505.71

二、黑龙江省农村城镇化建设中金融需求特征

(一)金融需求总量较大

黑龙江省农村城镇化建设中金融需求主要体现在如下几个方面:首先,来自基础设施建设的需求。农村城镇化的显著表现就是大量农村人口向城镇地区的积聚,城镇必须加强基础设施建设以满足城镇居民生产生活需求。黑龙江省农村城镇化建设中基础设施建设主要体现在两个方面:第一,农村生产生活设施。这主要包括农田水利,通电通讯设施、农村医疗设施以及交通道路、科教文化等设施和机构建设。第二,现代城镇建设生产生活设施。这主要包括城镇房地产与住宅设施、商业网点设施以及城镇娱乐设施和交通地理以及水电基本设施建设、学校图书馆等建设等。其次,农村人口扩大生产、改善住宅建设对金融资产的需求。最后,对金融理财投资、对于城乡居民就业、自主创业的金融服务需求以及对消费性信贷的需求等。

(二)金融需求主体层次结构较复杂

黑龙江省农村城镇化建设中金融需求的主体呈现复杂性与多样化的特征。第一,来自于国家和政府在推进城乡建设尤其是城镇建设过程中对于金融的需求。这部分金融需求一般可以通过政府税收、政府性拨款予以满足,但是国家和政府承担了较大的压力,急需拓宽其他渠道。第二,源于农民扩大再生产对于金融的需求。农村城镇化过程中大量的农民转为城镇居民,外出务工,这就产生了对于机械化生产的金融需求,主要用于农村居民的扩大再生产。第三,农村居民进城务工,也包括农民在本地开设乡镇企业,这些都产生了对于贷款的需求。这也都成为制约农村城镇化建设的重要因素。

(三)金融需求周期呈现多样化

当前国家对于农村经济发展的金融渠道主要源于农村信用社对农户发放的小额贷款,但是这样的贷款主要是为了满足农户种植粮食作物与养殖业的需求,为了满足这一需求,贷款周期一般为1年,年初放贷,年末还款[2]。但随着农业现代化的发展,新型农业发展的需求要求贷款期限越来越长,不同行业也呈现出不同的贷款周期需求,这与目前的农村贷款周期是不相符的,急需贷款周期的延长化,金融需求呈现多样性。

(四)未来金融需求有进一步增强的趋势

目前农村金融需求从实际需求来看,远远超越目前显现的需求。随着农村城镇化在全国全方位的铺开,也由于农村剩余劳动力的闲置,大量的农户尤其是年轻劳动力有着强烈的扩宽生活渠道,围绕农村特色经营而展开的新一轮创业需求,但是却苦于贷款难。同时,随着农村人口生活水平的提高,对于保险、旅游、消费等也都产生了新的需求,这些都亟待解决。

三、黑龙江省农村城镇化建设金融支持不足的原因分析

(一)农村金融市场信用缺失

农村金融市场信用的缺失一直是困扰农村金融市场发展的一大问题。这主要由于如下一些原因:首先,源于农村自然环境的不可抗力。农村金融市场中,农户信贷占据很大一部分内容,由于农户种植业等先天条件的局限,靠天吃饭,遇上灾害年景,农民无力偿还信贷。其次,农户信用意识较为薄弱。在农村金融市场中,除了自然不可抗力的因素外,贷款户更常常故意拖欠贷款,甚至躲账和赖账,这在更大的程度上恶化了和银行之间的关系,在某种程度上了也限制了自身资金的来源[3]。再次,在农村金融市场中尚未建立规范、具体及标准的农户信誉度评价体系,同时农户信贷较为分散,金额小,所以对于银行和农村金融市场资金供给来源来说无论从成本还是从风险角度来讲都存在极大隐患。

(二)金融支持主体有缩小趋向创新力度不足

上述原因分析中已经明确,由于信用问题,信贷规模问题等,金融支持力度一直受到

很大限制。目前为止各大商业银行也纷纷退出农村市场;除此之外,由于农村金融市场资金流动的限制,即使没有退出农村市场的各大商业银行也不约而同地纷纷减少了在城乡的营业网点。并且,即使是对口的农业银行或者农村合作社也由于信贷规模和盈利能力的限制等原因也撤并了很多营业网点,内部结构收缩。同时为了规避银行风险,放贷非常谨慎、准入门槛也很高,流程复杂,这样都极大地限制了金融机构对于农村城镇化的支持力度。这样越来越多的金融需求转向了中介机构。但是中介机构普遍存在信用不健全的现象。部分企业骗取贷款、贷款违约,逃废银行债务现象屡禁不止。

(三)金融产品品种单一难以满足黑龙江省农村城镇化金融需求

目前来讲黑龙江省农村城镇化中金融产品的品种过于单一,主要体现在如下几个方面:第一,农村农业保险缺失。第二,针对农村的信贷品种单一。目前各大银行推出的金融产品没有针对农业以及农户而量身定做的险种。第三,贷款期限一般较短,时限一般为一年,但是缺少适应农村各行业发展的较长期贷款,尤其是 10 年以上的贷款。

(四)金融支持的城镇化导向不明显

黑龙江省农村城镇化建设中金融支持的城镇化导向不足,在农村城镇化过程中,没有给与金融机构以明确的城镇化导向。在农村信用社和农业银行的金融业务中,一直集中于向农户进行生产性以及扶贫性质的贷款,但是从未对金融机构做农村城镇化支持导向。另外,随着信用台作社向城市商业银行改制后,改变了原有的经营方向,弱化了对农业以及城镇企业的扶持力度、这对于城镇化以及城镇经济的发展是非常不利的。

四、加大黑龙江省农村城镇化建设金融支持力度的对策

(一)基于农村城镇化规划制定金融支持规划

在黑龙江省农村城镇化建设过程中,金融支持是重要一环。在金融支持黑龙江省农村城镇化建设过程中,要做好金融支持的规划,而这种金融支持的规划要以城镇建设规划为基础,这就要求金融主体要全方位参与城镇化建设规划。主要有如下一些措施:首先,金融主体要积极参与城镇化建设规划。其次,即使不能参与也要全面了解农村城镇化建设规划内容。

(二)结合农村城镇化规划制定农村金融发展规划

目前,黑龙江省农村城镇化金融发展规划要明确如下几个方向:在充分了解黑龙江省农村城镇化建设规划的基础上,着重选择如下 2 个金融支持方向:一是将农村中农业龙头以及乡镇龙头企业作为金融支持的重点对象。要以这些农业龙头以及乡镇龙头企业为代表,带动黑龙江省农村与乡镇企业建设,发挥金融支持的作用。二是重点支持围绕农业特色而开展的特色经营,依托黑龙江省农村地域优势,以金融促进黑龙江省农村城镇化农业及相关产业的可持续发展。

(三)加强农村信用体系制度建设

在推进黑龙江省农村城镇化建设金融支持建设过程中,完善农村信用体系制度建设是重要一环。具体措施如下:一是增强农户信用维护意识。通过开展广泛的信用教育树立农户尊重信用的行为建设。二是给予农业以技术支持以增强对自然环境不可抗力的抵御能力以推动银户间信用机制的构建。三是借鉴个人信用评价体系构建方式构建农户还贷信用评价体系以此督促农村信用制度与体系的建立。

(四)拓展多元化融资渠道以强化金融支持

金融机构来解决这一问题不太现实,这需要千方百计拓宽融资渠道。首先,黑龙江省政府以及国家要专门为农村城镇化建设提供专项资金支持,专款专用且要监控整个资金的流向。其次,引导并给予政策支持以推动农业银行以及农村信用社等对农业以及城镇建设的资金支持。再次,积极鼓励农户与乡镇企业完善企业自身建设,通过现代化经营以赢得更多的自有资金以推动自身建设。最后,也可以积极鼓励农村和农户开展合作经营以拓宽资金规模。

(五)拓宽金融支持产品

目前,黑龙江省的农村城镇化建设金融支持主要以信用社和农业银行为主体,尤其是农业银行。农业银行要大力支持部分农业产业化龙头企业和中小型企业快速发展,增加涉农信贷资金投放,通过农村房屋、土地等质押贷款,简化审批流程,缩短审批时间,尽量满足农业发展时需要的贷款需求。同时农业银行和信用社要有意识地设计适合推动城镇化建设的险种。首先,建立多层次的农业保险体系,为郊区失地农民提供完善的保险产品。要把农业保险业务从商业保险分离出来,成立专门的政策性农业保险公司,降低农民在农业结构调整中风险的不确定性,这一方面可以为农村金融提供基本的还贷保证,另一方面可使农民敢于贷款,愿意贷款[4]。其次,逐步开拓证券投资、理财产品、教育储蓄、助学贷款等险种。另外,要制定符合农业特定行业特征为周期的贷款,主旨在于要延长贷款周期,不再单纯以农业生产为对象,更要加强养殖业保险。

(六)进一步明晰金融支持黑龙江省农村城镇化建设政策导向

政府要把农村城镇化作为金融机构信贷政策和资金支持的重点[5]。应当明确农村城镇化的战略方向,以吸引金融资金流入农村城镇化地区和领域。人民银行应当引导金融机构尤其是商业性金融机构积极参与农村城镇化进程,通过窗口指导和货币政策工具的运用,采用不同的政策手段,引导金融机构将农村城镇化作为新业务的拓展领域并明确地将其列为信贷投放的重点,强化其支农职能。

参考文献

[1] 人民银行徐州市中心支行课题组.金融支持苏北农村城镇化建设研究[J].农村金融,2011(6):60-63.

[2] 孟婧.河南省农村金融市场均衡分析及其实现路径[J].河南师范大学学报(哲学社会科学版).2013,40(5):89-91.

[3] 朱建华,周彦伶,刘卫柏.欠发达地区农村城镇化建设的金融支持研究[J].城市发展研究,2010,17(4):9-11.

[4] 陈根.我国农村商业银行支持农村城镇化能力评价研究——基于因子分析[J].时代金融,2013(8):201-202.

[5] 白新江.农业银行支持"三农"发展面临的问题及解决措施[J].管理科学与经济学,2013(7):222.

基金项目:齐齐哈尔市哲学社会科学重大决策咨询项目,项目名称:齐齐哈尔市农村城镇化建设中金融问题研究,项目编号:QSX2013-10ZD。

作者简介:王金丽(1980—　),女,黑龙江依安人。讲师,研究方向:农村城镇化、区域经济与组织。

(作者:王金丽、焦春雷、邱玉兴,成稿于2014年08月,刊发于《理论观察》2014年09期)

齐齐哈尔市产业结构调整研究

王金丽[1]，邵仲岩[1]，王言军[2]，韩方宝[3]

（1.齐齐哈尔大学经济管理学院 黑龙江齐齐哈尔 161006；

2.齐齐哈尔市电业局 黑龙江齐齐哈尔；

3.齐齐哈尔市政府 黑龙江齐齐哈尔 161005）

摘　要：本文首先对产业及产业结构进行了概念界定，继而从三次产业的产值结构及就业结构两个层面分析了齐齐哈尔市目前的产业结构状况，发现齐齐哈尔市三次产业结构失衡问题，最后提出调整齐齐哈尔市产业结构的对策建议。

关键词：产业结构，产值结构，就业结构

一、产业结构及其调整的相关概念界定

(一)产业

当前，对产业一词的使用已很普遍，但口径不一。如有人认为产业主要是指第一、二、三产业这种大分类；有人认为产业亦指部门行业；也有人认为产业作为国民经济的组成部分是国民经济投入产出关系链上的一环，在国民经济系统中存在其商品或劳务市场，其构成基本单位是企业，可以是提供产品，也可以是提供劳务。

本文采用的产业定义是：产业的概念和内涵必须满足如下质和量的规定：

第一，产业是处于宏观经济与微观经济之间，从事同类物质生产或相同服务的经济群体。

第二，产业是与社会生产力发展水平相适应的社会分工形式的表现，是一个多层次的经济系统，如部门、行业、业种。

第三，产业与产业之间存在着直接或间接的经济联系，整个产业构成一个具有函数关系的经济系统。

第四，产业是具有投入和产出效益的活动单位。

(二)产业结构

"结构"一词较早地应用于自然科学，其涵义是指某个整体的各个组成部分的搭配和

排列状态。20 世纪 40 年代,在经济领域人们开始用产业结构这个概念分析经济问题。现在一般认为,产业结构是指在社会再生产过程中,一个国家或地区的产业组成即资源在产业之间的配置状态。产业结构的涵义有广义和狭义之分:

广义的产业结构,它包括"质"和"量"两方面内容。从"质"的方面来讲,就是动态地解释产业间的技术经济联系和联系方式不断发展变化的趋势,揭示国民经济各产业部门中,起主导或支柱地位的产业部门的不断替代的规律及其他的"结构"效益。例如,研究产业结构变动的一般趋势的"克拉克规律""库兹涅茨法则""钱纳里标准产业模型""赛尔奎因模式"。从"量"的方面讲,就是静态地分析和研究一定时期内产业间的联系和联系方式的技术经济数量比例关系,即产业间的"投入"与"产出"的量的比例关系。

关于狭义的产业结构主要存在两种观点,一种是"产业发展形态理论"的观点;另一种是"产业关联理论"的观点。"产业发展形态理论"认为:产业结构是指分布在国民经济各产业中经济资源之间的相互联系、相互依存、相互提升资源配置效率的运动关系。"产业关联理论"认为:产业结构是指各产业在经济活动过程中形成的技术经济联系以及由此表现出来的产业间比例关系。这里的产业间技术经济联系主要是指以中间产品投入为纽带的产业关联,产业间比例主要是指产业间产出比例。本文采用的狭义产业结构中"产业关联理论"对产业结构的定义。

二、齐齐哈尔市产业结构及调整现状

产业结构构成是从总体上评价区域产业结构合理性的重要指标,这里分别从三次产业的产值结构、就业结构两方面对齐齐哈尔市经济转型前后产业结构主要要素构成的变动情况进行分析,从而明确经济变动过程结构的变化情况。

(一)三次产业结构比例分析

表 1　齐齐哈尔市三次产业结构

年份	产值(亿元)			产值比重(%)		
	第一产业	第二产业	第三产业	第一产业	第二产业	第三产业
1985	14.73	15.58	8.89	37.6	39.7	22.7
1990	30.49	23.15	19.75	41.5	31.5	27.0
1995	68.64	53.70	50.31	39.8	31.1	29.1
2000	82.00	92.78	107.77	29.0	32.8	38.2

续表

年份	产值(亿元)			产值比重(%)		
	第一产业	第二产业	第三产业	第一产业	第二产业	第三产业
2002	88.66	109.96	132.78	26.8	33.2	40.0
2003	72.76	125.29	144.40	21.2	36.6	42.2
2004	98.03	148.60	159.98	24.1	36.6	39.3

数据来源:《齐齐哈尔市统计年鉴2005》,中国统计出版社,经数据整理计算得出。

从表1的数据可知,从历史数据看来,齐齐哈尔市三次产业结构调整的大致方向为第一产业比重逐步在降低,第二和第三产业比例逐步在增加,也就是三次产业的产业结构逐步趋向合理化,但是其发展速度较慢,三次产业的产业结构比例仍然存在很大问题。目前齐齐哈尔市人均GDP为7638.0元(2004年数据),三次产业产值比例:24.11:36.55:39.34。比照表2不同收入水平的产业结构标准,我们发现齐齐哈尔市人均GDP为1000美元,而产业结构接近300—400美元阶段水平,即按照钱纳里的模型没有对应的阶段,换句话说,目前齐齐哈尔市的经济结构和其发展阶段不十分适应。按照人均GDP为1000美元的标准,其对应的产值结构应为:13.8:34.7:51.5,在产值结构中第一产业产值比重过高,第二产业比重比较恰当,第三产业比重过低。

表2 不同收入水平的产业结构"标准"

人均GDP(美元)	GDP结构(%)			就业结构(%)		
	第一产业	第二产业	第三产业	第一产业	第二产业	第三产业
100	45.2	14.9	39.9	65.8	9.1	25.1
200	32.7	21.5	46.7	55.7	16.4	27.9
300	26.6	25.1	48.2	48.9	20.6	30.4
400	22.8	27.1	49.6	43.8	23.5	32.7
500	20.2	29.4	50.4	35.6	25.8	34.7
800	15.6	33.1	51.4	30.0	30.3	39.6
1000	13.8	34.7	51.5	25.2	32.5	42.3
高于1000	12.7	37.9	49.5	15.9	36.8	47.3
低收入国家	32	36	31			
中等收入国家	11	39	49			
发达国家	3	33	65			

数据来源:H钱纳里等《发展模式1950—1970》,牛津大学出版社1957年;世界银行《1990年发展报告》,其中按国家分类的数据为1988年数据。

（二）三次产业结构就业结构偏离

产业产值结构反映产出水平的变化情况,而就业结构则反映的是劳动力投入在各产业间的变化。投入产出之间本身就具有很大的相关性,因而,通过产业结构与就业结构的偏离分析,能更深刻地看出产业结构所存在的问题,以及发展趋势导向。

从齐齐哈尔市就业结构的历史数据变化,我们可以看出其就业结构逐步在调整,并且这种调整与经济发展的思路是对应的。但是,与前面产业结构合理性分析思路相同,目前,齐齐哈尔市人均 GDP 为 7638.0 元(2004 年数据),三次产业产值比例:24.11∶36.55∶39.34,而三次产业从业人员结构 57.1∶15.6∶27.3,见表 3 所列。比照表 2 不同收入水平的产业结构标准,我们发现齐齐哈尔市人均 GDP 为 1000 美元,而就业结构接近 200 美元阶段水平,换句话说,目前齐齐哈尔市的经济结构和其发展阶段不十分适应,其现在产业结构和就业结构匹配,需要认真研究。按照人均 GDP 为 1000 美元的标准,其对应的就业结构应为:25.2∶32.5∶42.3,就业结构中第一产业的比重过高,一半以上的劳动力处于农业领域。

另外,我们来看一下分布在各产业间的就业问题,见表 4 所列。从表 4 我们可以看出,目前齐齐哈尔市绝大部分的劳动力都集中于第一产业中,也就是传统的农业,另外,我们知道齐齐哈尔市农业并不是很发达,但是却浪费了本来可以用于第二产业和第三产业发展的大量劳动力,产生农业大量的剩余劳动力问题,这也是目前我们亟待解决的一个大问题。

表3　齐齐哈尔市三次产业的就业结构

年份	就业总量(万人)	就业结构		
		第一产业	第二产业	第三产业
1985	1768281	47.7	28.7	23.6
1990	1941952	45.1	29.2	25.7
1995	2134054	45.3	25.8	28.9
2000	2547244	65.3	13.2	21.5
2002	2467684	61.9	12.3	25.8
2003	2411403	62.7	11.9	25.4
2004	2647096	57.1	15.6	27.3

数据来源:《齐齐哈尔市统计年鉴 2005》,中国统计出版社。

表4　齐齐哈尔市产业结构与就业结构偏离度比较

年份	产业与就业结构偏离度		
	第一产业	第二产业	第三产业
1985	−10.1	11	−0.9
1990	−3.6	2.3	1.3
1995	−5.5	5.3	0.2
2000	−36.3	19.6	16.7
2002	−35.1	20.9	14.2
2003	−41.5	24.7	16.8
2004	−33	21	12

数据来源:《齐齐哈尔市统计年鉴2005》,中国统计出版社,经数据整理计算得出。

注:产业与就业结构偏离度＝产值结构比重－就业结构比重。

三、以定位为基准的产业结构调整对策分析

经过前面的分析可知,齐齐哈尔市三次产业的产业结构比例不协调,第一产业发展滞后,乃至出现了大量剩余劳动力,第二产业和第三产业成为齐齐哈尔市经济增长的着眼点。针对这种变化规律,提出了齐齐哈尔市三次产业结构调整的方向是:稳定第二产业,加强第一产业,发展第三产业,协调三次产业。

(一)稳定第二产业

齐齐哈尔市第二产业在三次产业结构中占有很大的结构比例,这主要归因于齐齐哈尔市是我国传统的重工业基地,本身发展工业的基础实力相对来说比较雄厚。近几年齐齐哈尔市工业出现新的气象,从这一趋势来看,目前第二产业趋于平稳状态,应保持这一态势,并继续优化内部结构,提升结构效益。当然,这并不是说要停止发展第二产业,也不是要缩减第二产业,这样也不符合产业结构变化规律,而是要全面改革传统衰退的落后产业,重新整合资源,以高起点创新性地推进有市场竞争力的新型化产业,在稳定基础产业的同时,积极改进和发展区域优势产业。

(二)加强第一产业

在齐齐哈尔市历年的产业结构变动中农业从初始的份额就不大,发展也很落后,三次产业结构的合理调整不是农业所占的产值份额少就合理,而是要抓紧进行农业从传统

农业向现代化农业的转变。在提出现代农业的经济转型后,齐齐哈尔市在经济转型中应积极响应相关经济政策,努力加强对第一产业的投入,从现代农业出发,调整好区域产业结构,增强第一产业的竞争力,为区域经济增长做出应有的贡献。

(三)发展第三产业

齐齐哈尔市经济发展一个很重要的问题就是就业的解决,所以在经济转型背景下,齐齐哈尔市产业结构调整的一大环节还在发展第三产业上,要积极配合第一、二产业的市场、服务、流通、信息等来建设,以第一、二产业的发展带动第三产业,提高第三产业的投资收益率,发挥其后发优势;在第三产业发展到一定程度,再反过来促进第一、二产业的提高。

(四)协调三次产业

协调三次产业,建立多元化的产业结构,共同推进齐齐哈尔市经济的全面发展。根据木桶原理的短板效应,齐齐哈尔市经济以往一直偏重以工业为主的单一型产业结构,国家投资齐齐哈尔市的大量资金都花在了工业上,而第一、三产业投资不到位,发展十分缓慢,严重阻碍了齐齐哈尔市地区经济的发展。特别是在工业带动不了城市经济后,带来了一系列潜在问题,其他产业难以接续工业衰退带来的大量失业人员,也无法提供足够的资金援助,反而给其他产业也带来衰退的阴影。因而,协调三次产业的发展,建立产业结构多元化模式,是齐齐哈尔市经济发展必须注意的重要问题。

参考文献

[1] 于刃刚,等.主导产业论[M].北京:人民出版社,2003.

[2] 方甲.产业结构问题研究[M].北京:商务印书馆,1988.

[3] 蒋昭侠.产业结构问题研究[M].北京:中国经济出版社,2005:20 – 24.

[4] 郭克莎.中国产业结构变动趋势及政策研究[M].北京:经济管理出版社,1999.

[5] 胡荣涛.产业及结构与地区利益分析[M].北京:经济管理出版社,2001.

[6] 方甲.产业结构研究[M].北京:中国人民大学出版社,1997.

(作者:王金丽、邵仲岩、王言军、韩方宝,成稿于 2008 年 02 月,刊发于《黑龙江对外经贸》2008 年 08 期)

齐齐哈尔市城乡经济结构深入调整研究

邵仲岩[1]，王金丽[2]，贾锋[3]，刘丽霞[4]

(1 2 4.齐齐哈尔大学经济管理学院黑龙江 齐齐哈尔 161006；

3.齐齐哈尔市政府 黑龙江齐齐哈尔 161000)

摘　要:首先从城乡收入水平及消费水平两个层面分析了齐市目前存在的城乡二元经济结构，继而探究其深刻根源，最后针对齐市城乡经济结构及其成因，提出调整齐市城乡二元经济结构的对策建议。

关键词:城乡经济结构，收入水平，产业集群

一、齐齐哈尔市城乡经济结构分析

城乡经济结构一般是指以社会化生产为主要特点的城市经济和以小生产为主要特点的农村经济并存的二元经济结构。城乡经济结构的这一核心内涵就决定了其可表现为城市经济以现代化的大工业生产为主，而农村经济以典型的小农经济为主；城市的道路、通信、卫生和教育等基础设施发达，而农村的基础设施落后；城市的人均消费水平远远高于农村；相对于城市，农村人口众多等。这里我们以城乡收入水平和消费水平来说明齐齐哈尔市城乡经济结构尚需调整。

(一)城乡收入水平的二元性

从表 1-1 可以看出，齐市城乡居民收入之间的距离在 2000 年、2001 年曾一度缩小，但随后又逐步扩大，并且随着城乡人均收入水平的提高，呈不断扩大的趋势。有学者收集了 36 个国家农业和非农业标准生产者的收入比率，发现无论是发达国家、发展中国家还是原计划经济国家，这一比率大都低于 1.5[1]，而齐市这一比值明显高于这一情形，可见齐市城乡居民收入水平的二元特征是非常突出的。货币价值衡量的是可直接支配的收入，并不包括作为一名拥有城市户口的居民所能享受到的各种补贴和社会保险费用。除了幼儿园、敬老院、康复疗养中心等福利设施外，一名城市居民还可以获得医疗保险、失业保险、住房补贴、物价补贴等农民所没有的大量福利。这些福利是难以用货币价值准确计量的[2]。而农村居民不仅没有上述的各种福利待遇，况且农民所种的粮食，养的

家禽、家畜,甚至饲料也都被折算成货币形式包含在其中。由此可以得知,齐市实际的城乡收入差距要远远大于表1-1中所列的数据。

(二)消费水平的二元性

齐市城乡居民消费水平的二元性可通过人均消费支出以及恩格尔系数等指标来加以考察。首先居民消费支出的高低是其收入水平的真实反映。与收入变化相一致,齐市城乡居民人均消费支出之间的距离也是呈不断扩大的趋势。并且城乡居民消费支出比要高于城乡居民收入比,见表1-2所列,这一方面是因为农户本身也是一生产单位,其收入的一部分要用于每年必须的生产性支出,而不能全部用作生活消费;另一方面是由于城市居民享有较高的福利水平,其消费后顾之忧少,因而也就具有更强的消费支付能力。其次来考察一下恩格尔系数。所谓恩格尔系数指的是食品支出占消费性支出的比重。联合国粮农组织用恩格尔系数作为判定生活发展阶段的一般标准:恩格尔系数在60%以上为贫困;在50%—60%之间为温饱;在40%—50%之间为小康;在40%以下为富裕[3]。据计算,齐市城市2004年的恩格尔系数为0.36439,而村镇的恩格尔系数为0.402881,从中可以判定:齐市城市居民生活已达到富裕,而村镇居民则处于小康水平,单纯的农村居民的恩格尔系数要远远低于这一水平,由此可见,齐市城乡生活水平呈现出巨大的反差,二元特性十分显著。

表1-1　齐齐哈尔市城乡收入比较(单位:元)

项目	城市居民人均可支配收入	农村居民人均可支配收入	城乡收入比
1985	747.8	487.8	1.533005
1990	1247.2	812.6	1.534826
1995	3248.8	1627.3	1.996436
2000	4453.26	2588.7	1.720269
2002	5272.08	2865.3	1.839975
2003	5774.40	2846.5	2.028597
2004	6373.26	3297.1	1.93299

数据来源:《齐齐哈尔市统计年鉴2005》,中国统计出版社,经数据整理计算得出。

表1-2　齐市城乡居民消费支出之间的距离比较(单位:元)

项目	城市居民人均消费支出	农村居民人均消费支出	城乡消费支出比
1985	714.40	423.9	1.685303
1990	1126.60	601.1	1.874231
1995	2494.00	1407.0	1.772566
2000	3556.14	1421.5	2.501681
2002	3877.20	1934.6	2.004135
2003	4464.72	1751.9	2.548502
2004	4793.80	2128.0	2.252726

数据来源:《齐齐哈尔市统计年鉴2005》,中国统计出版社,经数据整理计算得出。

二、齐齐哈尔市城乡经济结构形成原因

在齐市城乡二元经济结构的成因探讨上,离不开中国政策的大环境。我国政府为了保证重工业的优先发展,采取了一整套包括统购统销、户籍制度等在内的城乡分割的计划经济体制,以降低发展重工业的成本,减轻工业化过程中由于劳动力的转移而形成的城市化压力。这一与赶超型发展战略相配套的经济体制,虽然有力地推动了工业的增长,也因此造就了一批老工业基地,齐市在这方面更加典型,但同时对我国和齐市农业的发展却造成了极大的负面影响:

(一)农业自身发展受到阻碍,农民生活水平得不到改善

重工业建设周期长,占用资金多,要保证其发展,就必须要不断提高和保持较高水平的积累率。在齐市经济基础薄弱的情况下,农业自身的积累能力差,农业投资和技术改造落后。加之我国长期以来通过压低农副产品的价格来强制为工业的发展提供积累资金,工农业产品之间存在着严重的价格"剪刀差",其结果是恶化了农民的贸易条件,使农业资金在"多付"和"少得"中悄然转移到了工业部门中。这不仅限制了农业再生产能力的扩大,影响了农业的自身发展,而且降低了农民的收入水平,使农民的生活维持在低水平档次上。

(二)农业剩余劳动力大量闲置,农业劳动生产率得不到提高

城乡分割的户籍制度使广大农民被严格束缚在土地上而无法转移到城市非农产业

中,再加上当时我国政府较松的生育政策,从而导致了农村人口的急剧增长。由于齐市人多耕地少的矛盾,有限的土地上承载着过多的劳动力,必然造成农村中存在着大量的剩余劳动力,并且随着农村人口的增加而呈不断扩大的趋势。由于农业发展落后,已从根本上拉开了工业与农业生产能力之间的距离,而随着农业剩余劳动力的增加,更是进一步制约了农业劳动生产率的提高。

(三)城乡分割的福利保障制度加重了农民负担

在农民和城市居民的收入中,农民的绝大部分收入乃至于全部收入都是货币化的,没有其他的福利。但是城市居民除了工资,可以获得比如幼儿园、敬老院、康复疗养中心等福利设施,还可以获得医疗保险、失业保险、住房补贴、物价补贴等农民所没有的大量福利。在这种情况下,农民只能在自己的全部收入中支付上述的费用。

三、合理调整城乡二元经济结构的对策建议

从前面的分析可以看出,我市目前存在的城乡发展不均衡问题不容忽视,另外我市具体的城乡状况为农业薄弱,且农户分散,使得平原地区能够运用的机械化无法运作,已成为制约我市经济发展和现代化进程的阻滞,因此目前来讲,采取合理措施来调整城乡二元经济结构已成为重要课题。具体调整方向为:强化农业的基础地位及改造,以产业集群继续增强城市经济,协调城乡经济。

(一)农业结构调整措施

1.加快对传统农业的根本改造

(1)提高农业综合生产能力和水平

加强农田水利基础设施建设,重点建设一批防洪、灌溉、除涝水利工程,同时加大中低产田改造力度,搞好土地整理。利用现代大型农用机械装备农业,实施农机规模化经营、标准化作业。健全完善农业技术推广体系,发展壮大科技人员队伍。加快作物良种优质化进程,良种供应能力由30%提高到45%。

(2)促进土地适度集中经营

根据自愿、有偿的原则,依法流转土地承包经营权,发展多种形式的适度规模经营。进行规模化种植、庄园化生产、企业化经营。逐步弱化乡以下行政建制,代之以股份合作

公司,农民以承包土地的使用权入股。通过土地集中,使土地由农民生存要素变成农业生产要素,使落后的自然经济农业转化为现代化市场经济农业。

(3)发展农村公共事业

加强农村基础设施建设,解决农村饮水困难和安全问题。加快发展农村文化教育事业,加大政府投入力度,确保九年义务教育实施。加强农村公共卫生和基本医疗服务体系建设,实施计划生育家庭奖励扶持制度。发展远程教育和广播电视"村村通"。

(4)加强小城镇建设

根据人口规模和辐射范围适度开展小城镇建设,围绕为农业和农村服务,重点发展农产品初加工、农村服务业和劳动密集型企业,以吸纳农村富余劳动力,为重点工业园区提供初级加工品。逐步消除户籍、教育、就业等障碍,为城镇化发展提供政策保障。

(5)加大扶贫力度

建立健全农村扶贫机制,尽快解决贫困人口温饱问题,消除绝对贫困。2010 年,50万绝对贫困人口人均收入达到1300 元以上;56.7 万相对贫困人口人均纯收入达到1600元以上;贫困村全部实现脱贫目标。

(6)千方百计增加农民收入

要逐步扩大农户种养规模,靠提高劳动生产率增加收入;要增加绿色食品等技术含量高的农产品生产,靠提高产品附加值增加收入;要加大富余劳动力转移力度,靠"劳务经济"增加收入;要通过合同或入股等形式,建立龙头企业带基地,基地带农户的紧密型农业产业化,靠工业带动提高收入;要继续落实"多予少取"的一系列政策,靠政策提高收入。

2. 建设绿色食品产业基地

(1)建设绿色食品原料生产基地

充分发挥和利用齐市水、土、空气良好的优势,按照标准大力发展绿色食品种植业和养殖业,增加达标品种和品牌,夯实绿色食品产业基础。

(2)建设绿色食品加工基地

加快以肉、乳、薯、豆、玉米等农产品为原料的加工企业发展步伐,围绕优势产业,提高齐市农产品的加工档次和竞争力。

(二)发展工业产业集群带动齐市经济发展

1. 通过核心企业裂变实现集群化

鼓励和引导齐市装备工业的核心企业通过合资合作、购并重组、职工持股、债转股、出售等形式,使原企业仅维持设计研发、总装、市场开发、售后服务等核心部分,其它加工环节按不同生产阶段或工艺进行剥离,加速"大而全"企业的裂变。军工企业在确保核心技术控制力的前提下,也应将军品的一般配套零部件、一般民品和辅业进行剥离。

2. 通过中小企业发展实现集群化

积极鼓励现有装备行业的中小企业进行资源整合,调整研发方向和产品结构,主动给核心企业进行专业化配套,形成铸造、锻压、金属切削等专业化企业集群,壮大区属经济。

3. 通过招商引资实现产业集群

在招商引资过程中,不仅要注重对大企业的引进,而且应注重相关配套中小企业的引进,通过新企业的引入,逐步完善产业链,带动集群的形成和发展。

4. 通过营造环境实现产业集群

出台优惠政策,建设园区基础设施,提供融资、科研、安全等配套服务,促进集群化发展。

(三)发挥市场机制的作用促进城乡关系的协调发展

改变二元经济结构,消除二元经济结构的负效应,离不开城乡关系大背景的改善,要发挥市场机制的作用,促进城乡关系的改善。

1. 建立和完善城乡统一的大市场

改革城乡分割的户籍制度,重点加强农村市场体系的培育,一方面加快农村产品市场的发展,为城乡工业的协调发展提供市场环境;另一方面要加快农村劳动力市场、土地市场、技术市场等生产要素市场的发展,促使农村市场与城市市场的对接。通过商品市场和生产要素市场的发展,促进农村非正规部门和非农产业的发展,降低市场进入门槛,扩大投资范围,完善农村市场体系发育的基础条件。

2. 在城乡之间发展多种形式的联合与协作

为了促进城乡关系的协调发展,就必须在城乡之间发展多种形式的联合与协作,一方面要走城乡一体化道路,加强政策引导,大力发展横向经济联合,促使城市工业和第三产业向农村扩散,带动农村工业的发展;另一方面促进城乡之间根本制度和各种类型的经济联合组织的成长,为城乡之间生产要素的流动提供组织和制度保证。

参考文献

[1] 倪云贞,王家传.中国二元经济结构的形成与消解[J].科学·经济·社会,2001(4):40.

[2] 杨强.从城乡不同的制度安排看城乡收入差距[J].福建师范大学学报(哲学社会科学版),
2001(3):17.

[3] 赵晓雷.中国现阶段收入差距扩大的经济学分析[J].财经研究,2001(4):34.

作者简介:邵仲岩(1972—　),男,齐齐哈尔大学副教授,博士,主要从事区域经济与
组织研究。

基金项目:齐齐哈尔规划办重点规划课题(课题编号 qsx2006a‐06)

[作者:邵仲岩、王金丽、贾锋、刘丽霞,成稿于 2008 年 04 月,刊发于《齐齐哈尔大学
学报》(哲学社会科学版)2008 年 09 期]

采购 BPO 企业的大客户关系管理模式研究
——以三星集团采购 BPO 公司为例

申光龙,柳志中,秦鹏飞,王金丽

（南开大学商学院）

摘　要:探讨了采购 BPO 企业的大客户关系管理战略模式,以三星集团旗下的采购 BPO 企业为例进行研究。首先探讨了大客户关系管理对采购 BPO 企业的重要性。其次探讨了采购 BPO 企业的模型及必备条件。最后探讨了小规模供应商的运营战略以及为大客户提供价值极大化的案例。总结出采购 BPO 企业持续发展所需的条件与运营战略、从采购 BPO 委托企业的视角选定采购 BPO 企业的基准。

关键词:商务流程外包,采购 BPO 企业,客户关系管理,大客户关系管理

一、引言

现代企业要随时适应快速变化的市场,直面深度的挑战—新技术的日益更替,全球化竞争的格局,顾客需求的多样化,经济周期的缩短等,正因为如此,企业致力于核心竞争力,而把非核心业务进行外包,这种模式显得越来越重要。将组织内非核心服务流程或职能外包,而企业专注于核心业务,这就是 BPO(Business Process Outsourcing) 模式。BPO 范围从单纯的警卫、保洁扩展到人事、信息系统、采购、物流、生产和市场营销等价值链上各个环节,而采购 BPO 模块正是本文结合案例研究的主要内容。

在韩国,此类 BPO 采购外包企业主要整合大企业消耗品 MRO[Maintenance(维护),Repair(维修),Operation(运营)] 供应业务,如三星集团的 iMarketKorea,LG 集团的乐采和 POSCO 集团的 eNtoB。在中国,这一领域目前尚无领先的企业。

迄今为止,韩国和中国采购 BPO 企业绝大部分隶属于某集团公司,并且以母集团公司的采购项目为主,仅限于办公用品、劳保用品、设备备件、包装材料等小量多品种 MRO 品目,侧重于采购和供货商管理,而客户关系管理却一直没有得到足够的重视,本文的着眼点就在于客户关系的管理。

笔者预测未来十年内除了核心技术的材料设备外,全采购环节外包给专业的采购 BPO 企业将成为必然趋势,因此本研究有很大的现实指导意义,能够对具体的商业操作提供有益的借鉴。

二、BPO 的含义与分类

商务流程外包（Business Process Outsourcing：BPO），一般指的是企业将核心业务以外的辅助性业务交给外部专业公司来管理的模式。BPO 管理可以降低企业的费用、提高产能、强化企业的核心竞争力，其他如顾客服务、库存管理、采购、人事、CRM 及研究开发等业务由专业服务公司来代管，这些都称为 BPO 管理。

从真正意义上说，BPO 管理是借助于外部的专业知识将自身经营能力集中于核心业务的一种技能。企业对 BPO 管理的态度决定着核心竞争力的增长。

美国的信息咨询公司高德纳（Gartner）将 BPO 分为了以下六大类。

第一类：与保险公司的索赔处理、与文件管理等支援业务相关的流程。

第二类：与财务、会计相关的流程。

第三类：与工资计算、福利、招聘、教育等人事管理相关的流程。

第四类：与电子支付等相关的流程。

第五类：与 SCM（Supply Chain Management）相关的公司采购、物流、耗材管理、仓库管理等流程。

第六类：与销售、市场营销、客服中心等连接外部客户相关的流程。

BPO 业务领域，如图 1 所示。

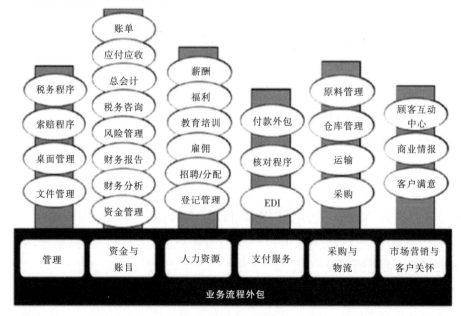

图 1　BPO 业务领域

资料来源：高德纳（Gartner）咨询公司. BPO 研究. 2002：4.

经营支援是随着电子商务的发展迅速进入 BPO 领域的行业,也是 IT 服务业进军数最多的行业。人事管理、工资计算、财务会计等业务虽然算不上公司的核心业务,但属于敏感而且重要的方面。故而对此类业务的外包,在早些年前尚未普及,后来随着认识的转变,早先并不外包的经营支援业务也开始采用 BPO 模式管理。

三、采购 BPO 公司大客户关系管理的重要性

客户永远是企业的上帝,是企业发展的力量之源。通常情况下,大型采购 BPO 企业在成立时一般会从关联集团固定客户手里确定基本采购物量,以此维持基本运营,大型关联企业为主的固定客户的耗材转移和新客户的吸纳,一般会促进业务量的增加。物量的增加能够提高企业的议价能力。

采购 BPO 企业的整合业务首先从 MRO 耗材开始,逐渐扩大到包装材料等副耗材,小量原耗材,测试仪器,设备等采购品目。采购 BPO 企业想要满足顾客的需求,自身就要具备专业采购能力。如想在短期内成长起来,就需要大客户。因此客户关系管理是企业运营战略的优先考虑项目。如果该企业提供给大客户的价值较小或者服务上出现问题,就会使得与大客户的交易减少甚至终止。与大客户的交易减少或者终止直接影响到采购 BPO 企业的经营成果,甚者威胁到企业生存。因此,管理客户关系应该成为采购 BPO 企业的核心竞争战略之一。

为了维持采购 BPO 企业的生存与持续成长,就必须研究策略来维护和管理客户关系,优化业务过程和编制业务手册是有效的方式,成功的客户关系管理也会起到为 BPO 企业营销宣传的作用。

四、三星集团采购 BPO 公司(三星爱商)概况

三星爱商(iMarketChina)是 2002 年三星集团在中国投资建立的集中采购与物流服务商,是全国第一家拥有进出口权的中外合资国际物流有限公司,并作为中国第一家外商投资国际物流试点单位在天津经济技术开发区成立。三星爱商的经营领域主要分为两个部分:MRO、副资材采购 BPO 服务及以进出口、仓储、配送为一体的第三方物流。在天津、苏州、惠州、西安等国内运营 7 个销售分公司。

三星爱商采用集国内外采购、包装、运输、配送、支付、库存管理和供应链咨询培训及行业资讯为一体的一站式网路供应链平台,为客户提供个性化服务,企业可以全面享受

集中采购的成本优势和品质保证。同时,三星爱商作为供应链的整合者,整合自身以及商务合作伙伴的资源、技术和竞争力,向客户提供全方位的供应链解决方案。

采购 BPO 公司的服务模式,如图 2 所示。

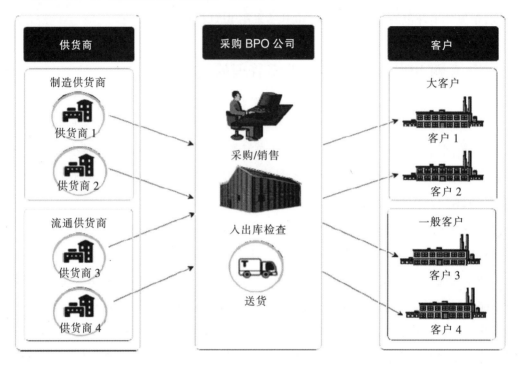

图2　采购 BPO 公司的客户与供货商

资料来源:本研究整理。

五、三星爱商大客户管理团队与硬件

采购 BPO 企业为了持续经营就必须具备能满足客户的能力。如果像贸易公司一样仅仅具备居间功能,就不会取得长远的发展。满足客户的硬件能力就是:信息系统的开发,服务于大客户的团队,以及有竞争力的供应商。

(一)三星爱商的团队

根据客户要求的常规与否,三星爱商建立了一般担当→中层人员→高层人员,这种梯队服务的模式能最大程度的将业务按照轻重缓急区分开来,实现整体效果最优。当然,针对大客户要设立专人负责运营,不断提高关键客户的满意度。必要时,派驻专员到客户公司帮助其处理采购业务。从三星爱商实际运作来看,这样的沟通,媒介效果是很好的。

(二)三星爱商信息系统

为了有效管理品类繁多的耗材,对接众多的供应商和采购商,采购 BPO 企业就必须要有专业化 IT 团队,保证其信息系统的开发。专用的数据库系统能有效降低重复性数据处理、整合、筛选等工作,极大的提高业务处理速度。采购 BPO 企业的电子信息系统与客户对接,可以在最大限度上防止采购商业务脱离,这是 LOCK - IN 方法(供货商与采购商因为特殊关系,不能轻易终止合作或者终止合作时需要付出很多成本)的重要策略。

采购商(BPO 企业的客户)也会考虑采购 BPO 企业的系统研发水平,需要思考双方业务整合后是否能够提高本企业采购业务效率。

1. 与采购商 ERP 系统对接

为了能与采购商的采购 ERP(Enterprise Resource Planning)系统对接,三星爱商加强了 IT 团队力量。采购方与三星爱商签订合同之后,最短时间内通过两家电子订单信息系统的对接使得采购商可以通过内部系统下订单、入库和结算,使得业务效率大大提高。随着互联网普及,只要有网络就能随时随地处理业务,实现移动办公。

2. 耗材的代码(CODE)管理

以三星爱商为例,主要产品从企业消耗性耗材到包装副耗材,种类繁多,规格不一,为了进行标准化管理,将其编为代码,进行体系化管理。客户和三星爱商都在以自己的编码规则制定各自唯一确定的耗材代码,包含品名、规格、订货单位、单价、照片等信息。最后通过建立两个代码的一一对应关系,实现耗材的对接。

(三)三星爱商公司的供应商管理

采购 BPO 企业要确保的核心竞争力之一就是价格优势,而价格优势是由优质供应商提供的。

三星爱商通过定期的市场调查在更广范围内比较耗材价格,综合考察供应商管理能力,能保证其尽可能的掌握最优质的供应商信息。当然,一套持续开发优质供货商的方案是必须要建立的。以下是三星爱商供货商管理的主要原则。

第一,供应商选定。一般企业采购 MRO,包装副耗材等,因采购物量少,与制造商直接的交易很少,通常要通过中间贸易商。如果存在多个中间贸易商,则会层层加价,最终单价必然升高。此时,采购 BPO 企业整合多个工厂的需求量,直接与制造商进行交易,通过减少中间费用,确保价格竞争力,也可避免因中间环节过多而产生品质问题。直接采购能够准确对耗材规格进行管理。如果制造商是海外的,或者采购数量较少,拒绝直接采购,那么通过其正式授权的代理商交易是最好的办法。

首先,无代理权限的供货商的价格会低一些,但是如果通过无正式代理关系的供货商采购,就有可能采购到仿制品。因此要从正规代理商处进行采购。

其次,小额耗材的偶然需求,直接采购或者与代理商建立交易缺乏经济性。这时可以考虑通过中间商,但是要定期聚合交易物量,最大限度按照正式采购路径来进行。采购 BPO 企业按照直接采购,正规代理商采购,一般贸易商采购的顺序作为供货商选定的优先级顺序。

第二,供应商实查管理。采购 BPO 企业受采购商委托管理供应商时,要根据明确的标准定期评价供应商,同时把评价结果通报给委托企业。采购 BPO 企业可通过体系化的供应商实查,发掘培育优质供应商,淘汰落后供应商,进而提高供货商群体的竞争力。平时也要留意和开发潜在企业,作为现有供应商群体的有力替补。可以与客户协商,如果客户有针对核心原耗材供货商的管理标准,也可以按照同一形式管理接受委托的 MRO,副耗材供应商。

第三,供应商评价。采购 BPO 企业可以制定供应商货期准时率、单价削减率、品质不良率等指标来评价供应商,可以根据评价分数进行物量分配及新物量确定。这将提高采购 BPO 企业竞争力,也能得到委托企业对供应商管理方面的认可。

六、三星爱商大客户管理策略

三星爱商通过大客户管理策略为大客户提供有效的价值并最大限度地扩大供应资材的种类。首先,设计一个易于操作的系统提供给大客户使用;其次,选定能为大客户提供贴身服务的专业人员支援客户采购部门,使双方在沟通上更加顺畅;最后,为客户提供有效的价值。采购 BPO 公司能为大客户提供的价值可以分为以下三种:

第一,原价削减。原价削减可以通过对其正在使用的资材进行二元化、多元化,让多家供货商之间发生竞争达到降价的目的。或者是通过采购渠道简捷化,以减少中间流通费用的方式来达成降价的目的。可以定期进行降价活动,并以报告的形式将结果提供给客户。

第二,为客户提高采购效率。通过整合运营多数供货商、集中派送,可降低供货商管理费用及入库管理费用,还可以提高客户采购人力资源的效率。

第三,通过三星爱商代理进行公正的价格比较、供货商录选及淘汰管理,实现采购权限的公开透明化,减轻客户管理层对采购不透明方面的担忧。

三星爱商的大客户管理策略框架图,如图3所示。

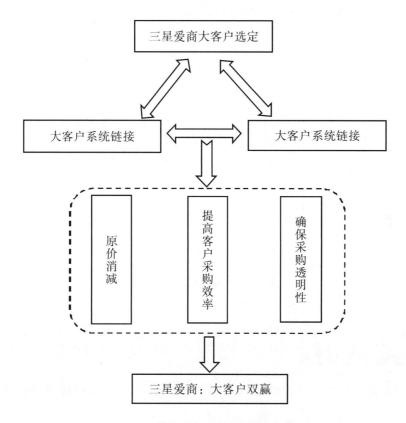

图3　三星爱商大客户管理策略框架

资料来源:本研究整理。

(一)原价削减

最能体现采购 BPO 企业价值的就是原价削减。一般情况下,外包采购业务的企业会提供耗材清单,得到采购 BPO 企业的回复后,先计算价格削减节减率和削减金额。采购 BPO 企业要认识到原价削减是体现采购 BPO 企业竞争力的重要方面,所以要提供有效的原价削减方案。

一般来说,企业的采购支出占销售额的 60% 以上,采购成本直接影响企业的利润。金融危机以后随着全世界经济滞胀,提高销售额越来越困难,多数企业只能不断的压缩成本。采购降价带来的利益增效比销售增加的利益增效要大得多,5% 的采购费用节减与增加 25% 的销售额, 二者效果是相同的, 换句话说, 就是少量的采购节减能产生成倍增加销售额的效果, 如图 4 所示。

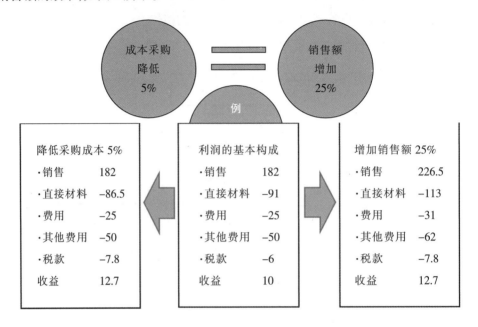

图 4 采购在企业中的重要性

资料来源: iMarketKorea 内部资料. http://www. imarket - korea. com/

1. 定期降价(下调单价)

降价可根据采购数、种类每年进行 1—4 次。在定期降价时, 通过确定单价调整的优先顺序, 先汇总采购物量计划, 再确定降价策略。

如果一种耗材有 2—3 个供应商供货, 想要单价下调, 可根据供应商提供的单价高低进行物量分配率的调整, 对于客户来说, 原先小额种类多的耗材也实现了降价。

可根据耗材特性来设定单价下调周期并进行管理, 见表 1 所列。特别是电算用品, 石油副产品等价格变动频繁的产品, 应细致管理单价, 防止出现和市场价格背离的情况。

表 1   消耗性耗材单价调整周期

调整周期	耗材群
1 次/年	物价浮动品, 生活用品, 标准品, 标准设备零件类, 办公用品
3~4 次/年	电子行业的副耗材, 标签, 横切胶带, 托盘, 塑料袋, 纸箱类
每个月	电算用品, 油价联动品, 有色金属联动品

资料来源: 本研究整理。

2. 通过价值工程(Value Engineering:VE)来降低成本

一种耗材经过多年降价后,再进行单价下调是有限度的。为了更加有效的实现原价削减,有必要寻找替代品。一方面寻找替代品,另一方面可将进口耗材本地化,从而达到包括关税、物流费的减少。

三星爱商通过价值工程实现原价削减案例,见表2所列。

表2　通过价值工程实现原价削减案例

耗材信息	
– 耗材名称:Test 夹具 – 制造商:Y厂,S厂 – 用途:电子产品新机种开发时使用的夹具 – 采购商:笔记本电脑工厂 – 使用量:2.2K PC/年	
改善前	改善后
– 同一类型耗材每一年单价下调困难 – 开发机种变更时原有夹具不能使用进行废弃处理	– 夹具的材质,结构变更时原有产品可再使用 – 将未使用夹具再次使用,使原价消减 USS362→USS253(30%以上原价消减) 预想原价消减金额:US＄204K/年

资料来源:本研究整理。

3. 通过国产化来降低成本

手机从原来的键盘机转变为现在的智能机,随着购买偏好的变化,智能机的使用正在激增。智能机除了通话功能之外还有上网搜索、视频等功能。长期使用会使电池及其他部件发热,客户会担心发热爆炸。为此,美国,日本等地的供货商开发出附着在手机上能起到降热作用的散热膜,见表3所列,可降低5—6度,目前已经应用于高端手机上。

表3　散热膜原价削减案例

耗材信息	
– 耗材名称:散热膜,制造商:T厂(中国) – 用途:手机、笔记本电脑产品内部热扩散及降低温度 – 采购商:手机工厂,笔记本电脑工厂 – 采购金额:RMB6000万/年	
改善前	改善后
– 进口美国、日本产品产生关税、物流等费用 – 海外耗材采购造成货期问题、库存压力,单价下调存在局限性	– 采购BPO企业开发了国内的供货商,进而掌握议价主导权 – 原价消减(平均35%下调,预想原价消减金额2000万/年) 缩短货期:15天→3天

资料来源:本研究整理。

这种散热膜提供给三星手机壳的生产工厂,多数下游工厂也使用,起初是从美国或者日本进口。三星爱商与三星电子一直在寻找国内散热膜的制造商,找到了具备生产能力的T公司给下游工厂供货,原价削减35%以上。6个月就节减了1000万元。虽然美国、日本等地的供货商有垄断地位,有定价的主导权,但是随着与T公司的合作,三星电子获得了更大的议价权。

这个散热膜不仅能满足三星手机工厂的需要,其下游工厂的需求也能满足。T公司和三星爱商合作之后,迅速扩展了市场份额,达到了双赢的效果。

4.通过制造商直接采购来降低成本

中国市场大致分为华北、华东、华南等区域。采购BPO企业为了提高采购能力就必须搭建全国化的组织网络。三星爱商在天津、苏州、惠州、威海设立了采购及营销组织,这些区域的采购商和供货商的数量逐渐扩大。以手套类耗材为例,特别是设有无尘室的企业,使用无尘室用防静电手套数量很多。以前三星各个工厂都是在本地就近选择供应商,通过电话采购,力求随叫随到,随时配货。

三星爱商在2012年对全体三星工厂使用的防静电手套进行了调查,15个供货商供应50余个种类的手套,类似规格手套的单价存在很大异同,之间相距甚至可达50%以上。利用 3 个多月的时间对中国国内防静电手套制造商进行了调研及实查,对全体样品规格进行了标准化。用三星所有工厂的总体采购量商定了优惠价格,并在华北、华东、华南设置中转仓库,满足三星工厂的随时供货需求。

　　最终商定由苏州地区 1 个制造商来供货,将 50 多个手套种类整合为 10 多个,单价平均降低了 35%,达到了当年 150 万元的总金额削减,见表 4 所列。借由防静电手套的整合效率化,三星爱商进行除了手套以外刮水器、防静电服等全体 MRO 消耗品整合。

表 4　手套原价削减案例

耗材信息	
－耗材名称:PU 手套 －制造商:S 厂(苏州) －用途:无尘室操作者专用防静电手套 －采购商:全部客户 －使用量:5000 包/年,RMB430 万/年	
改善前	改善后
－品种多,库存管理困难,与华北、华东、华南等多家供货商进行交易 －实际耗材和系统录入的耗材规格存在异同,数量多、种类多,单价消减困难	－类似规格进行整合(50 余种→10 余种) －选定有竞争力的制造商进行直接交易(15 家→1 家) －平均 35% 价格消减,预想消减金额:RMB150 万/年

资料来源:本研究整理。

(二)采购效率的提高

　　除了原价削减,采购 BPO 企业存在的价值之一就是采购效率的提高,可通过提升人力效率、物流效率、关键绩效指标(Key Performance Indicator:KPI)管理来实现该价值。对采购商来说,低值种类多的耗材采购需要很多采购人员,购买金额不大,但购买流程却与金额大的耗材没有异同,需要耗费人力和产生费用。BPO 企业可以从以下几方面缓解这一矛盾:

1. 提升人力效率

　　一般来说,制造企业的采购范围包括原耗材采购、副耗材采购、设备采购、MRO 耗材采购,采购组织包括物流部门、品质管理部门,也有管理采购指标并制定采购政策的采购企划部等,一个部门都不能少。这种情况下,将采购业务委托给采购 BPO 企业就可以提高效率。采购 BPO 企业整合客户的采购物量并且进行专业化管理。一般情况下,委托企业给采购 BPO 企业移交业务后,1—2 名的人员可以管理采购 BPO 企业处理的所有耗材。例如,拥有 1 万名员工的手机生产工厂,采购 BPO 企业接受消耗性耗材等 3—4 千种耗材的委托,原来手机厂的约 5 名采购员工可以减少到 1 人对接 BPO 企业即可。

2.提升物流管理效率

采购 BPO 企业可通过专业信息系统把耗材的标准货期提供给客户,客户实时下订单,BPO 企业业务担当按需纳品。规模在 1000 人以上的制造业企业每月平均采购的消耗性耗材约为 1000 多种。因为之前尚未实现较高水平的自动化,管理 1000 种耗材的订单与货期有一定的困难,稍有疏忽,就会导致某种产品没有及时送货入库,紧急调货的情况时有发生,额外增加物流费的情况在所难免。

相比之下,采购 BPO 企业可以替客户管理耗材的货期。通过分析客户稳定消耗量,提示客户下订单的时间节点。不断比较实际货期和理想货期,进行动态管理,进而不断满足客户需求。即使发生紧急调货,也可通过庞大的供应商库和多元化的物流网络迅速应对。

3.提升供应商管理效率

采购 BPO 企业应该提高供应商管理的精细化水平:做好采购关键绩效指标管理(平均交货期、价格削减、品质指标等),采购现况汇总报告等工作。相关决策人可通过这些采购指标进行采购决策,推进业务创新,同时掌握一手行业资料,比利用其他社会机构提供的相关信息更加廉价、高效、可信。

(三)确保采购行为的透明性、公正性

作为企业管理者,总会因为采购部门发生的不透明交易而烦恼。采购负责人和供货商之间发生的不透明交易一般集中在单价方面或者买到质次价高的产品,蒙受不必要的损失。而采购 BPO 企业作为第三方,可以减少或者防止不正当行为的发生。根据既定原则选择供应商,进行公正透明的交易是采购 BPO 企业提供的重要价值之一。当然,要做到这点,采购 BPO 企业需要设计防止不正当行为发生的流程,进行持续的反复管理与教育。采购 BPO 提供的这种价值,可以大大减少委托企业在不正当交易方面的疑虑。作为采购人员,能够从灰色地带中脱离出来,堂堂正正的做业务。供应商也可以消除其他费

用因素,致力于通过有竞争力的单价赢得公平的市场交易。

七、结语

采购 BPO 模式被公认为是通过采购制度优化,原价削减,人力浪费最小化,提升企业竞争力的有效工具,2000 年初在美国、日本、韩国等地快速成长,但在中国,仅处于外资企业以本国企业为客户进行服务的阶段,其原因是财权不旁落的文化壁垒。

采购 BPO 市场正在持续增长,采购 BPO 企业能够帮助客户实现费用削减,专业化采购业务高端系统和流程使得采购模式革新成为可能,供应商能够提供稳定的物量,采购 BPO 产业也将不断发展。不久的将来,中国企业也将为了原价削减和采购效率提高而积极外包采购业务给专业企业。

本研究通过对三星集团采购 BPO 企业大客户关系管理的多项案例分析,研究采购 BPO 企业应当具备的条件和为大客户提供的商业价值。采购 BPO 企业通过实行大客户战略,提供各种服务并精细管理,将最终实现销售额的扩大。近年来,中国企业大量业务由线下转到线上,IT 系统对接使得更多的企业选择采购外包。除了核心资材之外,更多的共用资材,尤其是对品质、价格、货期(Quality,Cost,Delivery:QCD)要求颇多的不易管理的资材,将是采购 BPO 企业发掘的重点业务。本研究希望能为采购 BPO 企业和正在考虑选择采购 BPO 模式的企业提供借鉴。

参考文献

[1] 申光龙.营销传播管理者工作模型[M].天津:天津人民出版社,2008.

[2] 申光龙.企业生存发展的 18 个战略工具[M].北京:清华大学出版社,2010.

[3] 轧红颖,孟辰,李珊珊,李铮.物流行业大客户关系管理的决定因素分析[J].商,2016(28):265.

[4] 李宏光.供应商管理示范企业创建活动概述[J].中国质量,2016(9):26 – 28.

[5] 罗玥.国际买家采购外包策略及我国外贸企业的对策分析[J].对外经贸,2012(5):28 – 30.

[6] Donald Dobler,David Burt. *Purchasing and Supply Management*[M]. New York:McGraw – Hill,1998.

[7] Frank Rosar. Strategic outsourcing and optimal procurement[J]. *International Journal of Industrial Organization*,2017,(50):91 – 130.

[8] 李智恩,方浩南.采购革新的技术[N].每日经济新闻,2008,200 – 201.

　　作者简介:申光龙(1963—　　),男,韩国庆州人,教授,博士生导师,管理学博士,哲学博士,研究方向:整合营销传播、比较管理学、管理哲学等;柳志中(1969—　　),男,韩国人,南开大学企业管理系博士研究生,研究方向:整合营销传播、战略管理;秦鹏飞(1980—　　),男,南开大学企业管理系博士研究生,研究方向:整合营销传播、供应链管理;王金丽(1980—　　),女,南开大学企业管理系博士研究生,研究方向:整合营销传播、网络营销。

　　(作者:申光龙、柳志中、秦鹏飞、王金丽,成稿于 2017 年 07 月,刊发于《物流技术》2017 年 08 期)

基于 D-S 证据理论的存货质押融资质押率决策

申光龙,秦鹏飞,柳志中,王金丽

(南开大学商学院,天津 300071)

摘　要: 分析了实际业务中质押率核定模型的缺陷,设计了优化的新模型,指出了以往文献对质押率的研究仅仅涵盖了较小范围的影响因素,具有较强的不全面性,运用 D-S 证据理论将更多因素的影响效应融合到证据合成的过程中,并且指明了 D-S 证据理论下质押率优化模型的运算流程,用算例演示质押率计算过程,检验了模型的适用性。

关键词: D-S 证据理论,存货质押融资,质押率

一、引言

中小企业是促进国民经济繁荣的有生力量,向社会提供了绝大多数的就业岗位。然而,资产规模与治理结构等方面存在的缺陷导致其难以获得融资。在国家政策的引导下,银行业和物流业积极探索金融产品创新,充分适应中小企业动产占比高、贸易周期较短的特点,开发了存货质押融资等金融服务[1]。国内金融市场的开放导致银行界日益激烈的竞争,中小企业逐渐占据银行业的视域,成为银行业关注的客户群体,供应链金融应运而生,并且呈现出快速增长的态势。存货质押融资是供应链金融的主要业务形式,能够有效满足中小企业中短期流动资金需求,具有明显的优越性[2]。存货质押融资是指借款企业将产权无瑕疵的存货作为质押物出质给银行,银行委托具备资质的物流企业监管质押物,据以向用款企业授信放款的动产质押贷款业务[3]。存货质押融资业务是物流金融的重大创新[4],也是供应链金融的一种主要形式[5]。供应链金融具有巨大的市场容量,但受制于风险控制问题的困扰,动产质押融资尚未达到应有的繁荣程度[6]。质押率是存货质押融资业务风险控制的关键[7],确定合理的质押率是开展存货质押融资业务的首要问题[8]。质押率是指银行授信放款的额度与质押物市场总价的比率[9]。本文运用 D-S 证据理论研究存货质押融资业务风险控制的核心指标——质押率的决策问题。

二、质押率研究概况与 D - S 证据理论

(一)质押率研究概况

目前,国外关于存货质押融资质押率决策的研究主要集中在质押率决策的作用效果。Jokivuolle 等研究了动产质押融资业务中质押率决策对授信银行贷款损失的影响[10]。Buzacott 等探讨了质押率决策对用款企业运营效率的影响效果[11]。Tian Yu 等在风险中性与风险规避情况下探讨了最优质押率的决策问题[12]。Dada 等利用 Stackelberg 博弈模型,探讨了质押率决策与融资后企业的最优再订货量之间的关系[13]。国内学者对于质押率决策的研究更为广泛。李毅学等在研究质押率决策问题时首先引入了"主体 + 债项"的风险评估策略,并且研究了价格波动[14]、季节性存货[15]、风险偏好[4]等因素对质押率决策的影响。胡岷[16],于辉、甄学平[17],何娟等[18],刘妍、安智宇等[2]国内学者引入风险价值模型 VaR 开展了质押率决策方面的研究。其他学者逐渐将信用水平[9,19],需求波动[8,20],质押物销售率[21],资金约束[22,23]等因素纳入考量范围之内,细化了质押率决策的研究。

质押率影响因素具有的多样性和演变性未能在已有研究中得到充分体现,具有一定的局限性。多样性和演变性凝结于质押物市场专家的专业知识和行业经验,D - S 证据理论具备融合专家经验和专业知识的能力。本文将 D - S 证据理论引入存货质押融资质押率决策研究,利用 D - S 证据理论对多源信息的表达与融合能力提出一种能够充分反映多样性与演变性的质押率量化决策模型,以期帮助开展存货质押业务银行和物流企业科学、高效地核定质押率。

(二)D - S 证据理论简述

哈佛大学数学家 A. P. Dempster 提出了 D - S 证据理论的基本模型[24],其学生 G. Shafter 将证据理论进一步发展,基于"证据"和"组合"进行非确定性问题的数学推理[25]。D - S 理论对不确定性的测度更灵活,推理机制更简洁,其表达未知性的过程与人类的自然思维习惯更接近,广泛应用于数据融合、人工智能、专家系统与决策分析等众多领域[26-29]。

识别框架(Frame of Discernment)是 D - S 证据理论的立论基础。某一待解决问题的所有可能答案构成一个完整的非空集合,称为识别框架,用 Θ 表示。Θ 的元素之间两两互斥;在任一时刻,该待解决问题的答案仅能取 Θ 中的某一个元素。

一个识别框架 Θ 上的基本概率分配(Basic Probability Assignment:BPA)。该 BPA 在

Θ 上是一个 $2^Θ→[0,1]$ 的函数 m,通常也将其称为 mass 函数。该 mass 函数受到如下条件的约束：

$$\begin{cases} m(\Phi)=0 \\ \sum\limits_{A\subseteq\Theta} m(A)=1 \end{cases} \tag{1}$$

式中:m(A)—事件 A 的基本信任分配值,精确表明证据对 A 的信任程度。

使得 m(A) >0 成立的 A 称为焦元(Focal Elements)。

信任函数 Belief Function 在 D - S 证据理论中的作用是表示特定情形下信任某一假设集合的程度,其函数值等于当前集合的全部子集的基本概率分配的总和。

那么,在已知识别框架 Θ 和 BPAm 的情况下,信任函数的定义可以表示为:

$$Bel(A) = \sum\limits_{B\subseteq A} m(B) \tag{2}$$

式中:Bel(A)—事件 A 的信任值,体现证据信任 A 为真的程度。

上限函数和不可驳斥函数是似然函数(Plausibility Function)的两个别称,其作用和功能在于描述信任"集合为非假"的程度。

那么,在已知识别框架 Θ 和 BPAm 的情况下,似然函数的定义可以表示为:

$$Pl(A) = \sum\limits_{B\cap A\neq\phi} m(B) \tag{3}$$

研究信任函数和似然函数二者的表达式,不难发现 Bel 函数与 Pl 函数之间存在如下关系:

$$Pl(A) \geqslant Bel(A) \tag{4}$$

由于 Bel(A)表示对"A 为真"的信任程度,而与之相配,Pl(A)表示对"A 为非假"的信任程度,并且二者之间存在着 Pl(A)≥Bel(A)的关系,故而,对"A 为真"信任度下限可以用 Bel(A)表示,上限则可用 Pl(A)来表达。

Dempster 合成规则(Dempster's Combinational Rule)是 D - S 证据理论的精华所在。对于？A？Θ,Θ 上存在有限个基本概率分配函数(即 mass 函数)$m_1,m_2,\dots,m_n$,则这些 mass 函数的 Dempster 合成规则为:

$$(m_1 \oplus m_2 \oplus \dots \oplus m_n)(A) = \frac{1}{K}\sum\limits_{A1\cap A\dots\cap An=A} m1(A1)\cdot m2(A2)\cdots mn(An) \tag{5}$$

式中:K——归一化常数,表示证据对 A 为真的信任程度。

$$K = \sum\limits_{A1\cap A\cap\dots\cap An\neq\Phi} m1(A1)\cdot m2(A2)\cdots mn(An)$$
$$= 1 - \sum\limits_{A1\cap A\cap\dots\cap An\neq\Phi} m1(A1)\cdot m2(A2)\cdots mn(An) \tag{6}$$

k =1 - K 的值表示证据之间的冲突强度,冲突强度随 k 值的增加而增大。

三、基于 D - S 证据理论的质押率决策

(一)质押率的现行核定模型

质押物市场价格的变动是银行授信风险的重要来源。质押物价格的较大跌幅足以导致质押物变现价值在数额上低于银行授信的本利之和,借款企业赎回质物,变现所得仍不足以抵补银行贷款的支出额度。依据理性经济人假设,借款企业出于经济效益最大化的目的,会更加倾向于违背借款合同的约定,拒绝向银行还本付息。控制质物跌价风险是银行授信的安全保障,通过质押率设定跌价缓冲区间,控制融资的规模,以使银行获得一定的时间处理价格变动带来的授信风险。现行的质押率核定公式为:

$$质押率 = \frac{银行授信额度}{质押货物总价值}$$

$$= \frac{银行授信额度}{质押货物总量 \times 出质时的市场价格} \qquad (7)$$

$$= \frac{出质时核定的价格}{出质时的市场现价}$$

出质时核定的价格是银行质权人和出质人在质物出质时不以质物的市场价格定价,而是在市场价格的基础上下调一定的幅度来确定价格。这样做的好处是银行质权人可以有一定的反应时间来应对跌价的风险。出质时的市场现价一般指质押商品在货物所在地的现货市场价格。实际业务中,银行一般会根据质物变现能力和相当长一个时期的价格变化情况确定质物的质押率。确定了质押物的质押率,就可以根据质物的现货价格计算出对应的融资规模。

(二)质押率模型的优化

从质押率的公式可以看出,现行质押率的确定是根据出质时的核定价格和出质时的市场价格计算得出的,是一个静态时点的数据,而且该数据的核算距离用款企业到期还款的时间跨度是整个借款期限,短则几月,长则一年,由于对未来的价格影响因素缺乏动态应变能力,导致质押率的适应性和有效性随着时间的推移逐渐降低。因而需要一种新的核算方法,在综合考量已有数据的基础上,结合各种影响因素的变动趋势,并将这种不确定性传递到未来数据的核算结果中,形成一个能够反映不确定性影响因素的质押率指标,这样计算出来的结果更符合经济活动的现实需要。故而更具科学性和合理性的质押

率的公式应为：

$$质押率 = \frac{借款期限界满之日的市场预测最低价格}{借款期限界满之日的市场预测平均价格} \qquad (8)$$

(三)D–S证据理论下的质押率决策步骤

(1)由质押存货的市场专家采用集体评议的方法,根据质押存货市场价格的诸多影响因素,推断市场行情的变化趋势,划定出质押物的最低与最高市场价格,然后在最低价与最高价之间划定出不同的价格区间。

(2)市场专家根据自己掌握的信息、数据以及专业知识,对各个价格区间进行概率分配。

(3)根据各个区间的概率分配,计算出每个价格区间的 mass 函数。

(4)计算出每个价格区间的信任函数与似然函数。

(5)对每个价格区间取值,因为无法确定价格区间内具体某一价格对应的概率,所以只能将其假定为概率在每一个价格上都是平均分配的,故而价格区间的取值以中间值为宜。

(6)将每个价格区间的取值与该区间对应的信任函数值相乘,所得之积作为"借款期限届满之日的市场预测最低价格"。

(7)将每个价格区间对应的信任函数与似然函数二者相加,所得之和取一半,作为该区间对应的概率值,再将该价格区间的取值与概率值相乘,所得之积作为"借款期限届满之日的市场预测平均价格"。

(8)将(6)与(7)的计算结果代入质押率公式算出具体数值。

四、质押率算例

为了降低计算的复杂程度,便于读者理解,本文选择一个相对简单的案例,案例中质押物的市场专家只有两位。ZWY 是国内著名的特大型国有物流企业,该公司与 SFZ 银行合作,向黑龙江省的 HJL 有限公司提供存货质押融资服务。HJL 有限公司以其从俄罗斯进口的铁精粉为质押物,向 SFZ 银行申请贷款,ZWY 公司接受 SFZ 银行的委托对质押物铁精粉进行物流监管。SFZ 银行风险管理部门聘请两位铁精粉市场专家,分别对铁精粉在借款期限届满之日的市场价格进行估算,给出了质押商品在借款期限届满时的价格 P分布区间和各区间的概率分配,见表 1 所列。

表 1　价格区间与概率分配

质物价格 P	m1（　）	m2（　）
$1.5 \leqslant P_1 < 4.5$	0.10	0.05
$4.5 \leqslant P_2 < 7.5$	0.40	0.20
$7.5 \leqslant P_3 < 10.5$	0.30	0.20
$4.5 \leqslant P_2 < 7.5, 7.5 \leqslant P_3 < 10.5$	0.10	0.50
$1.5 \leqslant P_1 < 4.5, 4.5 \leqslant P_2 < 7.5, 7.5 \leqslant P_3 < 10.5$	0.10	0.05

首先,计算归一化常数 K:

$$K = 1 - \sum_{A1 \cap A2 \cap \dots \cap An = \Phi} m1(A1) \cdot m2(A2) \cdots mn(An)$$

$$= 1 - [m1(\{P_1\}) \cdot m2(\{P_2\}) + m1(\{P_1\}) \cdot m2(\{P3\}) + \dots + m1(\{P_2, P_3\}) \cdot m2(\{P1\})]$$

$$= 1 - (0.1 \times 0.2 + 0.1 \times 0.2 + \dots + 0.1 \times 0.05)$$

$$= 0.73$$

计算价格区间 $1.5 \leqslant P_1 < 4.5$ 的组合 mass 函数:

$$m_1 \oplus m_2(\{P_1\}) = \frac{1}{K} \cdot \sum_{A1 \cap A2 = \{P1\}} m1(A1) \cdot m2(A2)$$

$$= \frac{1}{K} \cdot [m1(\{P_1\}) \cdot m2(\{P_1\}) + m1(\{P_1\}) \cdot m2(\{P_1,P_2,P_3\}) + m1(\{\Theta\}) \cdot m2(\{P_1\})]$$

$$= \frac{1}{0.73} \cdot (0.1 \times 0.05 + 0.1 \times 0.05 + 0.1 \times 0.05)$$

$$= 0.0205$$

同理可得:

$$m_1 \oplus m_2(\{P_2\}) = 0.4658$$

$$m_1 \oplus m_2(\{P_3\}) = 0.3631$$

$$m_1 \oplus m_2(\{P_2, P_3\}) = 0.1438$$

$$m_1 \oplus m_2(\{\Theta\}) = 0.0068$$

根据信任函数 Bel、似然函数 Pl 的计算公式,可得:

$Bel(\{P_1\}) = 0.0205$　　$Pl(\{P_1\}) = 0.0273$

$Bel(\{P_2\}) = 0.4658$　　$Pl(\{P_2\}) = 0.6164$

$Bel(\{P_3\}) = 0.3631$ 　　　　$Pl(\{P_3\}) = 0.5137$

$Bel(\{P_2,P_3\}) = 0.9727$ 　　　$Pl(\{P_2,P_3\}) = 0.9795$

$Bel(\{P_1,P_2,P_3\}) = 1.0000$ 　$Pl(\{P_1,P_2,P_3\}) = 1.0000$

将以上数据列成表格,见表2。

表 2　函数值计算

质物价格 P	m1( )	m2( )	m12( )	Bel( )	Pl( )
P_1	0.10	0.05	0.020 5	0.020 5	0.027 3
P_2	0.40	0.20	0.465 8	0.465 8	0.616 4
P_3	0.30	0.20	0.363 1	0.363 1	0.513 7
P_2,P_3	0.10	0.50	0.143 8	0.972 6	0.979 4
P_1,P_2,P_3	0.10	0.05	0.006 8	0.999 9	0.999 9

以表2数据为基础完成下列计算:

借款期限届满之日质押商品的市场价格 $1.5 \leqslant P_1 < 4.5$ 的信任区间是 $[0.0205, 0.0273]$。价格 P_1 的值取 1.5 与 4.5 的中间数,即 $P_1 = 3$;价格 P_1 的概率取信任区间的平均数,即 $(0.020 5 + 0.027 3)/2 = 0.023 9$。

借款期限届满之日质押商品的市场价格 $4.5 \leqslant P_2 < 7.5$ 的信任区间是 $[0.4659, 0.6164]$。价格 P_2 的值取 4.5 与 7.5 的中间数,即 $P_2 = 6$;价格 P_2 的概率取信任区间的平均数,即 $(0.465 9 + 0.616 4)/2 = 0.541 1$。

借款期限届满之日质押商品的市场价格 $7.5 \leqslant P_3 < 10.5$ 的信任区间是 $[0.3631, 0.5137]$。价格 P_3 的值取 7.5 与 10.5 的中间数,即 $P_3 = 9$;价格 P_3 的概率取信任区间的平均数,即 $(0.3631 + 0.5137)/2 = 0.438 4$;根据优化后的质押率公式(9)规定的计算方法,将以上数据代入可得:

$$质押率 = \frac{P1 \times 0.0205 + P2 \times 0.4658 + P3 \times 0.3631}{P1 \times 0.0239 + P2 \times 0.5411 + P3 \times 0.4384}$$

$$= \frac{3 \times 0.0205 + 6 \times 0.4658 + 9 \times 0.3631}{3 \times 0.0239 + 6 \times 0.5411 + 9 \times 0.4384}$$

$$= 0.8431$$

如果借款期限届满借款企业未能按照借款合同的约定按时向银行还本付息,那么就会发生质押商品处置成本,包括仓储、运输、拍卖、评估等费用,按照现行规定,拍卖费的收费标准按照拍卖成交价的 5% 收取,考虑到拍卖可能会出现溢价,以及仓储、运输和资产评估等费用,将质押商品的处置成本按照货值 7% 计算,因此质押率的最终核定值为 $0.8431 - 0.07 = 0.7731$,即 77.31%。

SFZ 银行将质押率的数值进行了取整处理,核定为 77%。SFZ 银行、ZWY 公司与 HJL 公司三者之间的融资规模从最初的 1 亿元人民币逐渐增加到 5 亿元以上,所有融资业务都没有出现违约的情形,实践证明,基于 D - S 证据理论优化处理的质押率新模型,更加充分地发挥了借款企业质押物的担保价值,有效控制了银行的授信风险。

五、结语

分析了现有质押率模型的缺点,优化了质押率模型的设计,提出了一种基于 D - S 证据理论的存货质押融资质押率决策方法,能够将定性数据、定量数据、行业经验以及专家估计等多种来源的信息进行合成处理,形成融合型证据,对存货质押融资的质押率进行快速而直观的测算与核定,加速存货质押融资业务的审批流程。与以往的质押率核定方法相比,本文的方法通过证据的合成过程吸收了更广范围的因素对质押率的影响效果,具有更强的全面性和可操作性。

本文对质押率的核定运用了 D - S 证据理论的静态基本概率分配形式,进一步的研究可以应用基本概率分配的动态模型,体现信度数据的更新,使质押率指标更具连续性和时效性;另外,本文没有进一步探讨证据高冲突情况下的模型处理问题。

参考文献

[1]温源,叶青.基于自偿性贸易融资的银行——企业博弈分析[J].中国软科学,2011(10):54 - 60.

[2]刘妍,安智宇.考虑流动性风险的存货质押融资质押率的设定[J].中国管理科学,2014(S1):324 - 328.

[3]冯耕中.物流金融业务创新分析[J].预测,2007,26(1):49 - 54.

[4]李毅学,汪寿阳,冯耕中.物流金融中季节性存货质押融资质押率决策[J].管理科学学报,2011(11):19 - 32.

[5]陈云,刘喜,杨琴.基于清算延迟和流动性风险的供应链存货质押率研究[J].管理评论,2015(4):197 - 208.

[6]何娟,蒋祥林,朱道立,王建,陈磊.供应链融资业务中钢材质押贷款动态质押率设定的 VaR 方法

[J].管理工程学报,2012(3):129-135.

[7]孙朝苑,韦燕.双品类存货组合的质押率研究[J].财经科学,2011(10):117-124.

[8]白世贞,徐娜.基于存货质押融资的质押率决策研究[J].系统工程学报,2013(5):617-624.

[9]孙喜梅,赵国坤.考虑供应链信用水平的存货质押率研究[J].中国管理科学,2015(7):77-84.

[10]Jokivuolle E,Peura S. Incorporating collateral value uncertainty in loss given default estimates and loan to value rations[J]. *European Financial Management*,2003,9(3):299-314.

[11]Buzacott J A,Zhang R Q. Inventory management with asset-based financing[J]. *Management Science*, 2004,50(9):1 274-1 292.

[12]Tian Yu,Huang Dao. A loss-averse supply chain coordination model in[J]. *Control engineering of China*,2006,13(4):366-369.

[13]Dada M, Hu Q H. Financing news vendor inventory[J]. *Operations Research Letters*,2008,(36): 569-573.

[14]李毅学,冯耕中,徐渝.价格随机波动下存货质押融资业务质押率研究[J].系统工程理论与实践, 2007(12):42-48.

[15]李毅学,冯耕中,张媛媛.委托监管下存货质押融资的关键 风险控制指标[J].系统工程理论与实践,2011(4):587-598.

[16]胡启帆,胡岷.VaR 方法质押率管理应用研究[J].现代商贸工业,2009(12):33-34.

[17]于辉,甄学平.中小企业仓单质押业务的质押率模型[J].中国管理科学,2010(6):104-112.

[18]何娟,蒋祥林,朱道立,王建,陈磊.考虑收益率自相关特征的存货质押动态质押率设定[J].管理科学,2012(3):91-101.

[19]高洁,郭姗姗,冯姗姗.动态物流监管模式下贷款质押率研究[J].物流工程与管理,2009(10):39-40.

[20]张钦红,赵泉午.需求随机时的存货质押贷款质押率决策研究[J].中国管理科学,2010(5):21-27.

[21]黄莉,王雅蕾.存货质押融资业务价格风险控制研究[J].物流技术,2014(7):250-252,264.

[22]李超,巫丹.考虑销售努力水平的存货质押融资决策[J].工业工程,2016(1):115-121.

[23]柴正猛,段黎黎.考虑资金约束的存货质押融资最优策略[J]. 工业工程,2017(1):44-50,64.

[24]Dempster A P. Upper and lower probabilities induced by a multi valued mapping[J]. *Annals Math Statist*, 1967,38(2): 325-339.

[25]Shafer G A. *Mathematical theory of evidence*[M]. New Jersey:Princeton University Press,1976.

[26]Baraldi P, Compare M, Zio E. Maintenance policy performance assessment in presence of imprecision based onDempsterShafer theory of evidence[J]. *Information Sciences*,2013,245(1):112-131.

[27]雷蕾,王晓丹.结合 SVM 与 DS 证据理论的信息融合分类方法[J].计算机工程与应用,

2013,49(11):114 – 117.

[28]田卫东,张建良. 证据理论与模糊距离不确定性信息融合方法[J]. 计算机工程与应用,
    2011,47(30):148 – 151.

[29]江红莉,何建敏,庄亚明,等. 基于直觉模糊集和证据理论的群决策方法[J]. 控制与决策,
    2012,27(5):752 – 756.

作者简介:申光龙(1963—),男,韩国庆州人,教授,博士生导师,管理学博士,哲学博士,研究方向:整合营销传播、比较管理学、管理哲学等;秦鹏飞(1980—),男,黑龙江海伦人,南开大学商学院企业管理系博士研究生,研究方向:整合营销传播、供应链管理;柳志中(1969—),男,韩国人,南开大学商学院企业管理系博士研究生,研究方向:整合营销传播、供应链管理;王金丽(1980—),女,黑龙江黑河人,南开大学商学院企业管理系博士研究生,研究方向:整合营销传播、网络营销。

(作者:申光龙、秦鹏飞、柳志中、王金丽,成稿于 2017 年 06 月,刊发于《物流技术》2017 年 07 期)